Digitalisierung der Unternehmen

Herausgeber
Prof. Dr. Thomas Hess
Prof. Dr. Armin Heinzl

Springer Gabler

ZfB-Special Issues

5/2009 Entrepreneurial Finance
Herausgeber:Wolfgang Breuer/Malte Brettel
132 Seiten. ISBN 3-8349-2005-3

6/2009 Management von kleinen und mittleren Unternehmen
Herausgeber: Peter Letmathe/Peter Witt
180 Seiten. ISBN 3-8349-2139-4

1/2010 Corporate Social Responsibility and Stakeholder Dynamics
Herausgeber: Joachim Schwalbach
100 Seiten. ISBN 3-8349-1995-0

2/2010 Internationale Aspekte der Unternehmensbesteuerung
Herausgeber: Norbert Krawitz
136 Seiten. ISBN 3-8349-2006-1

3/2010 Rechnungslegung, Kapitalmärkte und Regulierung
Herausgeber: Ralf Ewert/Hans-Ulrich Küpper
164 Seiten. ISBN 3-8349-1999-3

4/2010 Mixed Methods – Konzeptionelle Überlegungen
Herausgeber: Thomas Wrona/Günter Fandel
120 Seiten. ISBN 3-8349-1998-5

5/2010 Mixed Methods in der Managementforschung
Herausgeber: Thomas Wrona/Günter Fandel
140 Seiten. ISBN 3-8349-2521-7

6/2010 Jubiläumsheft zum 80. Jahrgang
Herausgeber: Günter Fandel
184 Seiten. ISBN 3-8349-2000-2

1/2011 Unternehmensethik in Forschung und Lehre
Herausgeber: Hans-Ulrich Küpper/Philipp Schreck
94 Seiten. ISBN 3-8349-1997-7

2/2011 Kundenmanagement
Herausgeber: Oliver Götz/Ove Jensen/Manfred Krafft
94 Seiten. ISBN 3-8349-1996-9

3/2011 Human Resource Management Issues of Foreign Firms in Japan
Herausgeber: Ralf Bebenroth/Werner Pascha
142 Seiten. ISBN 3-8349-3125-X

4/2011 Beiträge zur Theorie der Unternehmung. Horst Albach zum 80. Geburtstag
Herausgeber: Günter Fandel
152 Seiten. ISBN 3-8349-3172-1

5/2011 Kundenintegration 2.0
Herausgeber: Günter Fandel/Sabine Fliess/Frank Jacob
178 Seiten. ISBN 3-8349-3392-9

6/2011 Entrepreneurial Marketing
Herausgeber: Dietmar Grichnik/Peter Witt
136 Seiten. ISBN 3-8349-3448-8

1/2012 Real Estate Finance
Herausgeber: Wolfgang Breuer/Claudia Nadler
132 Seiten. ISBN 978-3-8349-3449-9

2/2012 Managing Diversity in Organizations
Herausgeber: Barbara Beham/Caroline Straub/Joachim Schwalbach
126 Seiten. ISBN 978-3-8349-3455-0

3/2012 Management von kleinen und mittleren Unternehmen
Herausgeber: Peter Letmathe/Peter Witt
166 Seiten. ISBN 978-3-8349-3450-5

INHALTSVERZEICHNIS

1 EDITORIAL

3 Digitalisierung und Konvergenz von Online- und Offline-Welt. Einfluss der mobilen Internetsuche auf das Kaufverhalten
Stephan Daurer, Dominik Molitor, Martin Spann

25 Inferring decision strategies from clickstreams in decision support systems: a new process-tracing approach using state machines
Jella Pfeiffer, Malte Probst, Wolfgang Steitz, Franz Rothlauf

47 Bewerbermanagementsysteme in deutschen Großunternehmen. Wertbeitrag von IKT für dienstleistungsproduzierende Leistungs- und Lenkungssysteme
Andreas Eckhardt, Sven Laumer, Christian Maier, Tim Weitzel

77 Do service-oriented IT architectures facilitate business process outsourcing? A study in the German service industry
Daniel Beimborn, Nils Joachim, Tim Weitzel

109 Vertrauensunterstützung für sozio-technische ubiquitäre Systeme
Matthias Söllner, Axel Hoffmann, Holger Hoffmann, Jan Marco Leimeister

141 Kompatibilität von Softwareplattformen
Thomas Widjaja, Peter Buxmann

GRUNDSÄTZE UND ZIELE

IMPRESSUM/HINWEISE FÜR AUTOREN

HERAUSGEBER/EDITORIAL BOARD

 **Journal of Business Economics**
ZEITSCHRIFT FÜR BETRIEBSWIRTSCHAFT

CALL FOR PAPERS

The **Journal of Business Economics (JBE)** aims at encouraging research in the field of business economics and business administration. It further expands the application of the fields' research to promote the exchange of ideas between science and practice. Contributions should be based on a general approach to the theory of the firm and should fall within one of the following categories:

- accounting
- auditing
- information systems
- controlling
- finance and investment
- human resources
- logistics

- marketing
- organizational management
- production
- strategic management
- supply chain management
- taxation
- technology and innovation

Besides original **theoretical** and **empirical** work, excellent **state of the art** contributions of these topics will also be considered.

The **Journal of Business Economics** was founded in 1924 by renowned business economics professors under the name **"Zeitschrift für Betriebswirtschaft (ZfB)"** and has since been counted among the leading professional journals in the business economics sector. Today, it is edited by 11 university professors who serve as Department Editors. The editorial board members are from Europe, Japan and the USA.

To further internationalize the journal, we will exclusively handle English-language contributions. Manuscripts can be submitted at https://mc.manuscriptcentral.com/zfb. They will be subject to a double-blind review to guarantee the highest possible quality.

The **JBE** will only be published in English, although it will still carry the German subtitle „Zeitschrift für Betriebswirtschaft". The goal is to create an international publication platform, allowing its publications and their authors to become internationally recognized. Since the journal will be fully incorporated into SpringerLink's international collection, its contributions will become easily accessible throughout the world. At the same time, authors, in particular young scientists can still benefit from the well-established, excellent reputation of the "Zeitschrift für Betriebswirtschaft" in the German-speaking area.

Contact us via email zfb@fernuni-hagen.de or via phone +49 2331 987 - 2652 or 2626.

Editorial

Digitalisierung der Unternehmen

Thomas Hess · Armin Heinzl

Informations- und Kommunikationstechnologien (IKT) erschließen sich kontinuierlich weitere Anwendungsfelder in Unternehmen. Begonnen hat der Einzug der IKT mit der Teilautomatisierung der Buchhaltung. Mittlerweile haben ITK die Außengrenzen eines Unternehmens erreicht und ermöglichen sowohl eine effizientere Abwicklung unternehmensübergreifender Prozesse als auch verbesserte Produkte und Services. Über die Jahre ist die Bedeutung eines zielgerichteten Einsatzes von IKT in Unternehmen damit schrittweise gestiegen – übrigens zunehmend losgelöst von der Frage, ob die Systeme selber entwickelt und betrieben oder von spezialisierten Unternehmen bezogen und betrieben werden. Mit dem vorliegenden Sonderheft wollen wir einen aktuellen Einblick in jenen Teil der wirtschaftsinformatischen Forschung geben, der sich mit der Digitalisierung der Unternehmen beschäftigt.

Stephan Daurer, Dominik Molitor und Martin Spann untersuchen den Einfluss standortbezogener Dienste auf das Kaufverhalten. Präsentiert werden eine Klassifikation von Suchmethoden sowie eine empirische Analyse der Bedeutung des Standorts für das Suchverhalten.

Auch der zweite Beitrag stellt das Verhalten von Nutzern in das Zentrum, allerdings aus einer anderen Perspektive. Jella Pfeiffer, Malte Probst, Wolfgang Steitz und Franz Rothlauf stellen ein System vor, das Rückschlüsse von dem aufgezeichneten Click-Verhalten auf das Entscheidungsverhalten eines Konsumenten erlaubt.

Andreas Eckhardt, Sven Laumer, Christian Maier und Tim Weitzel analysieren den Wertbeitrag eines IKT-gestützten Bewerbermanagementsystems. Auf Basis der mittels eines Fragebogens erhobenen Daten können die Autoren u. a. zeigen, dass derartige Systeme

---

© Gabler-Verlag 2012

Prof. Dr. T. Hess (✉)
Institut für Wirtschaftsinformatik und Neue Medien,
Fakultät für Betriebswirtschaft, Ludwig-Maximilians-Universität München,
Ludwigstraße 28 VG, 80539 München, Deutschland
E-Mail: thess@bwl.lmu.de

Prof. Dr. A. Heinzl
Lehrstuhl für ABWL und Wirtschaftsinformatik, Universität Mannheim,
Business School, L15, 1–6, 68131 Mannheim, Deutschland
E-Mail: heinzl@uni-mannheim.de

tendenziell die Bearbeitungszeiten und die Bearbeitungskosten reduzieren und damit – lediglich – zu operativen Verbesserungen im Prozess des Managements von Bewerbern führen.

Der vierte Beitrag beschäftigt sich mit der Bedeutung Service-orientierter IT-Architekturen für die Auslagerung von Prozessen und damit ebenfalls mit der Wirkung neuer IKT-Systeme, wenn auch mit einer eher technischen Facette. Daniel Beimborn, Nils Joachim und nochmals Tim Weitzel leiten dazu aus der Literatur fünf Hypothesen ab und überprüfen diese mittels aus einer Umfrage gewonnener Daten. Sie können u. a. die Bedeutung Service-orientierter Architekturen als Treiber für die ökonomische Vorteilhaftigkeit der Auslagerung von Prozessen nachweisen.

Der fünfte Beitrag geht einen Schritt zurück und beschäftigt sich neben der Wirkung einer IT-basierten Lösung auch mit deren Ausgestaltung. Matthias Söllner, Axel Hoffmann, Holger Hoffmann und Jan Marco Leimeister entwickeln einen Vorschlag für ein generelles Vorgehen und präsentieren dessen Anwendung im Rahmen der Entwicklung eines Empfehlsystems für Restaurants.

Ganz auf der technologischen Ebene ist der sechste Beitrag zu verorten. Der Beitrag beschäftigt sich mit der Frage, in wie weit sich ein Anbieter von Softwareplattformen für komplementäre Angebote öffnen sollte. Zu diesem Beitrag entwickeln Thomas Widjaja und Peter Buxmann ein formales Modell und setzen dies in Simulationen ein. Sie kommen u. a. zu dem Ergebnis, dass ein mittleres Maß an Kompatibilität und keinesfalls eine vollständige Öffnung aus Sicht des Anbieters optimal ist.

In Summe zeigen die Beiträge die Spannbreite der wirtschaftsinformatischen Forschung zur Digitalisierung von Unternehmen auf. Inhaltlich reicht diese Spannbreite von der fachlichen bis zur technischen Ebene. Methodisch finden sich sowohl großzahlig-empirische und modellorientierte als auch gestaltungsorientierte Ansätze.

Unser Dank gilt allen, die sich an der Fertigstellung dieses Sonderhefts beteiligt haben. Vorrangig zu erwähnen sind alle Kolleginnen und Kollegen, die sich mit Einreichungen von Manuskripten und mit Gutachten eingebracht haben. Unser Dank gilt ebenfalls Günter Fandel, der als Hauptherausgeber der ZfB unser Sonderheft nachdrücklich unterstützt hat. Nicht zuletzt danken wir Marko Nöhren und Sebastian Bartussek für die administrative Unterstützung bei der Fertigstellung des Heftes.

Wir würden uns freuen, wenn dieses Heft zur Sichtbarkeit der Wirtschaftsinformatik in der Betriebswirtschaftslehre beitragen und zudem neue Projekte zur effizienten Nutzung neuer Informations- und Kommunikationstechnologien durch Unternehmen anregen würde.

ZfB-SPECIAL ISSUE 4/2012

Digitalisierung und Konvergenz von Online- und Offline-Welt

Einfluss der mobilen Internetsuche auf das Kaufverhalten

Stephan Daurer · Dominik Molitor · Martin Spann

Zusammenfassung: Die zunehmende Verbreitung von internetfähigen Mobiltelefonen (Smartphones) führt dazu, dass immer mehr Konsumenten das mobile Internet nutzen. Damit einhergehend findet eine Integration von standortbezogenen Diensten, sogenannten Location-Based Services statt. Die Verwendung von Location-Based Services liefert Konsumenten zusätzliche Informationen (z. B. Alternativangebote oder Produktinformationen) und hat daher auch einen Einfluss auf deren Suchprozess und somit deren Kaufverhalten. In diesem Beitrag werden in einer empirischen Studie der Einfluss der mobilen Internetsuche mit Standortbezug untersucht und die Suchkosten von Konsumenten anhand von zwei unterschiedlichen Produkten gemessen. Hierzu wird eine Choice-Based-Conjoint-Analyse durchgeführt. Die Ergebnisse zeigen, dass die Konsumenten unterschiedliche Präferenzen bezüglich der Suche von Produkten haben und sich die Suchkosten in Abhängigkeit des jeweiligen Produkts stark unterscheiden. Zudem werden die Implikationen dieser Ergebnisse diskutiert. Der wesentliche Beitrag dieser Studie ist die Analyse und Quantifizierung der gegenseitigen Beeinflussung von Online- und Offline-Suche sowie die Messung von Suchkosten in einem mobilen Kontext.

© Gabler-Verlag 2012

Dipl.-Wirtsch.-Inf. (DH) S. Daurer, MBA (✉) · Dipl.-Kfm. D. Molitor · Prof. Dr. M. Spann
Fakultät für Betriebswirtschaft, Institut für Electronic Commerce und Digitale Märkte,
Ludwig-Maximilians-Universität München, Geschwister-Scholl-Platz 1,
80539 München, Deutschland
E-Mail: stephan@daurer.net

Dipl.-Kfm. D. Molitor
E-Mail: molitor@bwl.lmu.de

Prof. Dr. M. Spann
E-Mail: spann@spann.de

Schlüsselwörter: Suchtheorie · Location-Based Services · Mobile Marketing · Choice-Based-Conjoint-Analyse

JEL Classification: D83 – Search; Learning; Information & Knowledge; Communication; Belief · L86 – Information and Internet Services; Computer Software · M21 – Business Economics

1 Einleitung

Der Mobilkommunikationsmarkt wird zunehmend von Smartphones bestimmt. Bereits 23,6 % aller verkauften Endgeräte sind Smartphones (Gartner 2011), d. h. Mobiltelefone mit erweiterter Funktionalität, die bislang nur bei PCs oder PDAs vorhanden war (z. B. Internetzugang). Aufgrund der stark wachsenden Nutzungsintensität von internetfähigen Endgeräten wird zudem erwartet, dass zukünftig mehr Konsumenten das Internet über mobile Endgeräte nutzen als über stationäre Endgeräte (Meeker et al. 2010). Da Smartphones, ähnlich wie herkömmliche Mobiltelefone, von den Nutzern meist ständig mitgeführt werden, stehen deren Funktionen jederzeit und an jedem Ort zur Verfügung. Dies hat einen potenziellen Einfluss auf das Konsumentenverhalten.

Die zunehmende Verbreitung von Smartphones führt dazu, dass Dienste, die bereits vor 10 Jahren als „Killerapplikation" bewertet wurden, wieder neu in den Mittelpunkt rücken und von Unternehmen forciert werden (Wauters 2010) – so auch standortbezogene Dienste (Location-Based Services, im Folgenden: LBS). LBS stellen Anwendern kontextrelevante Informationen mittels standortbezogener Daten zur Verfügung (Timpf 2008). Der Standort des mobilen Endgeräts wird hierbei beispielsweise mittels GPS oder WLAN ermittelt und über die Internetverbindung übertragen. LBS bieten auch vielversprechende Möglichkeiten im Mobile Marketing. Diese Dienste können Konsumenten aufgrund ihres Standortes mit Informationen versorgen oder Informationen über den Standort von Konsumenten nutzen, um diese dementsprechend anzusprechen. Diese Abhängigkeit der Informationen vom Standort des Nutzers führt dazu, dass die Online- und die Offline-Welt zunehmend zusammenwachsen (Konvergenz). LBS werden bereits in den Bereichen soziale Netzwerke (z. B. Facebook Orte, Foursquare), Coupons (z. B. Facebook Deals, Gettings, Coupies), Preisvergleiche (z. B. Barcoo, RedLaser), Navigation (z. B. Google Maps, DB Navigator) und Produktsuche (z. B. Qype, Around Me) verwendet und bieten darüber hinaus weitere vielfältige Möglichkeiten für neue Geschäftsmodelle.

Trotz der mittlerweile starken Verbreitung von LBS gibt es bisher kaum wissenschaftliche Erklärungsansätze zum Einfluss von mobilen Diensten, die Nutzer mit standortbezogenen Informationen versorgen, auf das Verhalten von Konsumenten. Ein relevanter Nutzungsgrund von LBS ist die Übermittlung von kaufrelevanten Informationen vor dem Kauf von Produkten. Laut einer durch eBay beauftragten Studie haben sich bereits 74,1 % aller Smartphone-Besitzer vor einem Kauf mobil über das Produkt informiert (eBay 2011). Dies impliziert einen potenziellen Einfluss dieser Dienste auf den Suchprozess und somit auf das Kaufverhalten von Konsumenten.

Dadurch, dass ein Nutzer jederzeit in der Lage ist, auf das Internet zuzugreifen und dort Informationen abzurufen, kann in verschiedenen Situationen der Informationsstand der Nutzer verbessert werden. Beispielsweise kann ein Konsument beim Einkauf – obwohl bereits in einem Ladengeschäft – mit seinem Smartphone in Erfahrung bringen, wo das gewünschte Produkt noch angeboten wird und zu welchem Preis. Diese gesicherten Informationen verändern die Suche im Kaufprozess des Konsumenten grundlegend. Wenn nicht bereits zuhause im stationären Internet recherchiert wurde, dann waren bisher solche Informationen mit Unsicherheit behaftet oder ausschließlich dem Verkäufer vorbehalten.

Ziel dieses Aufsatzes ist die empirische Untersuchung des Zusammenspiels zwischen Online- und Offline-Suchverhalten. Dabei wird untersucht, ob LBS das offline Such- und Kaufverhalten beeinflussen. Zudem werden die Suchkosten von Konsumenten gemessen. Dazu wird eine Choice-Based-Conjoint-Analyse durchgeführt.

Diese Untersuchung trägt in mehrfacher Hinsicht zu neuen Erkenntnissen im Bereich der Informationssuche bei: 1) Es wird aufgezeigt, dass sich die Online-Suche und die Offline-Suche gegenseitig beeinflussen. Informationen, die im (Offline-)Kaufprozess gewonnen werden, können mittels Smartphones sofort und vor Ort in einer Online-Suche verwendet werden. Die daraus resultierenden Informationen können einen erheblichen Einfluss auf den Kaufprozess von Konsumenten haben. Jederzeit auf das Internet zugreifen zu können, bietet nicht nur Zugang zu Informationen, sondern erlaubt es auch online Transaktionen zu tätigen. Dabei sind Situationen vorstellbar, dass Konsumenten, obwohl sie bereits im Geschäft sind, den Kaufprozess dort abbrechen und das Produkt sofort online erwerben, weil sie Informationen über ein besseres Angebot gefunden haben. Ein wichtiger Unterschied zur Offline-Welt ist, dass die Preise für alle relevanten Alternativen dank erhöhter Informationsverfügbarkeit durch Smartphones bekannt sind und Informationsasymmetrien verringert werden können. Diese Informationen sind für die Konsumenten relevant, da sie ortsbezogen sind. 2) Darüber hinaus werden die Suchkosten von Konsumenten mit Hilfe einer Choice-Based-Conjoint-Analyse quantifiziert, indem Abwägungsentscheidungen zwischen Distanzen und Preisen analysiert werden.

Der Aufsatz ist wie folgt aufgebaut: Zunächst wird die relevante Literatur zur Informationssuche (online/offline sowie mobil/stationär) und zum Kaufverhalten vorgestellt. Danach werden das Design der empirischen Studie dargelegt und deren Ergebnisse vorgestellt. Abschließend werden die Ergebnisse zusammengefasst und die Implikationen der Studie für Wissenschaft und Praxis diskutiert.

2 Theorie zur Informationssuche und zum Kaufverhalten

In den Bereichen Informationssuche und ökonomische Suchtheorie gibt es eine Vielzahl an Forschungsarbeiten. In diesem Aufsatz werden drei Forschungsrichtungen herausgegriffen, die für die mobile Internetsuche und deren Einfluss auf Such- und Kaufverhalten besonders relevant erscheinen. Die drei Forschungsrichtungen sind: 1) Ökonomische Suchtheorie, 2) Einfluss von Informations- und Kommunikationstechnologien auf das Such- und Kaufverhalten und 3) Zusammenspiel von Online- und Offline-Märkten beim Kaufverhalten.

2.1 Ökonomische Suchtheorie

Die erste dargestellte Forschungsrichtung geht zurück auf den Beitrag von Stigler (1961), der den ökonomischen Einfluss von Suchkosten untersucht. Stigler misst der Identifizierung der Verkäufer und der Bestimmung der verlangten Preise eine große Bedeutung im

Kaufprozess eines Konsumenten bei. Dieser Suchprozess ist kostspielig, so dass Marktunvollkommenheiten durch Such- und Transaktionskosten teilweise erklärt werden können. Die Erwartungen über die im Markt verlangten Preise bilden die Basis der Konsumentenentscheidungen. Weitzman (1979) entwickelt ein Modell für die beste Strategie zur Suche nach Produktalternativen. Hierbei wird ein Reservationspreis errechnet, wobei die Kosten für die Fortsetzung der Suche miteinbezogen werden.

Diese Suchmodelle zeichnen sich vor allem durch die gemeinsame Annahme aus, dass Konsumenten keine vollständigen Informationen bzw. Unsicherheit über Preise in bestimmten Geschäften haben und lediglich die Verteilung der Preise im Markt kennen (MacMinn 1980). Da nur unvollständige Informationen vorliegen und die Gewinnung zusätzlicher Informationen Kosten verursacht, gibt es im Markt Informationsasymmetrien, die jedoch von Unternehmen oder Einzelnen beeinflusst werden können (Stiglitz 1989). Viele dieser anfänglichen Modelle unterstellen vollkommen rationales Handeln der Akteure. Spätere Forschungsarbeiten erweitern diese Modelle um Verhaltenseinflüsse, die die Rationalität einschränken. Beispielsweise erklären Häubl et al. (2010) verhaltenswissenschaftliche Effekte, wobei die Attraktivität momentan betrachteter Produkte im Vergleich zur Attraktivität früher betrachteter Produkte überbewertet wird. Darüber hinaus zeigen sie, dass Unterschiede zwischen dem aktuell inspizierten Produkt und dem unmittelbar davor inspizierten Produkt übertrieben wahrgenommen werden. Die räumliche Nähe bzw. Erreichbarkeit von Anbietern wurde im Offline-Kontext bereits von Fotheringham (1988) untersucht. Er stellt fest, dass im Entscheidungsprozess nur die Alternativen eine Rolle spielen, die räumlich relevant erscheinen.

2.2 Einfluss von IKT auf das Such- und Kaufverhalten

Eine zweite Forschungsrichtung untersucht den Einfluss von Informations- und Kommunikationstechnologie (IKT) auf das Such- und Kaufverhalten von Konsumenten und die entsprechenden Auswirkungen auf Märkte und Preise. Beispielsweise untersuchen Johnson et al. (2004) das Online-Suchverhalten von Konsumenten im Bereich Electronic Commerce. Zwar erleichtert das Internet die Informationssuche, dennoch werden weniger Preisvergleiche vor Käufen durchgeführt als erwartet (Johnson et al. 2004). Weiterhin konnte analytisch gezeigt werden, dass elektronische Märkte die Suchkosten von Konsumenten reduzieren und es somit für Anbieter erschweren, monopolistische Profite zu erzielen (Bakos 1997). Trotz erhöhter Informationseffizienz durch Preissuchmaschinen und Produktvergleichsportale existieren in elektronischen Märkten weiterhin Preisunterschiede zwischen identischen Produkten (Brynjolfsson und Smith 2000). Diese Preisunterschiede können zu einem großen Teil durch konsumentenspezifische Suchkosten erklärt werden (Brynjolfsson et al. 2010). Insbesondere die hohe Komplexität von Informationsangeboten im Internet wird als problematisch angesehen und kann zu Information-Overload-Effekten führen (Peterson und Merino 2003; Malhotra et al. 1982).

Die Internetnutzung mit mobilen Endgeräten (z. B. Smartphones oder Tablet-Computern) unterscheidet sich in vielerlei Hinsicht von der Nutzung mit stationären Endgeräten (PCs). Dies trifft auch für die mobile Internetsuche bzw. Recherche zu. Zwar sind mobile Endgeräte sofort einsatzbereit (es ist kein „Hochfahren" wie bei PCs notwendig (Chae und Kim 2003)), jedoch gibt es einige technische Einschränkungen mobiler Endgeräte, die dazu führen, dass die Suchkosten bei mobiler Suche höher sind als bei stationärer Suche (Ghose et al. 2011).

Diese Einschränkungen, welche vor allem durch die Verbindungsart und das verwendete Endgerät bedingt sind, werden im Folgenden kurz dargestellt. Die verfügbaren Bandbreiten von Smartphones sind immer noch geringer als die stationärer Rechner. Die Datenverlustrate ist höher und Verbindungsunterbrechungen sind bei drahtlosen Netzwerkverbindungen häufiger (Hummel et al. 2010). Das hat zur Folge, dass die für eine Suche benötigte Zeit länger ist.

Außerdem spielt die Größe des Bildschirms eine bedeutende Rolle bei der Suche. Die Anzahl der präsentierten Suchergebnisse pro Seite ist deutlich geringer auf mobilen Geräten. Dies ist deshalb relevant, weil der Primacy Effect bei mobiler Suche noch stärker ist als bei stationärer Suche (Ghose et al. 2011; Liu et al. 2010). Der Primacy Effect besagt, dass die ersten Einträge in einer Liste von Suchergebnissen überproportional häufiger angeklickt werden als Einträge, die weiter unten stehen (Ansari und Mela 2003).

Ein weiterer Punkt ist die erschwerte Art der Dateneingabe. Viele Smartphones besitzen lediglich eine sehr kleine Tastatur oder die Dateneingabe erfolgt über eine auf dem Touchscreen eingeblendete Tastatur. Dieser Umstand hat Einfluss auf die Durchführung von Recherchen mit mobilen Endgeräten. Kamvar und Baluja (2006) zeigen in einer empirischen Analyse, dass es bei der Anzahl der angegebenen Begriffe innerhalb einer Suchanfrage keine großen Unterschiede zwischen Smartphones der neuesten Generation und stationären Geräten gibt. Dennoch gibt es einen Unterschied bei der Zeit, die dafür benötigt wird, die Suchanfrage einzugeben. Dies trifft vor allem für Geräte mit kleinen Tastaturen zu (Kamvar und Baluja 2007). Demzufolge sind bei mobilen Endgeräten die Suchkosten der Nutzer aufgrund von Opportunitätskosten höher als bei stationären Endgeräten.

2.3 Zusammenspiel von Online- und Offline-Märkten beim Kaufverhalten

Die dritte dargestellte Forschungsrichtung beschäftigt sich mit dem Zusammenspiel zwischen Online- und Offline-Märkten. Hierzu konnten Forman et al. (2009) zeigen, dass elektronische Händler von Konsumenten durch lokale Händler substituiert werden, wenn sich diese in nächster Umgebung der Konsumenten niederlassen. Geographische Distanz spielt somit eine wichtige Rolle im Kaufverhalten.

In der Literatur zum Multichannel-Management stellt das Research-Shopper-Phänomen die Tendenz von Konsumenten dar, das Internet zur Suche zu verwenden, die Produkte allerdings offline zu kaufen (Verhoef et al. 2007). Die vorliegende Untersuchung geht allerdings über dieses bisherige Verständnis vom Research-Shopper hinaus, da die Grenzen zwischen Online- und Offline-Welt zusehends durch das Wesen des mobilen Internets bzw. LBS verschwimmen. Durch die zunehmende Verbreitung von mobilem Internet und LBS ist eine Konvergenz zwischen Online- und Offline-Welt zu erkennen.

In der zu dieser Forschungsrichtung gehörenden Literatur aus dem Bereich Mobile Commerce[1] ist festgestellt worden, dass im mobilen Kontext geographisch nahe Angebote häufiger angeklickt werden als weiter entfernte Angebote (Ghose et al. 2011; Liu et al. 2010). Der Großteil der existierenden Literatur zu den Themen Mobile Commerce und Mobile Marketing[2] hat sich bislang vorrangig mit der Akzeptanz bzw. Adoption mobiler und standortbezogener Dienste (Lee et al. 2009; Kim et al. 2007), mit technologischen Aspekten (Xu et al. 2009) und Untersuchungen zur Privatsphäre (Xue et al. 2009) beschäftigt.

2.4 Forschungsbedarf

Die vorangegangenen Ausführungen lassen zwei Forschungslücken erkennen. Erstens geht die einschlägige Literatur zur Suchtheorie von der Annahme aus, dass Informationen mit Unsicherheit behaftet sind (MacMinn 1980). Mobiles Internet und LBS reduzieren diese Unsicherheit, da sie mobile Suche ermöglichen und durch den Ortsbezug von LBS relevante Ergebnisse liefern. In der bisherigen Literatur werden die mobile Suche und deren Einfluss auf das Konsumentenverhalten kaum thematisiert. Der vorliegende Beitrag beschäftigt sich daher mit dem ökonomischen Einfluss der standortorientierten mobilen Suche, die ein Zusammenspiel zwischen Online- und Offline-Welt darstellt.

Zweitens können Suchkosten in der Regel nicht direkt gemessen werden. In der Forschung werden die Suchkosten bislang nicht einheitlich operationalisiert. Meist wird der wahrgenommene Wert der zur Suche aufgewendeten Zeit herangezogen (Srinivasan und Ratchford 1991). Teilweise werden neben den Opportunitätskosten für den Zeitaufwand aber auch tatsächliche Ausgaben wie zum Beispiel Fahrtkosten, Telekommunikationskosten oder Kosten für Zeitschriften berücksichtigt (Bakos 1997). Während ausgabenwirksame Suchkosten eindeutig gemessen werden können, sind Opportunitätskosten meist nur durch Abfragen einer Einschätzung von Probanden zu erheben.

3 Empirische Studie

3.1 Ziele und Methodik

Die vorliegende empirische Studie dient der Untersuchung von zwei Fragen. Erstens soll untersucht werden, ob die mobile Suche mittels LBS einen Einfluss auf das weitere Such- und Kaufverhalten von Konsumenten hat. Zweitens sollen in der Studie die Suchkosten von mobilen Konsumenten geschätzt werden. Dabei soll die kaufbeeinflussende Wirkung der Distanz (vom geographischen Standort des Angebots zum aktuellen Standort des Probanden) im Vergleich zur Wirkung des Preises analysiert werden. Als weiterer Aspekt wird den Probanden hierbei zusätzlich die Möglichkeit des Online-Kaufs gegeben. Die Studie wird anhand zweier unterschiedlicher Produkte durchgeführt.

Für die Erfassung von Präferenzen werden heute meist Choice-Based-Conjoint-Analysen (im Folgenden: CBC-Analyse) durchgeführt. Die CBC-Analyse ist die am weitesten verbreitete Variante der Conjoint-Analyse (Sawtooth Software 2007). CBC-Analysen bieten im Vergleich zu herkömmlichen Conjoint-Analysen den Vorteil von realitätsnahen Auswahlsituationen (Haaijer et al. 2001). Zudem kann davon ausgegangen werden, dass Konsumenten im Falle von Such- und Kaufprozessen heterogene Präferenzen bezüglich produktspezifischer Attribute haben. Deshalb sollten immer auch konsumentenspezifische (Teil-)Nutzenwerte geschätzt werden. Hierzu bietet sich die hierarchische Bayes-Schätzung für die CBC-Analyse an (Allenby et al. 1995).

Grundsätzlich haben die Probanden bei der CBC-Analyse die Aufgabe, aus einer Menge von alternativen Angeboten ein präferiertes auszuwählen (Ben-Akiva und Lerman 1994; McFadden 1986). Dabei werden den Probanden mehrere Auswahlsituationen (Choice Sets) vorgelegt, wobei unterstellt wird, dass das Angebot, das dem Proband den höchsten Nutzen stiftet, gewählt wird. Die Probanden sollen sich in eine konkrete Situation hineinversetzen. In der dargestellten Situation geht es darum, dass dem Proband im Kaufprozess die Möglichkeit gegeben wird, nach weiteren verfügbaren Angeboten in der Nähe zu suchen und Preise zu vergleichen.

3.2 Aufbau der empirischen Studie

Im Rahmen der Studie wurde im Sommersemester 2011 eine Umfrage unter Bachelor-Studierenden der Betriebswirtschaft an einer deutschen Universität durchgeführt. Es wurden insgesamt 275 Studierende befragt.

Am Anfang des Fragebogens werden drei Fragen zu den Erfahrungen mit mobilem Internet und Preisvergleichen gestellt. Dann folgt die CBC-Analyse mit einer Situationsbeschreibung und 15 Auswahlsituationen. Im letzten Teil des Fragebogens werden psychometrische Konstrukte abgefragt.

Die CBC-Analyse wurde zu zwei unterschiedlichen Produkten durchgeführt. Eine Teil-Analyse beinhaltet als Produkt den Tablet-Computer „Apple iPad 2". Der Tablet-Computer wird in dieser Studie als „Hochpreisprodukt" klassifiziert. Die andere Teil-Analyse beinhaltet als Produkt ein gebrauchtes Lehrbuch, welches für die befragten Studierenden relevant ist. Dieses Produkt wird hier als „Niedrigpreisprodukt" klassifiziert. Die beiden Produkte wurden gewählt, da hier gute Produktkenntnisse sowie eine hohe Relevanz für die Probanden erwartet werden konnten. Innerhalb der beiden Analysen (Hochpreis- vs. Niedrigpreisprodukt) wurden jeweils vier Versionen des Fragebogens verwendet. Damit kann die Anzahl der den Probanden präsentierten Auswahlsituationen deutlich erhöht werden und Reihenfolgeeffekte können somit kontrolliert werden (Sawtooth Software 2011a). Insgesamt kommen bei der Studie demnach acht verschiedene Fragebogenversionen zum Einsatz, wobei diese bis auf die Auswahlsituationen der CBC-Analyse identisch sind. Die unterschiedlichen Fragebögen wurden zufällig unter den Probanden verteilt und somit wird jeder Proband entweder zum Hochpreis- oder zum Niedrigpreisprodukt befragt.

Jeder Stimulus (Concept) ist eine Kombination von Attributsausprägungen (Level, Ausprägung) der beiden Attribute 1) „Distanz" und 2) „Preis". Eine Übersicht der beiden Attribute und deren Ausprägungen ist in Tab. 1 dargestellt. Das Attribut Distanz wird verwendet, um die Suchkosten der Probanden zu messen. Als Ausprägungen werden 1) „Hier vor Ort kaufen", 2) „Bei einem anderen Anbieter kaufen (5 min von hier entfernt)", 3) „Bei einem anderen Anbieter kaufen (10 min von hier entfernt)", 4) „Bei einem anderen Anbieter kaufen (15 min von hier entfernt)" und 5) „Online kaufen (Lieferzeit beträgt hierbei 2 Tage)" verwendet. Bei den ersten vier Ausprägungen wird die Distanz modelliert, die der Käufer zurücklegen muss, um das Produkt zu kaufen. Die Distanz wird in Zeiteinheiten von null Minuten (vor Ort kaufen) bis 15 min (am weitesten entfernter Anbieter) ausgedrückt. Dadurch ist es bei der Auswertung unerheblich, mit welchem Verkehrsmittel die Konsumenten unterwegs sind. Der fünften Ausprägung ist besondere Beachtung zu schenken: Anstelle des Kaufs bei einem lokalen Anbieter wird die Option des Online-Kaufs

Tab. 1: Attribute und Ausprägungen für die CBC-Analyse

Studie 1 – Niedrigpreisprodukt: Gebrauchtes Lehrbuch		Studie 2 – Hochpreisprodukt: Apple iPad 2 (neu)	
Attribut 1: Distanz	Attribut 2: Preis (€)	Attribut 1: Distanz	Attribut 2: Preis (€)
Hier vor Ort kaufen	20,00	Hier vor Ort kaufen	479
Bei einem anderen Anbieter kaufen (5 min von hier entfernt)	15,00	Bei einem anderen Anbieter kaufen (5 min von hier entfernt)	429
Bei einem anderen Anbieter kaufen (10 min von hier entfernt)	10,00	Bei einem anderen Anbieter kaufen (10 min von hier entfernt)	379
Bei einem anderen Anbieter kaufen (15 min von hier entfernt)	7,50	Bei einem anderen Anbieter kaufen (15 min von hier entfernt)	329
Online kaufen (Lieferzeit beträgt hierbei 2 Tage)		Online kaufen (Lieferzeit beträgt hierbei 2 Tage)	

Distanz: fünf Ausprägungen; Preis: vier Ausprägungen. In der CBC-Analyse werden alle Attributsausprägungen miteinander kombiniert

angeboten. Um auch bei dieser Option wahrgenommene Kosten zu induzieren, wird eine Lieferzeit von zwei Tagen angegeben. Die Ausprägungen des Attributs Distanz werden beim Hochpreis- und beim Niedrigpreisprodukt identisch verwendet. Beim Attribut Preis werden je nach Produkt unterschiedliche Ausprägungen verwendet. Um sicherzustellen, dass den Probanden realistische Ausprägungen präsentiert werden, wurde eine Marktrecherche zu den beiden Produkten durchgeführt. Beim gebrauchten Lehrbuch, welches neu 29,95 € kostet, wird ein Marktpreis von 20 € angegeben. Als weitere reduzierte Preisstufen werden 15, 10 und 7,50 € genannt. An dieser Stelle ist zu erwähnen, dass im Fragebogen explizit darauf hingewiesen wird, dass die Qualität aller angebotenen gebrauchten Bücher identisch ist. Der Listenpreis des Tablet-Computers beträgt 479 €. Die reduzierten Angebotspreise sind 429, 379 und 329 €.

In der vorliegenden CBC-Analyse besteht eine Auswahlsituation aus drei Stimuli (d. h. aus drei verschiedenen Kaufangeboten) und einer Nicht-Wahl-Option (Nicht kaufen, None-Option), so dass sich ein Set aus vier Alternativen zusammensetzt. Die Nicht-Wahl-Option in den Auswahlsets lässt die Auswahlsituationen realistischer werden (Haaijer et al. 2001).

Die Nicht-Wahl-Option „Gar nicht kaufen (Ich würde keine der Optionen wählen.)" kann unterschiedlich interpretiert werden: Erstens ist es denkbar, dass der Proband generell nicht an dem angebotenen Produkt interessiert ist. Zweitens ist es möglich, dass alle Preise in der Auswahlsituation über der Zahlungsbereitschaft des Probanden liegen bzw. die Distanz nicht akzeptabel ist.

Die Auswahlsituationen wurden mit der Software *Sawtooth Software SSI Web* nach der Balanced-Overlap-Methode erzeugt. Pro Fragebogen werden 15 Auswahlsituationen dargestellt. Davon wurden zwölf durch die Software generiert (sog. Random Choice Sets). Drei weitere Auswahlsituationen wurden manuell erzeugt und über alle Versionen konstant gehalten (sog. Hold-out Choice Sets). Hierfür wurden verschiedene Auswahlsituationen mit unterschiedlichen Attributsausprägungskombinationen konstruiert, wobei darauf geachtet wurde, dass keine dominante Option enthalten ist. Eine dominante Option ist eine Auswahlmöglichkeit, die den anderen bei allen Attributen überlegen ist. Die Hold-out Choice Sets fließen nicht in die Schätzung mit ein, sondern werden zu deren Überprüfung verwendet. Die erste der Hold-out Choice Sets wird zur Überprüfung der Prognosegüte (Hit-Rate) herangezogen. Die beiden anderen Hold-out Choice Sets enthalten die gleichen Stimuli, jedoch in anderer Reihenfolge. Die Überprüfung der Auswahlentscheidungen bei diesen Auswahlsituationen erlaubt es, Rückschlüsse auf die Konsistenz im Antwortverhalten zu ziehen.

Neben der CBC-Analyse werden zudem psychometrische Konstrukte abgefragt. Diese dienen dazu, die Ergebnisse (Bedeutungsgewichte) der CBC-Analyse mittels linearer Regression zu validieren. Alle Konstrukte dienen dabei als erklärende Variablen im Regressionsmodell. Die Auswahl kann damit begründet werden, dass sich all diese mit dem wahrgenommenen Kauf- und Suchprozess von Konsumenten beschäftigen und somit eine psychometrische Grundlage für unsere Untersuchung bilden. Die verwendeten Konstrukte werden nachfolgend ausführlich beschrieben.

Die Einstellung von Konsumenten hinsichtlich des Preises wird durch das Konstrukt *Preisbewusstsein* operationalisiert und mit einer 7-stufigen Likert-Skala gemessen. Im Gegensatz zu Darden und Perreault (1976) werden hier drei anstatt der ursprünglichen vier Items verwendet, da nicht alle Indikatoren für die vorliegende Untersuchung geeignet waren. Zudem werden die psychometrischen *Suchkosten* auf einer 7-stufigen Likert-Skala mittels drei Indikatoren gemessen (Srinivasan und Ratchford 1991). Dieses Konstrukt bezieht sich auf die Wahrnehmung der Zeit, die Konsumenten vor dem Produktkauf aufwenden müssen. Die Kontrolle von Konsumenten über den Kaufprozess wird mittels der *Prozesskontrolle* (Chandran und Morwitz 2005) über eine 7-stufige Likert-Skala erfasst. Die Prozesskontrolle misst die konkrete Wahrnehmung von Konsumenten hinsichtlich der Möglichkeiten, den Kaufprozess zu beeinflussen, vor allem im Hinblick auf das Kosten-Nutzen-Verhältnis des gekauften Produkts. Neben den psychometrischen Konstrukten werden auch die entsprechenden Produktkenntnisse der Befragten kontrolliert. Diese werden durch die beiden Einzelfragen „Wie beurteilen Sie ihr Wissen über [Tablet-Computer/Lehrbücher]?" sowie „Wie relevant sind [Tablet-Computer/Lehrbücher] für Sie?" abgefragt.

Von den 275 Fragebögen entfielen 138 auf das Hochpreis- und 137 auf das Niedrigpreisprodukt. Für die CBC-Analyse konnten alle 275 Fragebögen verwendet werden. Die Berechnung der linearen Regression bezieht sich auf 268 Fragebögen, die auch hinsichtlich der psychometrischen Konstrukte vollständig beantwortet wurden.

3.3 Reliabilitäts- und Validitätsmaße

Die CBC-Analyse liefert – mittels einer hierarchischen Bayes-Schätzung – individuelle Teilnutzenwerte (Sawtooth Software 2011b). Dieses Verfahren liefert bei der vorliegenden Problemstellung bessere Ergebnisse als beispielsweise das Latent-Class-Verfahren (Andrews et al. 2002).

Bevor die Ergebnisse ausgewertet werden, wird zunächst die Güte der verwendeten Daten untersucht. Die Reliabilität der psychometrischen Konstrukte wird mittels Cronbachs

Alpha bestimmt. Hierbei ergeben sich folgende Werte: Suchkosten ($\alpha = 0{,}78$), Preisbewusstsein ($\alpha = 0{,}61$), und Prozesskontrolle ($\alpha = 0{,}76$). So lässt sich festhalten, dass die Reliabilität der verwendeten Konstrukte im zufriedenstellenden Bereich liegt (Nunnally 1978; Peterson 1994). Die Güte des Konstrukts mit einem Alpha von kleiner als 0,7 kann dahingehend begründet werden, dass dieses nur aus drei Items besteht (Peterson 1994). Hierzu fanden auch Churchill und Peter (1984) einen positiven Zusammenhang zwischen der Anzahl der Items und der Höhe des Alphawertes. Zudem konnte Peterson (1994) im Rahmen einer Metaanalyse feststellen, dass Konstrukte, die sich aus weniger als drei Items zusammensetzen auch einen kleineren Alphawert hatten im Vergleich zu solchen Konstrukten, die sich aus mehr als drei Items zusammensetzen.

Die Güte der geschätzten Teilnutzenwerte im Rahmen der CBC-Analyse wird hinsichtlich der Reliabilität, Prognosevalidität und internen Validität untersucht. Auswahlentscheidungen von Probanden können hierbei durch verschiedene Faktoren (z. B. Unaufmerksamkeit, mangelndes Interesse) beeinflusst werden. Derartige Störfaktoren führen zur Verzerrung der Schätzung und sollten daher vermieden werden. Um solche möglichen Verzerrungen zu testen, wurden zwei identische Hold-out Choice Sets in die jeweiligen Fragebögen integriert. Die Durchführung einer Test-Retest-Statistik ergibt, dass 81 % der Probanden für das Niedrigpreisprodukt und 89,9 % der Probanden für das Hochpreisprodukt identische Auswahlentscheidungen in den Hold-out Choice Sets getroffen haben. Im Vergleich zu anderen Studien kann hiermit von einer hohen Test-Retest-Reliabilität ausgegangen werden (Huber et al. 1993).

Um die Prognosevalidität zu messen, wird ebenfalls auf die Hold-out Choice Sets zurückgegriffen. Die Prognosevalidität ist gegeben, wenn die Auswahlentscheidungen der Probanden in den Hold-out Choice Sets mit Hilfe der geschätzten Nutzenparameter möglichst gut prognostiziert werden können (Akaah und Korgaonkar 1983). Das entsprechende Gütekriterium wird als Hit-Rate bezeichnet. Die beobachteten Auswahlentscheidungen werden hierbei mit den geschätzten Auswahlentscheidungen verglichen. Im vorliegenden Fall ergibt sich eine Hit-Rate von 87,1 % für das Niedrigpreisprodukt und 91 % für das Hochpreisprodukt. Diese Werte sind im Vergleich zu anderen Studien als gut einzuordnen (Lenk et al. 1996).

Die Hit-Rate, mit deren Hilfe die Rate der richtig geschätzten Auswahlentscheidungen ermittelt wird, kann auch für die Prüfung der internen Validität herangezogen werden. Im Unterschied zur Bestimmung der Prognosevalidität werden hierbei alle Auswahlentscheidungen der Probanden verwendet. Die entsprechenden Hit-Raten von 95,5 % für das Hochpreisprodukt und 91,2 % für das Niedrigpreisprodukt bedeuten, dass ein großer Prozentsatz aller Auswahlentscheidungen korrekt prognostiziert werden kann. Diese Hit-Raten können ebenso als vergleichsweise sehr gut eingeschätzt werden (Moore 2004).

3.4 Ergebnisse der CBC-Analyse

Um die individuellen Teilnutzenwerte und somit die Suchkosten zu bestimmen, wird eine hierarchische Bayes-Schätzung durchgeführt. Abbildung 1 zeigt die durchschnittlichen normierten Teilnutzenwerte für das Hochpreisprodukt und das Niedrigpreisprodukt. Die Normierung der individuellen Nutzenparameter stellt sicher, dass die Teilnutzenwerte den

Digitalisierung und Konvergenz von Online- und Offline-Welt

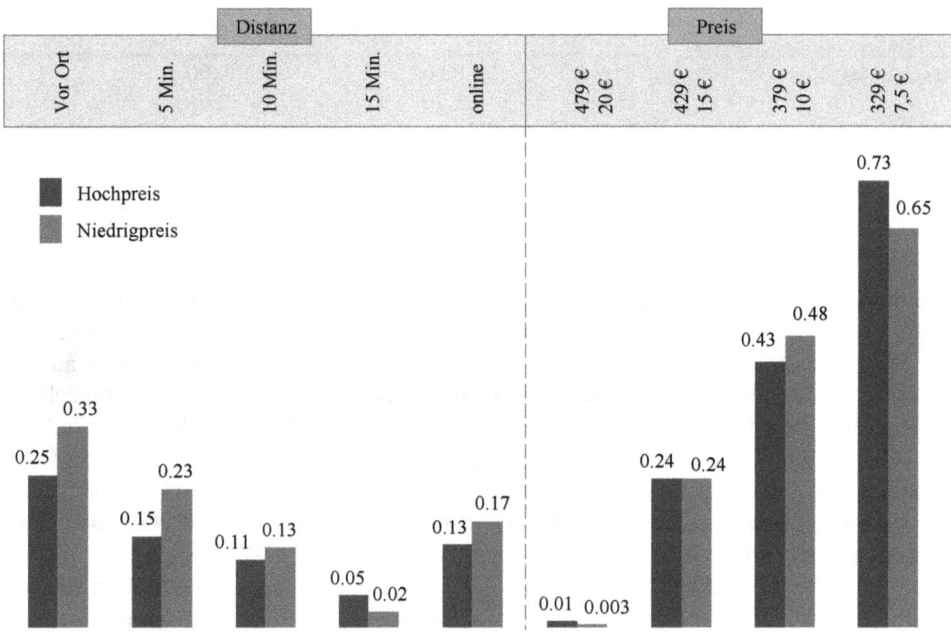

Abb. 1: Durchschnittliche normierte Teilnutzenwerte der Attributsausprägungen pro Produkt

gleichen Ursprung besitzen und somit auf Attributsebene vergleichbar sind. Dies lässt allerdings nicht auf die relative Wichtigkeit des Attributs als Gesamtnutzenwert schließen.[3] Die Plausibilität (Face-Validität) der Teilnutzenwerte kann dann mit Hilfe der geschätzten Nutzenparameter der entsprechenden Ausprägung beurteilt werden (Teichert 2000). Die Vorzeichen und somit die Einflussrichtung der Teilnutzenwerte sind allesamt plausibel. Eine geringe Distanz stiftet Probanden einen größeren Nutzen als weiter entfernte Standorte. Analog dazu wird ein höherer Preis weit weniger geschätzt als ein niedriger Preis. In Abb. 1 ist auch zu erkennen, dass der Online-Kauf für beide Produkte im Mittel einen größeren Nutzen stiftet als eine Wegstrecke von 10 min. Im Falle einer Wegstrecke von 5 min wird diese im Mittel dem Online-Kauf vorgezogen. Gründe für einen möglichen Online-Kauf können sich darauf zurückführen lassen, dass Käufer das Produkt nicht selbst nach Hause tragen müssen und den Einlauf bequem fortsetzen können. Zudem besteht ein Widerrufs- und Rückgaberecht bei Online-Käufen. Hierbei haben Konsumenten die Möglichkeit, bestellte Produkte innerhalb von 14 Tagen wieder zurückzuschicken.

Die Interpretation der unterschiedlichen Attribute kann zudem nur indirekt vorgenommen werden (Train 2003). Zur Interpretation werden deshalb die Bedeutungsgewichte der Attributsausprägungen herangezogen. Die Bedeutungsgewichte stehen für die Relevanz eines Attributs im Verhältnis zu allen Attributen. Zur Berechnung der Bedeutungsgewichte von einzelnen Attributen werden die Spannweiten verwendet. Diese berechnen sich aus der Differenz zwischen dem größten und dem kleinsten Nutzenparameter eines Attributes. Das Bedeutungsgewicht des Attributs Distanz wird durch Division der Spannweite der Distanz durch die Summe aller Spannweiten ermittelt. Gleiches gilt für das Attribut Preis.

Tab. 2: Durchschnittliche Zahlungsbereitschaftsdifferenz des Attributs Distanz

Distanz	Hochpreisprodukt (€)	Niedrigpreisprodukt (€)
15 min	0,00	0,00
10 min	11,46	2,66
5 min	17,65	4,47
Hier vor Ort	37,88	6,79
Online	9,53	3,90

Die Berechnung ergibt beim Attribut Preis für beide Produkte ein höheres Bedeutungsgewicht im Vergleich zum Attribut Distanz, wobei nur die „Offline"-Spannweite ohne das Attribut „Online kaufen" betrachtet wurde. Mit 76 % (Hochpreisprodukt) beziehungsweise 68 % (Niedrigpreisprodukt) ist das Attribut Preis sehr relevant im Hinblick auf die jeweiligen Auswahlentscheidungen der Probanden. Das Attribut Distanz ist demnach mit 32 % beim Niedrigpreisprodukt etwas bedeutender für die Kaufentscheidung als beim Hochpreisprodukt mit 24 %. Ein möglicher Grund hierfür ist die vorherrschende Unsicherheit hinsichtlich der Produktqualität. Zwar wurde im Fragebogen explizit angegeben, dass die Qualität der gebrauchten Bücher identisch sei, dennoch wird bei gebrauchten Gütern normalerweise von einer heterogenen Produktqualität ausgegangen.

Eine weitere Interpretationsmöglichkeit der Nutzenparameter kann mittels einer Normierung über den Parameter Preis durchgeführt werden.[4] Tabelle 2 zeigt die durchschnittliche Zahlungsbereitschaftsdifferenz der einzelnen Eigenschaftsausprägungen des Attributes Distanz für beide Produkte. Die Vergleichbarkeit zwischen den zusätzlichen Zahlungsbereitschaften ist allerdings nur innerhalb eines Attributes gegeben.

So ist in Tab. 2 zu erkennen, dass Probanden im Durchschnitt für einen Kauf vor Ort im Vergleich zu einem Kauf in einer Distanz von 15 min 37,88 € bzw. 6,79 € mehr bezahlen würden. Die übrigen Parameter sind ebenso im Verhältnis zur Eigenschaftsausprägung „15 min" zu interpretieren.

Die mit dem hierarchischen Bayes-Algorithmus geschätzten Teilnutzenwerte erlauben zudem die Berechnung von individuellen Suchkosten. Hierzu muss der Quotient aus der absoluten Spannweite des Attributes Preis und der relativen Spannweite des Attributes Preis mit relativen Spannweite des Attributes Distanz multipliziert und durch die Anzahl der Minuten dividiert werden. Es ergeben sich im Mittel Suchkosten von 3,16 € pro Minute für das Hochpreisprodukt (Standardabweichung: 0,83 €) und 0,46 € pro Minute für das Niedrigpreisprodukt (Standardabweichung: 0,44 €), wobei die maximale Distanz 15 min beträgt und nur Offline-Distanzen betrachtet wurden. Die Differenzen zwischen den jeweiligen Suchkosten der beiden Produktkategorien können durch zwei Effekte erklärt werden. Zum einen handelt es sich beim Niedrigpreisprodukt um ein gebrauchtes Produkt, somit herrscht Unsicherheit über die Qualität des Produktes. Konsumenten tendieren daher eher dazu, das Produkt persönlich zu begutachten, bevor sie dieses kaufen. Die Suchkosten pro Minute sind somit geringer. Das Hochpreisprodukt ist hingegen neu. Die Qualität des Hochpreisproduktes ist somit homogen und der Kauf in weiter entfernter Distanz (bei gleichem Preis) wird als weniger attraktiv wahrgenommen. Die Suchkosten pro Minute sind somit entsprechend höher. Zum anderen sind die unterschiedlichen Suchkosten zwischen den Produkten durch *Mental Accounting* zu erklären (Duxbury et al. 2005; Tversky und Kahneman 1981). Wobei davon ausgegangen wird, dass Individuen Produkte vor dem möglichen Kauf hinsichtlich ihres Nutzens zunächst (mental) kodieren, kategorisieren und dann bewerten, wobei die resultierenden Ersparnisse bzw. Kosten unterschiedlich wahrgenommen werden und deshalb zu potenziell irrationalen Entscheidungen führen können. Individuen haben dabei unterschiedliche mentale Konten für unterschiedliche Produkte, die sich auf kognitiver Ebene gegenseitig kaum beeinflussen (Thaler 1985). Hierbei wirken sich die vorliegenden Differenzen zwischen den absoluten und relativen Preisunterschieden auf die unterschiedlichen Suchkosten aus. Konsumenten nehmen demnach verstärkt weitere Wege für Produkte mit höheren relativen Preisunterschieden in Kauf, die im Falle des Niedrigpreises bei etwa 62,5 % (= 12,5/20 €) und beim Hochpreisprodukt bei 31,3 % (= 150/479 €) liegen. Diese Resultate sind damit konsistent mit dem „Jacken- und Taschenrechner-Problem", wonach vorrangig die relativen Preisunterschiede für die Kaufentscheidung ausschlaggebend sind (Tversky und Kahneman 1981).

3.5 Ergebnisse der Regressionsanalyse

Die Bedeutungsgewichte der Attribute *Preis* und *Distanz* geben Aufschluss über deren Wichtigkeit für Konsumenten. Die psychometrischen Konstrukte *Preisbewusstsein*, *Suchkosten* und *Prozesskontrolle* messen die Einstellungen von Konsumenten hinsichtlich Suche und Kauf von Produkten. Die Validierung der Bedeutungsgewichte der Attribute *Preis* und *Distanz* wird nachfolgend mit Hilfe dieser psychometrischen Konstrukte vorgenommen. Zudem wird für die *Produktkenntnisse*, die *Produktrelevanz* und den *Produkttyp* kontrolliert. Im Folgenden wird daher eine multiple lineare Regression durchgeführt, um die Bedeutungsgewichte mittels verschiedener psychometrischer Konstrukte zu erklären. Die unabhängigen Variablen sind im Anhang dargestellt. Wie bereits beschrieben, betragen die Bedeutungsgewichte 76 % (Hochpreisprodukt) bzw. 68 % (Niedrigpreisprodukt) für das Attribut Preis und 24 % bzw. 32 % für das Attribut Distanz. Wir schätzen dafür folgendes Modell:

$$\begin{aligned}Bedeutungsgewicht_{ij} = &\ \beta_{0j} + \beta_{1j} * Preisbewusstsein_i \\ &+ \beta_{2j} * Suchkosten_i + \beta_{3j} * Prozesskontrolle_i \\ &+ \beta_{4j} * Produktkenntnisse_i + \beta_{5j} * Produktrelevanz_i \\ &+ \beta_{6j} * Produkttyp\_Dummy_i + \varepsilon_{ij}\end{aligned}$$

wobei die abhängige Variable das jeweilige Bedeutungsgewicht für den Preis oder für die Distanz ist und die Betas für die jeweiligen Schätzer der unabhängigen Variablen bzw. der Konstanten für Proband i stehen. Der Index j steht für das jeweilige Attribut *Preis* bzw. *Distanz*.

Zunächst werden die Annahmen der multiplen Regressionsanalyse überprüft. Das Vorliegen von Heteroskedastizität wird mit Hilfe des *Breusch-Pagan-Tests* geprüft. Die Testwerte sind statistisch signifikant, was somit auf das Vorliegen von Heteroskedastizität der Residuen hindeutet.[5] Deshalb wird ein Regressionsmodell mit robusten Standardfehlern nach White (1980) verwendet. Die Berechnung der Varianzinflationsfaktoren zeigt, dass keine Multikollinearität vorliegt. Die entsprechenden Faktoren sind kleiner als 2. Es kann zudem festgestellt werden, dass die Residuen normalverteilt sind.

Tab. 3: Regressionsergebnisse für die Bedeutungsgewichte

Unabhängige Variablen	Bedeutungsgewicht Preis	Bedeutungsgewicht Distanz
Preisbewusstsein	0,007	− 0,007
	(0,005)	(0,005)
Suchkosten	0,004	− 0,004
	(0,004)	(0,004)
Prozesskontrolle	0,018**	− 0,018**
	(0,008)	(0,008)
Produktkenntnisse	− 0,005	0,005
	(0,004)	(0,004)
Produktrelevanz	0,002	− 0,002
	(0,005)	(0,005)
Produkttyp_Dummy	0,087***	− 0,087***
	(0,013)	(0,013)
Konstante	0,554***	0,446***
	(0,051)	(0,051)
Beobachtungen	268	268
R^2 (korrigiert)	0,269	0,269
F-Test	14,84	14,84
p-Wert	< 0,01	< 0,01

Robuste Standardfehler in Klammern
*** $p < 0,01$, ** $p < 0,05$, * $p < 0,1$

Tabelle 3 zeigt, dass sich die Schätzergebnisse der unabhängigen Variablen – mit Ausnahme der Konstanten – in den Spalten zwei und drei mit umgekehrten Vorzeichen widerspiegeln. Dies ist dadurch zu erklären, dass sich die abhängigen Variablen auf individueller Ebene (d. h. die Bedeutungsgewichte der Probanden) zu eins addieren und die unabhängigen Variablen somit zwei Seiten einer Medaille erklären.

Der F-Test zeigt die Signifikanz des Gesamtmodells (F = 14,84; $p < 0,01$). Dieses erklärt 26,9 % der Gesamtvarianz. Wie in Tab. 3 zu erkennen, ist die Variable *Produkttyp_Dummy* hochsignifikant (± 0,087 (0,0134)), wobei das Hochpreisprodukt mit eins kodiert ist. Die jeweiligen Bedeutungsgewichte sind demnach stark von der Art des Produkts abhängig. Hierbei wird nochmals deutlich, dass die Bedeutung des Preises bei dem Hochpreisprodukt vergleichsweise größer ist, wohingegen die Distanz bei dem Niedrigpreisprodukt von größerer Bedeutung ist. Dies kann zum einen durch die zu Grunde liegenden Preise bzw. Preisspannen von 150 € (Hochpreisprodukt) gegenüber 12,50 € (Niedrigpreisprodukt) begründet werden. Zum anderen könnte die Bedeutung der Distanz beim Niedrigpreisprodukt durch die relative Wahrnehmung dieser Preisunterschiede im Rahmen von Mental Accounting erklärt werden (Tversky und Kahneman 1981). So ist das Bedeutungsgewicht Preis im Falle des Hochpreisprodukts um 8,75 % höher. Im umgekehrten Falle ist das Bedeutungsgewicht Distanz um 8,75 % geringer. Das Konstrukt *Prozesskontrolle* ist ebenso signifikant (± 0,018 (0,008)), was sich negativ auf das Bedeutungsgewicht der Distanz und positiv auf das Bedeutungsgewicht des Preises niederschlägt. Dies bedeutet, dass Konsumenten, denen eine hohe Kontrolle über den Einkaufsprozess wichtig ist, bereit sind, für einen besseren Preis weitere Wege zu gehen und somit implizit geringere

Such- bzw. Wegekosten haben. Im Gegensatz dazu hat das *Preisbewusstsein* von Konsumenten keinen signifikanten Einfluss auf die Bedeutungsgewichte der Attribute Preis und Distanz. Auch das Konstrukt *Suchkosten* hat keinen signifikanten Effekt auf die Bedeutung des Preises und der Distanz. Darüber hinaus üben die Kontrollvariablen bezüglich individueller *Produktkenntnisse* und *Produktrelevanz* keinen signifikanten Effekt auf die beiden abhängigen Variablen aus.

3.6 Limitationen

Hinsichtlich der Interpretation der obigen Ergebnisse gilt zu beachten, dass diesen einige Einschränkungen bzw. Annahmen zu Grunde liegen: 1) Zunächst wurden die Daten bei der CBC-Analyse mit Hilfe eines Fragebogens erhoben. Dadurch werden erklärte Präferenzen und nicht offenbarte Präferenzen gemessen. Die vorliegenden Auswahlentscheidungen sind somit nicht an monetäre Auszahlungen gebunden. Allerdings wurde die Validität und Reliabilität der CBC-Analyse zur Untersuchung von Entscheidungsverhalten in einer Vielzahl an Untersuchungen als gut beurteilt (beispielsweise Green und Srinivasan 1990). 2) Um die Zahlungsbereitschaftsdifferenzen zwischen Eigenschaftsausprägungen zu bestimmen, wurde eine lineare Beziehung zwischen den einzelnen Eigenschaftsausprägungen angenommen. 3) Eine weitere Limitation ist dadurch gegeben, dass sich die beiden verwendeten Produkte in mehreren Variablen als nur dem Preis unterscheiden (bspw. neu/gebraucht; Buch/elektronisches Gerät). In einer Folgestudie könnte ein Produktvergleich mit einander ähnlicheren Produkten durchgeführt werden, um Unterschiede anhand einer einzigen Eigenschaft zu erklären. 4) Zuletzt ist die Generalisierbarkeit der Ergebnisse dahingehend eingeschränkt, dass nur zwei Produkte untersucht wurden und dass es sich um eine studentische Stichprobe handelt, die nur teilweise auf die Grundgesamtheit der Smartphone-Nutzer in Deutschland übertragen werden kann. Beispielsweise haben Dibbern et al. (2007) in ihrer Studie zur Nutzung von mobilen Bankdiensten gezeigt, dass es Unterschiede zwischen Studierenden und Managern geben kann. Die Generalisierbarkeit der vorliegenden Ergebnisse könnte hierbei durch eine Replikationsstudie mit anderen Probanden und Produkten geprüft werden.

4 Zusammenfassung und Ausblick

Dieser Beitrag erörtert die Relevanz der mobilen Suche im Hinblick auf das Kaufverhalten von Konsumenten. Es wird aufgezeigt, dass die mobile Suche, welche den Kontext dieser Konsumenten berücksichtigt, das Such- und (Offline-)Kaufverhalten beeinflussen kann. Die empirische Untersuchung analysiert mittels einer CBC-Analyse das Zusammenspiel zwischen Online- und Offline-Welt und ermittelt zudem die wahrgenommenen Kosten der mobilen Suche.

Dabei kann festgehalten werden, dass LBS bei der mobilen Suche eine bedeutende Rolle spielen. So ermöglichen diese mittels verschiedenster Methoden Preisvergleiche am Point-of-Sale und führen somit potenziell zu einer erhöhten Informationseffizienz und zur Reduktion von Informationsasymmetrien für Konsumenten.

Die Ergebnisse der empirischen Untersuchung zeigen, dass die Suchkosten im Rahmen der mobilen Suche heterogen sind und sich zudem zwischen verschiedenen Produkten stark unterscheiden. Die Gründe dafür können zum einen bei den Qualitätsunterschieden zwischen den Produkten und der Kognition durch Mental Accounting liegen. Standortbezogene Informationen über Preis und Distanzen vereinen wichtige Eigenschaften aus der Online- und Offline-Welt und sind wichtige Parameter zur Bestimmung des Kaufverhaltens. Die mobile Suche hat somit einen nicht zu unterschätzenden Einfluss auf die Kaufwahrscheinlichkeit von Produkten.

4.1 Implikationen für die Praxis

Die vorliegende Studie liefert eine Reihe von Implikationen für die Praxis. So lassen die Ergebnisse darauf schließen, dass mittels mobiler Applikationen ein potenziell großer Einfluss auf das Kaufverhalten von Konsumenten ausgeübt werden kann. Unternehmen im B2C-Bereich sollten daher in Betracht ziehen, zukünftig ihre (Marketing-)Strategien auf den mobilen Kontext auszuweiten. Dies beinhaltet zunächst eine erhöhte Sichtbarkeit im mobilen Internet durch mobil optimierte Webseiten, eigene Applikationen (web oder nativ) und die aktive Nutzung mobiler Kommunikationsmaßnahmen (z. B. Couponing) bzw. standortbezogener Branchenbuch-Applikationen (z. B. Qype). LBS bieten vor allem auch kleinen Unternehmen die Chance, verstärkt Neukunden zu generieren, indem diese nun besser gefunden und wahrgenommen werden können. Darüber hinaus können Anbieter mobiler (Such-)Applikationen durch die Erfassung von marktforschungsrelevanten (Geo-)Daten, die durch die Nutzung ihrer Applikationen generiert werden, profitieren. So geben (Geo-)Nutzungsdaten beispielsweise Auskunft über den Einfluss der Distanz auf das Such- und Kaufverhalten. Präferenzen von Konsumenten können damit noch besser erfasst werden. Die Monetarisierung derartiger Informationen könnte beispielsweise durch zielgerichtete Werbung ermöglicht werden.

4.2 Implikationen für die Wissenschaft

Zukünftige Forschung könnte die Ergebnisse dieser fragebogenbasierten Studie mittels Smartphone-Applikationen im Feld überprüfen und darüber hinaus die identifizierten Einflussfaktoren im Rahmen von experimentellen Studien weitergehend analysieren. Hierzu können vor allem Feldexperimente, beispielsweise im Rahmen eines mobilen Konsumentenpanels, durchgeführt werden.

Weiterhin bieten sich interessante Forschungsprojekte an, die die gewonnenen Erkenntnisse mit anderen Stichproben validieren bzw. untersuchen, ob die Effekte bei anderen Produkten vergleichbar sind.

Es ist zudem davon auszugehen, dass die Verwendung von Smartphones weiter zunehmen wird und Unternehmen ihre Angebote verstärkt auf mobile Konsumenten ausrichten. Daher ist es höchst interessant, ökonomische Suchmodelle im mobilen Kontext zu testen. Daraus könnten neue, tiefgreifende Erkenntnisse über Suchkosten im mobilen Internet und deren Wirkung auf Märkte und Preise gewonnen werden.

Nachdem in dieser Studie gezeigt wurde, wie sich Online- und Offline-Welt gegenseitig beeinflussen können, bietet sich die interessante Fragestellung, inwieweit zwischen der Online- und Offline-Informationssuche eine substitutive oder komplementäre Beziehung vorliegt. Zudem könnten neben der Suche zusätzliche mögliche Besonderheiten des mobilen Internets (im Vergleich zu stationären Anwendungen) stärker herausgehoben werden, um deren ökonomischen Einfluss zu quantifizieren.

Anmerkungen

1 Mobile Commerce definiert Barnes (2002, S. 92) als „[...] any transaction with a monetary value – either direct or indirect – that is conducted over a wireless telecommunication network."
2 Mobile Marketing definieren Scharl et al. (2005, S. 165) als „[...] using a wireless medium to provide consumers with time- and location-sensitive, personalized information that promotes goods, services and ideas, thereby benefiting all stakeholders."
3 Mathematisch wird hierbei im ersten Schritt der kleinste Teilnutzenwert je Attribut und Proband auf null gesetzt (Subtraktion des jeweils kleinsten Teilnutzenwertes von allen Teilnutzenwerten einer Eigenschaft), bevor im zweiten Schritt der Gesamtnutzen der am stärksten präferierten Attributsausprägung auf eins gesetzt wird (Division durch die Summe der jeweils größten Teilnutzenwerte pro Eigenschaft und Proband).
4 Je Proband werden die jeweiligen Nutzenwertunterschiede zu der weitesten Distanz durch die gesamten Spannweiten der Distanz dividiert und mit der Spannweite der monetären Differenz (höchster-niedrigster Preis) multipliziert. Daraus resultiert ein Nutzen pro Geldeinheit, der als Zahlungsbereitschaftsdifferenz interpretiert wird.
5 Breusch-Pagan-Test (Bedeutungsgewicht Preis): $Chi^2 = 117{,}00$; p-Wert $= 0{,}000$, wobei H_0: konstante Varianz. Breusch-Pagan-Test (Bedeutungsgewicht Distanz): $Chi^2 = 101{,}79$; p-Wert $= 0{,}000$, wobei H_0: konstante Varianz.

Anhang

Anhang A: Situationsbeschreibung im CBC-Teil des Fragebogens für das Hochpreisprodukt

Sie sind in einem Geschäft und interessieren sich erstmalig für einen Tablet-Computer. Sie entscheiden sich für ein bestimmtes Gerät (Apple iPad 2) und würden dieses gerne kaufen.

Da Sie Ihr Smartphone dabei haben, sind Sie in der Lage, vor Ort Preise im Internet zu vergleichen. Unter Umständen wird das Gerät woanders günstiger angeboten – dabei müssten Sie aber eine Wegstrecke von einigen Minuten in Kauf nehmen. Alternativ können Sie das Gerät auch online bestellen.

Jede der folgenden Zeilen stellt eine Auswahlsituation mit vier Möglichkeiten dar. Für welche Option entscheiden Sie sich jeweils? Wir bitten Sie, sich bei jeder Auswahlsituation neu zu entscheiden. Wenn Ihnen keines der Angebote zusagt, können Sie auch die Alternative ankreuzen „Gar nicht kaufen (Ich würde keine der genannten Optionen wählen)". Bitte eins Antwort pro Zeile!

Anhang B: Situationsbeschreibung im CBC-Teil des Fragebogens für das Niedrigpreisprodukt

Auf dem Universitätsgelände wird ein Bücherflohmarkt veranstaltet. Studierende verkaufen hier gebrauchte Lehrbücher, die sie nicht mehr benötigen. Unter anderem wird das Buch für diese Vorlesung ([*anonymisiert*], Neupreis: 29,95 €) angeboten und Sie würden dieses gerne kaufen.

Da Sie Ihr Smartphone dabei haben, sind Sie in der Lage, vor Ort Preise im Internet zu vergleichen. Unter Umständen wird das gebrauchte Buch woanders günstiger angeboten – dabei müssten Sie aber eine Wegstrecke von einigen Minuten in Kauf nehmen. Alternativ können Sie das gebrauchte Buch auch online bestellen.

Jede der folgenden Zeilen stellt eine Auswahlsituation mit vier Möglichkeiten dar. Die Qualität der gebrauchten Bücher ist in allen Fällen identisch. Für welche Option entscheiden Sie sich jeweils? Wir bitten Sie, sich bei jeder Auswahlsituation neu zu entscheiden. Wenn Ihnen keines der Angebote zusagt, können Sie auch die Alternative ankreuzen „Gar nicht kaufen (Ich würde keine der genannten Optionen wählen)". Bitte eins Antwort pro Zeile!

Anhang C: Verwendete Skalen

Konstrukte/Einzelfragen	α	Quelle
Preisbewusstsein: 7-stufige Likert-Skala Ich vergleiche die Preise von mehreren Geschäften, bevor ich eines auswähle Meist kaufe ich die Produkte im Angebot Ich kaufe normalerweise den günstigsten Artikel	0,61	(Darden und Perreault 1976)
Suchkosten: 7-stufige Likert-Skala Ich bin zeitlich mehr ausgelastet als die meisten Leute, die ich kenne Ich wünschte, ich hätte mehr Zeit Ich fühle mich häufig zeitlich unter Druck gesetzt	0,78	(Srinivasan und Ratchford 1991)
Kontrolle des Einkaufsprozesses: 7-stufige Likert-Skala Es gibt vieles, das ich als Konsument tun kann, um für mein Geld das Beste zu bekommen Mit genügend Mühe kann ich für mein Geld sehr viel bekommen Wenn ich eine aktive Rolle im Einkaufsprozess einnehme, kann ich als Konsument einen maßgeblichen Einfluss haben Langfristig gesehen bin ich als Konsument dafür verantwortlich, das Beste für mein Geld zu bekommen	0,76	(Chandran und Morwitz 2005)
Produktkenntnisse: 7-stufige Likert-Skala Wie beurteilen Sie ihr Wissen über [Tablet-Computer/Lehrbücher]?		
Produktrelevanz: 7-stufige Likert-Skala Wie relevant sind [Tablet-Computer/Lehrbücher] für Sie?		

Literatur

Akaah IP, Korgaonkar PK (1983) An empirical comparison of the predictive validity of self-explicated, huber-hybrid, traditional conjoint, and hybrid conjoint models. J Mark Res 20(2):187–197

Allenby GM, Arora N, Ginter JL (1995) Incorporating prior knowledge into the analysis of conjoint studies. J Mark Res 32(2):152–162

Andrews RL, Ansari A, Currim IS (2002) Hierarchical Bayes versus finite mixture conjoint analysis models: a comparison of fit, prediction, and partworth recovery. J Mark Res 39(1):87–98

Ansari A, Mela CF (2003) E-customization. J Mark Res 40(2):131–145

Bakos JY (1997) Reducing buyer search costs: implications for electronic marketplaces. Manag Sci 43(12):1676–1692

Barnes SJ (2002) The mobile commerce value chain: analysis and future developments. Int J Inf Manag 22(2):91–108

Ben-Akiva M, Lerman SR (1994) Discrete choice analysis: theory and application to travel demand, 6. Aufl. MIT Press, Cambridge (Mass.)

Brynjolfsson E, Dick AA, Smith MD (2010) A nearly perfect market? Quant Mark Econ 8(1):1–33

Brynjolfsson E, Smith MD (2000) Frictionless commerce? A comparison of internet and conventional retails. Manag Sci 46(4):563–585

Chae M, Kim J (2003) What's so different about the mobile internet? Commun ACM 46(12):240–247

Chandran S, Morwitz VG (2005) Effects of participative pricing on consumers' cognitions and actions: a goal theoretic perspective. J Consum Res 32(2):249–259

Churchill GA, Peter JP (1984) Research design effects on the reliability of rating scales: a meta-analysis. J Mark Res 21(4):360–375

Darden WR, Perreault WD (1976) Identifying interurban shoppers: multiproduct purchase patterns and segmentation profiles. J Mark Res 13(1):51–60

Dibbern J, Heinzl A, Schaub N (2007) Determinanten der Nutzung von mobilen Bankdiensten – Test eines Drei-Perspektiven-Modells. In: Hammerschmidt M, Stokburger-Sauer N, Bayón T, Herrmann A, Huber F (Hrsg) Vielfalt und Einheit in der Marketingwissenschaft: Ein Spannungsverhältnis, 1. Aufl. Gabler, Wiesbaden, S 449–478

Duxbury D, Keasey K, Zhang H, Chow SL (2005) Mental accounting and decision making: evidence under reverse conditions where money is spent for time saved. J Econ Psychol 26(4):567–580

eBay (2011) Mobile Information vor dem Kauf liegt im Trend [Online]. Dreilinden/Berlin. http://presse.ebay.de/pressrelease/3827. Zugegriffen: 2. Jan. 2012

Forman C, Ghose A, Goldfarb A (2009) Competition between local and electronic markets: how the benefit of buying online depends on where you live. Manag Sci 55(1):47–57

Fotheringham AS (1988) Market share analysis techniques: a review and illustration of current US practice. In: Wrigley N (Hrsg) Store choice, store location and market analysis, 1. Aufl. Taylor & Francis, London, S 120–159

Gartner (2011) Gartner says 428 Mio. mobile communication devices sold worldwide in first quarter 2011, a 19% increase Year-on-Year [Online]. Egham, UK:Gartner, Inc. http://www.gartner.com/it/page.jsp?id=1689814. Zugegriffen: 2. Jan. 2012

Ghose A, Goldfarb A, Han SP (2011) How is the mobile internet different? Search costs and local activities. Working Paper Series. New York University

Green PE, Srinivasan V (1990) Conjoint analysis in marketing: new developments with implications for research and practice. J Mark 54(4):3–19

Haaijer R, Kamakura WA, Wedel M (2001) The ‚No-Choice' alternative to conjoint choice experiments. Int J Mark Res 43(1):93–106

Häubl G, Dellaert BGC, Donkers B (2010) Tunnel vision: local behavioral influences on consumer decisions in product search. Mark Sci 29(3):438–455

Huber J, Wittink D, Fiedler JA, Miller R (1993) The effectiveness of alternative preference elicitation procedures in predicting choice. J Mark Res 30(1):105–114

Hummel KA, Hess A, Meyer H (2010) Mobilität im „Future Internet". Informatik-Spektrum 33(2):143–159

Johnson EJ, Moe WW, Fader PS, Bellman S, Lohse GL (2004) On the depth and dynamics of online search behavior. Manag Sci 50(3):299–308

Kamvar M, Baluja S (2006) A large scale study of wireless search behavior: google mobile search. In: Proceedings of the SIGCHI Conference on Human Factors in Computing Systems, 2006, Montreal, Quebec, Canada. New York: ACM, 701–709

Kamvar M, Baluja S (2007) Deciphering trends in mobile search. IEEE Comput Mag (Special Issue on Search) 40(8):58–62

Kim HW, Chan HC, Gupta S (2007) Value-based adoption of mobile internet: an empirical investigation. Decis Support Syst 43(1):111–126

Lee T, Chen S, Wang S, Chang S (2009) Adoption of mobile location-based services with Zaltman metaphor elicitation techniques. Int J Mob Commun 7(1):117–132

Lenk PJ, DeSarbo WS, Green PE, Young MR (1996) Hierarchical Bayes conjoint analysis: recovery of partworth heterogeneity from reduced experimental designs. Mark Sci 15(2):173–191

Liu C, Rau P-LP, Gao F (2010) Mobile information search for location-based information. Comput Ind 61(4):364–371

MacMinn RD (1980) Search and market equilibrium. J Polit Econ 88(2):308–327

Malhotra NK, Jain AK, Lagakos SW (1982) The information overload controversy: an alternative viewpoint. J Mark 46(2):27–37

McFadden D (1986) The choice theory approach to market research. Mark Sci 5(4):275–297

Meeker M, Devitt S, Wu L (2010) Morgan Stanley internet trends 2010 [Online]: morgan stanley. http://www.morganstanley.com/institutional/techresearch/pdfs/Internet_Trends_041210.pdf. Zugegriffen: 2. Jan. 2012

Moore WL (2004) A cross-validity comparison of rating-based and choice-based conjoint analysis models. Int J Res Mark 21(3):299–312

Nunnally JC (1978) Psychometric Theory, 1. Aufl. McGraw-Hill, New York

Peterson RA (1994) A meta-analysis of Cronbach's coefficient alpha. J Consum Res 21(2):381–391

Peterson RA, Merino MC (2003) Consumer information search behavior and the internet. Psychol Mark 20(2):99–121

Sawtooth Software I (2007) 2007 Customer survey results [Online]. Sequim, WA: Sawtooth Software, Inc. http://sawtoothsoftware.com/education/ss/ss27.shtml#ss27survey. Zugegriffen: 21. Nov. 2011

Sawtooth Software I (2011a) The CBC system for choice-based conjoint analysis [Online]. Sequim, WA. http://www.sawtoothsoftware.com/download/techpap/cbctech.pdf. Zugegriffen: 21. Nov. 2011

Sawtooth Software I (2011b) The CBC/HB system for hierarchical Bayes estimation [Online]. Sequim, WA:Sawtooth Software Inc. http://www.sawtoothsoftware.com/download/techpap/hbtech.pdf. Zugegriffen: 21. Nov. 2011

Scharl A, Dickinger A, Murphy J (2005) Diffusion and success factors of mobile marketing. Electron Commer Res Appl 4(2):159–173

Srinivasan N, Ratchford BT (1991) An empirical test of a model of external search for automobiles. J Consum Res 18(2):233–242

Stigler GJ (1961) The economics of information. J Polit Econ 69(3):213–225

Stiglitz JE (1989) Imperfect information in the product market. In: Schmalensee R, Willig RD (Hrsg) Handbook of industrial organization, 1. Aufl. Elsevier, Amsterdam, S 769–847

Teichert T (2000) Das Latent-Class Verfahren zur Segmentierung von wahlbasierten Conjoint-Daten. Mark – Z Forsch Prax 22(3):227–239

Thaler RH (1985) Mental accounting and consumer choice. Mark Sci 4(3):199–214

Timpf S (2008) „Location-based Services" – Personalisierung mobiler Dienste durch Verortung. Informatik-Spektrum 31(1):70–74

Train K (2003) Discrete choice methods with simulation, 1. Aufl. Cambridge University Press, Cambridge

Tversky A, Kahneman D (1981) The framing of decisions and the psychology of choice. Science 211(4481):453–458

Verhoef PC, Neslin SA, Vroomen B (2007) Multichannel customer management: understanding the research-shopper phenomenon. Int J Res Mark 24(2):129–148

Wauters R (2010) Mobile location-based services could rake in $12.7 Billion by 2014: report [Online]: TechCrunch. http://techcrunch.com/2010/02/23/location-based-services-revenue/. Zugegriffen: 2. Jan. 2012

Weitzman ML (1979) Optimal search for the best alternative. Econometrica 47(3):641–654

White H (1980) A heteroskedasticity-consistent covariance matrix estimator and a direct test for heteroskedasticity. Econometrica 48(4):817–838

Xu H, Teo H-H, Tan BCY, Agarwal R (2009) The role of push-pull technology in privacy calculus: the case of location-based services. J Manag Inf Syst 26(3):135–174

Xue M, Kalnis P, Pung H (2009) Location diversity: enhanced privacy protection in location based services – location and context awareness. In: Choudhury T, Quigley A, Strang T, Suginuma K (Hrsg) 4th international symposium on location and context awareness 2009, Tokyo, Japan. Springer, Berlin, S 70–87

The digitalization and convergence of online and offline worlds – Impact of mobile internet search on consumer behavior

Abstract: The increasing diffusion of mobile phones with internet access (Smartphones) enables more and more consumers to use the mobile internet. In addition, there is a continuing integration of location-based services (LBS). By means of Global Positioning Systems or WiFi-triangulation LBS provide context-aware information to consumers. This leads to a convergence of online and offline worlds. The usage of LBS delivers additional information to consumers (e.g. alternative offers or detailed product information). Therefore LBS do have an influence on consumer behavior. Particularly during the search process, information about prices or geographic distances, that are relevant for the purchase, are of importance. This study analyzes the relevance of location-based internet search empirically. Search costs are estimated on an individual level in a choice-based conjoint analysis using two different products. As a result, location-based internet search is considered to be very relevant for search and influential on consumer behavior. The study shows different consumers preferences and different search costs depending on the product. To conclude the study, the implications are discussed. The major contribution of this study is that it shows that offline and online search do have a mutual impact on each other. Furthermore, search costs are measured in a mobile context.

Keywords: Search theory · Location-based services · Mobile marketing · Choice-based conjoint analysis

ZfB-SPECIAL ISSUE 4/2012

Inferring decision strategies from clickstreams in decision support systems: a new process-tracing approach using state machines

Jella Pfeiffer · Malte Probst · Wolfgang Steitz · Franz Rothlauf

Abstract: Webstores can easily gather large amounts of consumer data, including clicks on single elements of the user interface, navigation patterns, user profile data, and search texts. Such clickstream data are both interesting to merchandisers as well as to researchers in the field of decision-making behavior, because they describe consumer decision-behavior on websites. This paper introduces an approach that infers decision-behavior from clickstream data. The approach observes clicks on elements of a decision-support-system and triggers a set of state-machines for each click. Each state-machine represents a particular decision-strategy which a user can follow. The approach returns a set of decision strategies that best explain the observed click-behavior of a user. Results of two experiments show that the algorithm infers strategies accurately. In the first experiment, the approach correctly infers most of the pre-defined decision-strategies. The second study analyzes the behavior of thirty-eight respondents and finds that the inferred mix of decision-strategies fits well the behavior described in the literature to date. Results show that using decision-support-systems on a web site and observing the user's click-behavior make it possible to infer a specific decision strategy. The proposed method is general enough to be easily applied to both research and real-world settings, along with other decision-support-systems and strategies.

© Gabler-Verlag 2012

Dr. J. Pfeiffer (✉) · Dipl. Wirt.-Inf. M. Probst · Dipl. Wirt.-Inf. W. Steitz · Prof. Dr. F. Rothlauf
Dept. of Information Systems and Business Administration, Johannes Gutenberg-Universität Mainz,
Jakob-Welder-Weg 9, 55128 Mainz, Germany
E-Mail: jella.pfeiffer@uni-mainz.de

Dipl. Wirt.-Inf. M. Probst
E-Mail: probst@uni-mainz.de

Dipl. Wirt.-Inf. W. Steitz
E-Mail: steitzw@uni-mainz.de

Prof. Dr. F. Rothlauf
E-Mail: rothlauf@uni-mainz.de

Keywords: Decision support systems · Clickstream analysis · Decision strategies · State machines · Consumer behavior

JEL Classification: C81 · M32

1 Introduction

The importance of online shopping has grown remarkably over the last decade. In 2009, every West European spent on average € 483 online and this amount is expected to grow to € 601 in 2014 (Evans et al. 2010). In Germany, the number of online shoppers has almost doubled since 2000: 44 % of all adults regularly buy products online today. In Western Europe, online sales reached € 68 billion in 2009 and Forrester research forecasts it will reach € 114 billion by 2014 with an 11 % compound annual growth rate.

In contrast to traditional shopping, e-commerce allows the easy gathering of a large amount of consumer data. Webstores can easily store information on all kinds of process data that describe consumer behavior: clicks on single elements of the user interface, navigation, user profile data, search texts, etc. This kind of data is both interesting to merchandisers as well as to researchers in the field of decision-making behavior. Merchandisers can further improve their webstores and product offerings based on knowledge gained from such data. They may improve conversion rates or even influence purchase behavior. Researchers can use this data to study how people make decisions.

The goal of this work is to introduce an algorithm that infers decision behavior from clickstream data. Because of the diversity and large amount of clickstream data, we suggest focusing on very specific parts of clickstreams. We focus only on clicks related to elements of decision support systems (DSSs). We take a DSS which was programmed for online purchase decisions, also called interactive information management tools (IIMTs). The algorithm works as follows. Clicks on elements of these IIMTs are used as input. These clicks can then activate different state machines, where each state machine represents a certain kind of decision strategy. By analyzing which state machines are activated, when they are activated and how long they are activated for, the algorithm is able to output a set of decision strategies that best explain the observed clickstream.

The paper is structured as follows. In the second section, we define the problems people are faced with when purchasing a product online and we describe decision strategies. In section three, we point out how existing approaches study decision behavior based on process data such as the clickstreams used in our approach. In the following section, we then present the DSS which we used in our analysis and allude to the relationship between DSS and decision strategies. In subsection 4.3, we describe our newly proposed algorithm and validate it in the subsequent sections five and six in two empirical studies. We finish the paper by concluding and explaining potential future work.

2 Decision strategies and choice tasks

Decision-making behavior is typically modeled by various decision strategies. Decision strategies describe the process of acquiring, evaluating, and comparing choice task in-

Table 1: Example of a product-comparison matrix with two alternatives and three attributes

Attribute	Phone A	Phone B
Price	€ 100	€ 150
Brand	Samsung	Nokia
Battery runtime	48 h	60 h

formation elements (Hogarth 1987; Tversky 1969, 1972; Beach 1990; Russo and Dosher 1983; Payne et al. 1993). We define choice tasks as multi-attribute decision problems with a limited number of alternatives. The goal of a choice task is to select the most attractive alternative, e.g., the product the consumer likes the most.

More formally, a choice task is a multi-alternative multi-attribute problem, which consists of n alternatives alt_j, $j = 1, \ldots, n$, $n \geq 2$, which are described by a_{ij} attribute levels, one for each of the m attributes, $attr_i$, $i = 1, \ldots, m$ (Keeney and Raiffa 1993; Harte and Koele 2001). Attribute levels are concrete occurrences of the attributes. As an example, imagine a set of different cell phones (alternatives) characterized by a number of different attributes, such as price, brand and battery runtime. For example, the price of cell phone A is 100 €, its brand is Samsung and its battery runtime is 48 h, whereas the price of cell phone B is 150 €, its brand is Nokia and its battery runtime is 60 h. Each of these characteristics corresponds to a certain attribute level. Table 1 displays this example.

We assume that decision makers have preferences concerning attribute levels. For some strategies, these preferences can have a simple ordinal form such as "yellow is preferred over red". Sometimes, it is further assumed that decision makers assign so-called attribute values to attribute levels (Eisenfuhr and Weber 2002). These attribute values reflect the degree of attractiveness the decision maker assigns to the attribute level. Each decision maker hence is assumed to have m value functions, v_i, that assign attribute values to all available attribute levels, $v_i(a_{ij})$ Furthermore, we assume that decision makers find some attributes more important than others and represent this kind of preference with attribute weights, w_i. Moreover, in some strategies, attribute levels are compared to aspiration levels. Aspiration levels can be interpreted as thresholds or acceptable levels. Dependent on the strategy, an alternative is either immediately excluded from further consideration once an aspiration level is not met or this attribute level is marked as negative. The maximum price one would be willing to pay for a product would be an example of an aspiration level.

In the literature, about fifteen decision strategies have been empirically observed (Riedl et al. 2008; Pfeiffer et al. 2009b). Due to space restriction, we describe six of the most discussed strategies in details in the text below and list the rest in the appendix. For a more detailed overview, the reader can consult Payne et al. (1993), Riedl et al. (2008), Pfeiffer et al. (2009b).

EBA (elimination-by-aspects strategy): First, all alternatives are evaluated so as to detect whether they fulfill the aspiration level for the most important attribute. Alternatives are deleted if they do not meet the aspiration level. Then, the remaining alternatives are tested on the second most important attribute. This decision process is repeated until only one alternative is left.

CONJ (conjunctive rule): The decision maker uses an alternative-wise approach where he or she considers a complete alternative before proceeding to the next one. The alternative where the aspiration levels of all the attributes are satisfied is selected. If there is no such alternative, nothing is selected. If several alternatives satisfy all aspiration levels, one of them is selected at random.

LEX (lexicographic rule): The alternative with the best attribute level on the most important attribute is selected. If there is a tie, the best alternatives are compared according to the second most important attribute and so on.

WADD (weighted additive strategy): The utility-maximizing alternative is selected. The decision maker therefore assigns attribute values to all attribute levels and attributes weights to attributes. The overall utility of an alternative is the sum of all weighted attribute values. A weighted attribute value is defined as the product of an attribute value times the weight of its corresponding attribute. Attribute weight allows the decision maker to weigh some attributes higher than others.

FRQ (frequency of good and/or bad features rule): First of all, the aspiration levels of all attributes are determined. This allows the decision maker to decide whether the attribute level of an alternative is 'good' or 'bad'. The amount of 'good' and/or 'bad' attributes for each alternative is then counted and the highest scoring alternative is selected.

MCD (majority of confirming dimensions rule): The alternatives are compared two at a time, using all of their attributes: the alternative with a higher number of superior attributes is compared with the next alternative. Such pairwise comparisons are conducted until only one alternative is left.

Typically, it is assumed that decision makers apply one of these strategies when making a decision (Payne et al. 1993). However, several researchers have recently found that the decision process is sometimes separated into different stages (Russo and Leclerc 1994; Pfeiffer et al. 2009a). In the first stage, decision makers try to reduce choice task complexity by eliminating alternatives. Examples for decision strategies which eliminate alternatives are EBA and LEX. EBA and LEX belong to the group of *non-compensatory* strategies, which do not take all attributes into account. A low value on an attribute removes the alternative from the choice task regardless of the values of the other attributes. In the second stage, decision makers put more effort into comparing the remaining alternatives (Payne 1976; Olshavsky 1979; Svenson 1979; Payne et al. 1988). Hence, in the first stage, they use simple heuristics and focus on only a few attributes, while in the second stage they consider the choice task holistically, using more effortful strategies such as WADD or EQW (see the appendix for a definition of EQW; Payne 1976; Bettman and Park 1980; Luce et al. 1997; Gilbride and Allenby 2004, 2006). WADD and EQW belong to the group of *compensatory* strategies where the low value of one attribute can be compensated by a high value of another attribute (Payne 1976; Ford et al. 1989). Such strategies require all attribute levels to be considered. The decision maker is, in these cases, often required to possess high cognitive capabilities.

We can further distinguish between strategies that induce an attribute-wise or an alternative-wise comparison of attribute levels. Attribute-wise behavior characterizes a decision maker who picks one attribute, compares its attribute levels across all alternatives, and then moves to the next attribute (examples are EBA and LEX). Comparing all products first according to their color and then according to their price is an example of attribute-wise processing. Alternative-wise strategies, by contrast, define the behavior of the decision maker who sequentially evaluates alternatives according to several or all attribute levels (examples are EQW, WADD, MAJ (see the appendix for a definition of MAJ)). Several studies have found that eliminating alternatives is easier if the alternatives are compared attribute-wise rather than alternative-wise and there is empirical evidence that people use strategies with attribute-wise comparison in the first stage and strategies with alternative-wise comparison in the second stage (Russo and Dosher 1983; Tversky 1969; Bettman and Park 1980; Luce et al. 1997; Pfeiffer et al. 2012).

3 Inferring decision behavior

The question remains: how can we know which kind of decision strategy is being used by the decision maker? Process-tracing techniques try to infer decision behavior from data which is gathered during the decision process. The data is typically recorded in the form of verbal protocols, eye movements or clickstreams. With verbal protocols, decision makers describe their behavior either during or after the decision process. Russo et al. (1989) criticize both simultaneous and retrospective verbal protocols. They argue that simultaneous protocols might interfere with the choice task and found that in retrospective protocols respondents either forgot what actually happened or did not report truthfully. Besides a potential lack of validity, several other disadvantages such as the amount of time necessary to transcribe and code statements have caused a decrease in the use of verbal protocols (Reisen et al. 2008). Now, due to advances in the field of information technology in recent years, much more sophisticated and automatized techniques such as eye-tracking and clickstream analyses are available. An eye tracker system is able to precisely record fixations on attribute levels or other pieces of information (Lohse and Johnson 1996; Reisen et al. 2008). It keeps track of not only the exact position and sequence of the fixations, but also of the length of fixations. Eye tracking is of high external validity as it allows researchers to capture the information acquisition happening at the level of the decision maker's visual system and creates a situation which is closer to a natural purchasing process than other techniques do (Russo 1978; Russo and Dosher 1983; Russo and Leclerc 1994). However, both eye tracking and verbal protocols can only be applied in laboratory settings and are, for instance, not suitable for anonymous online experiments and online purchase decisions.

We therefore suggest using clickstream analysis as the main technique to analyze decision behaviors on the Internet. Clickstream analysis is the predominant method used not only in real-world online webstores, but also in research, with the so-called Mouselab-technique. The mouselab keeps track of information acquisition, response time and choices by recording the mouse movements of a choice task on a computer screen (Bettman et al. 1990). At the beginning of the choice task, all attribute levels are hidden behind boxes.

Only by clicking or moving the cursor on each box can the respondent retrieve the attribute level. In the original version, the box is hidden again once the cursor moves away (Payne et al. 1988). Several works which rely on the Mouselab technique and its variants have studied the time it takes to make a decision, the number and variety of different attribute levels a decision maker considers, the average number of attribute levels per alternative and the sequence in which information is acquired (Bettman et al. 1993; Böckenholt et al. 1991; Fasolo et al. 2003; Garbarino and Edell 1997; Klein and Yadav 1989). Unfortunately, the insights gained from these studies are almost always too general, describing only if the decision maker used an overall alternative-wise or attribute wise strategy, rather than describing which particular decision strategy was used. This is because the amount of time needed to make a decision, the quantity of attribute levels and the information acquisition sequences constitute insufficient data for determining which decision strategy has been applied (Bröder and Schiffer 2003).

4 Clickstream on DSS-elements as a new process-tracing method

In this section, we describe the main contribution of this work. First, we describe a DSS consisting of a set of IIMTs that has recently been introduced to help consumers when making online purchase decisions. Then, we point to the relationship between these IIMTs and decision strategies. In the third part, we introduce our algorithm, which infers decision strategies by using clickstreams on these IIMTs.

4.1 IIMTs as DSS in choice tasks

IIMTs are "tools which enable buyers to sort through and/or compare available product alternatives. For example, these tools allow buyers to limit and sort choices on levels of various attributes and/or engage in side-by-side comparisons of products in dynamically created tables" (Gupta et al. 2009, p. 163). IIMTs are one of the most widely used forms of DSS that can be currently found on the Internet. They support both phases of the two-stage decision-making behavior which we examined in Sect. 2. Simple filter and sort tools help consumers to screen the available products and to narrow down their search to the most promising ones. Usually in this overview, products are described by some key attributes such as price, product name, etc. (see Fig. 1). The user can then select several products and compare them in-depth thanks to a product-comparison matrix in another window (see Fig. 2).

In this work, we focus on IIMTs for product-comparison matrices, but the algorithm can also easily be used for both phases of the clickstream analysis. Several IIMT have been introduced by Pfeiffer et al. (2009b, 2010). We will describe their functionality based on some prototypical implementation for a product-comparison matrix which was presented in Pfeiffer et al. (2010).

FILTER: With a *FILTER*, one can remove all alternatives that do not meet the aspiration levels for an attribute. In the example, in Fig. 3c, the user has set the filter to only show phones that support Bluetooth.

Inferring decision strategies from clickstreams in decision ... 31

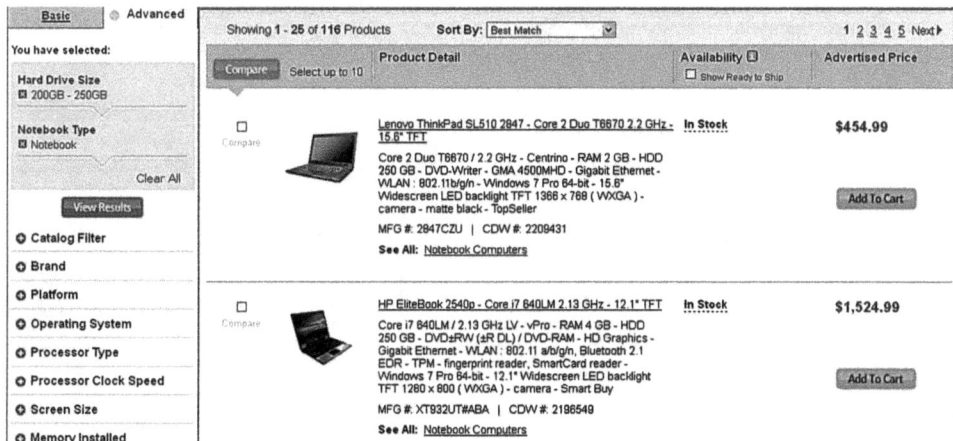

Fig. 1: Screening phase with the IIMT FILTER and the possibility to SORT and choose products, which can then be compared in-depth in a product-comparison matrix with the IIMT PAIRWISE COMPARISON (www.cdw.com)

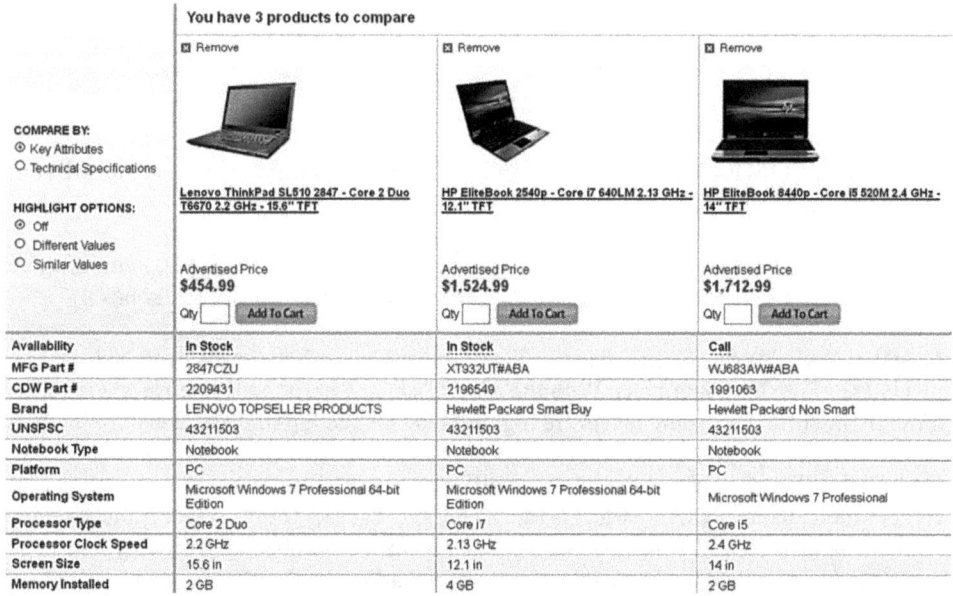

Fig. 2: Product-comparison matrix (www.cdw.com) with the IIMT $REMOVE_{alternative}$ and $MARK_{diffcom}$

SORT: Changes the order in which the products ($SORT_{hierarchically}$) or attributes ($SORT_{drag\&drop}$) are displayed. $SORT_{hierarchically}$ enables to sort products according to several criteria, so that all products with the same attribute level for the first criterion are sorted according to the second criterion, etc. (see Fig. 3a). $SORT_{drag\&drop}$ allows the decision maker to swap rows in the product-comparison matrix.

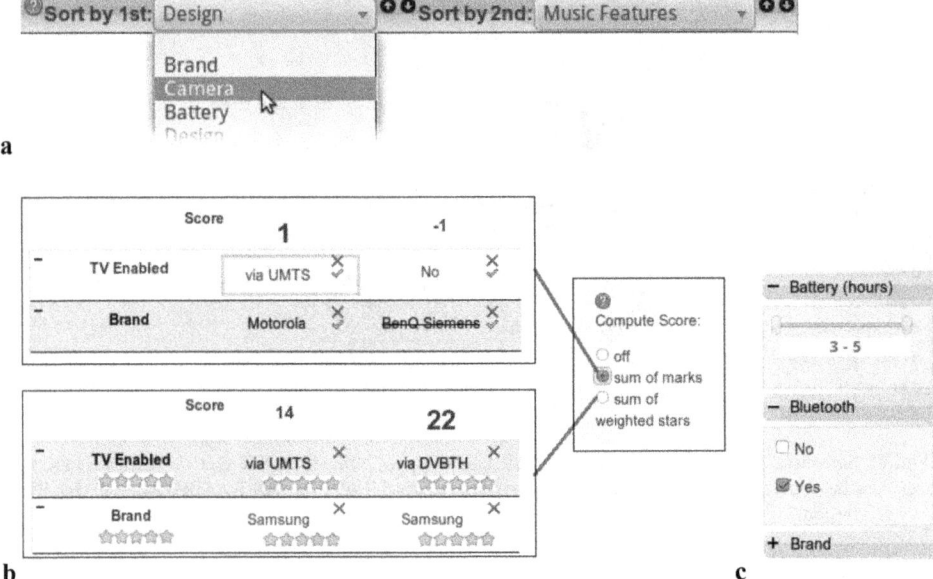

Fig. 3: IIMTs examples. **a** *SORT*. **b** *MARK*$_{manually}$ (*upper box*), *SCORE*$_{attribute}$, *SCORE*$_{attributeLevel}$ (*lower box*), and the *CALCULATE* radio button (*right box*). **c** *FILTER*

PAIRWISE COMPARISON: Two alternatives are picked from the matrix and are compared with each other. The other products are hidden.

SCORE: Allows the user to assign weights to attributes (*SCORE*$_{attribute}$) and attribute values to attribute levels (*SCORE*$_{attributeLevels}$) with stars (see Fig. 3b, lower box).

MARK: With *MARK*$_{manually}$, one can highlight single attribute levels negatively or positively (see Fig. 3b, upper box). With the *MARK*$_{diff/com}$ variant, attribute rows with either different or similar attribute levels are highlighted (see the highlight options in Fig. 2).

CALCULATE: Calculates the utility of different alternatives using the customer's preferences indicated by *MARK* or *SCORE*. *CALCULATE*$_{weighted}$ multiplies attribute weights with attribute values. *CALCULATE*$_{markings}$ sums up the number of positively and negatively marked attribute levels, where a negatively marked attribute level has a value of -1 and a positive level a $+1$ (see Fig. 3b).

REMOVE: Removes an alternative or attribute from the matrix (see Fig. 2) or all products with at least one negatively marked attribute level (*REMOVE*$_{markings}$).

4.2 Relationship between IIMTs and decision strategies

Each IIMT is supposed to perform certain tasks which the decision makers would otherwise have to perform in their minds. For instance, the IIMT *CALCULATE* computes the decision maker's utility function and thus reduces the decision maker's cognitive burden. Furthermore, whenever decision makers apply a *CALCULATE*, we can come to the conclusion that they applied a strategy which calculates a utility function. Thus, the IIMTs are related to particular strategies. However, one IIMT does not necessarily support just one decision strategy. On the contrary, one IIMT can support several strategies, but it is important to understand that each combination of IIMTs supports exactly one strategy. For instance, in the prototype for which we tested our algorithm, the IIMT $CALCULATE_{weighted}$ must be clicked once before the user can assign attribute values with *SCORE*. Without applying the IIMT $CALCULATE_{weighted}$, the interface hides all the stars and thus does not provide the possibility to prompt in the preference information with SCORE (see Fig. 3b).

Pfeiffer et al. (2009b) introduced pseudo-code language to describe the relationship between decision strategies and IIMTs. An example for such an algorithmic description for the FRQ strategy is shown below.

Algorithm 1 FRQ with support of IIMT

// Activate the possibility to highlight attribute levels.
click $CALCULATE_{markings}$
// Compute utility of each alternative.
for $j = 1$ to n **do**
　for $i = 1$ to m **do**
　　if a_{ij} is above the aspiration level **then**
　　　click $MARK_{manuallyPositive}$
　　else if a_{ij} is below the aspiration level **then**
　　　click $MARK_{manuallyNegative}$
　　end if
　end for
end for
choose the alternative with the highest score

With $CALCULATE_{markings}$, the user activates the possibility to mark attribute levels as either positive or negative (see Fig. 3b, right box). The interface automatically sums up the positive and negative marks and displays the appropriate scores for each product in the top row. The users can thus choose the product with the highest score whenever they are finished with the mark assignments. The relationship between decision strategies and IIMTs is sometimes ambiguous because there might be different ways to use IIMTs to support the same decision strategy. For LEX, for example, a decision maker might sort the products hierarchically according to the most important attribute, for example, price (*SORT* ascendingly), and to the second most important attribute, for example display size (*SORT* descendingly). If two products share the same (cheapest) price, but one of them has a larger display, decision makers can easily identify their preferred product once the products are sorted:

Algorithm 2 LEX with support of IIMT, v1

// Process by attribute and eliminate alternative if necessary.
repeat
    retrieve preference order to choose next $attr_i$
    select $SORT_{hierarchically}$ for $attr_i$
until no alternatives are equivalent on considered attributes
choose most left alt

However, they might also consider the price without sorting and instead just remove (with $REMOVE_{alternative}$) all the products that are more expensive than the cheapest ones. They could then compare the remaining products according to display size and remove further alternatives:

Algorithm 3 LEX with support of IIMT, v2

// Process by attribute and eliminate alternative if necessary.
repeat
    retrieve preference order to choose next $attr_i$
    if a_{ij} is inferior to other attribute levels **then**
        click $REMOVE_{alternative}$ j
    end if
until no alternative is left
choose remaining alt

Obviously, both avenues for the application of LEX differ in their degree of cognitive effort. The second avenue implies that the decision maker identifies the relevant attributes and attribute levels on the basis of $REMOVE_{alternative}$ only, while $SORT_{hierarchically}$ would support the LEX strategy more completely.

In order to make the relationship between decision strategies and IIMTs as clear as possible, we assume that a decision maker's primary goal is the reduction of cognitive effort. Particularly in the case where several models exist for the same decision strategy, decision makers try to reduce cognitive effort as much as possible. Thus, in the above example, they would prefer the first version (v1). This assumption is in line with real-life decision-making processes because several experimental studies demonstrate that people consider reduction in cognitive effort to be very important (Todd and Benbasat 1991, 1992, 1994).

In the following section, we will describe how we can make use of these relationships, which were specified in pseudo-code notation in Pfeiffer et al. (2009b). Our approach with state machines translates the pseudo-code notation into an algorithmic concept that facilitates the inference of decision strategies from clickstream behavior.

4.3 State Machines for interpretation of IIMT-clickstreams

Finite-state machines (FSM) are a widely used concept in computer science. FSMs describe behavior models consisting of a finite number of states and transitions between those states. Depending on the input data, a state machine changes its state according to the specified transitions. The input data is processed one at a time without going backward.

Formally, a FSM is defined as a 5-tuple (I, S, s_0, δ, F) (Hopcroft et al. 2006), where

- I specifies the input alphabet, a finite, non-empty set of symbols,
- S is a finite, non-empty set of states,

- $s_0 \in S$ is the initial state,
- $\delta: S \times \Sigma \to S$ the transition function, which returns a state depending on the input symbol and the current state, and
- $F \subseteq S$ is the (possibly empty) set of final states.

State machines can be used to represent processes and action/state conversions in a flexible and coherent way. By designing state machines which reflect the relationship between decision strategies and IIMTs, we are able to identify patterns in the clickstream data and trace those patterns back to the chosen strategy which led to the initial choice and use of the IIMT. The data analysis is performed in several steps:

1. Preprocessing: data cleansing
2. Creation of activation vectors for each state machine
3. Postprocessing I: cleaning activation vectors from unfinished clickstreams
4. Postprocessing II: finding the dominating activation vectors.

Algorithm 4 (see below) outlines the process. In the first step, the obtained clickstream data is cleaned to remove user clicks that have no benefit to the decision process but might bias the state machine's activity. Examples are repeated clicks on the same button with no effect or undo-actions.

The cleaned data is then processed by a set of M finite state machines representing the decision strategies. In any state machine M_k, we represented the typical behavior of a user following strategy k. M_k consists of a set of states and corresponding transitions between the states.

Algorithm 4 Data analysis

```
// data preprocessing
clickstream ← clean(clickstream)
// create activation vectors
for all state machines M_k do
    t ← 0
    for all clicks in clickstream do
        A_k^t ← M_k.process(click)
        t ← t + 1
    end for
end for
// postprocessing I
for all activation vectors A_k do
    A_k ← removeAbortedSequences(A_k)
    A_k ← removeUnfinishedSequences(A_k)
end for
// postprocessing II
t ← 0
sequence ← []
while clickstream is not empty do
    sequence ← sequence + longestConsecutiveActivation(t)
    t ← t + lengthOfLongestConsecutiveActivation(t)
end while
```

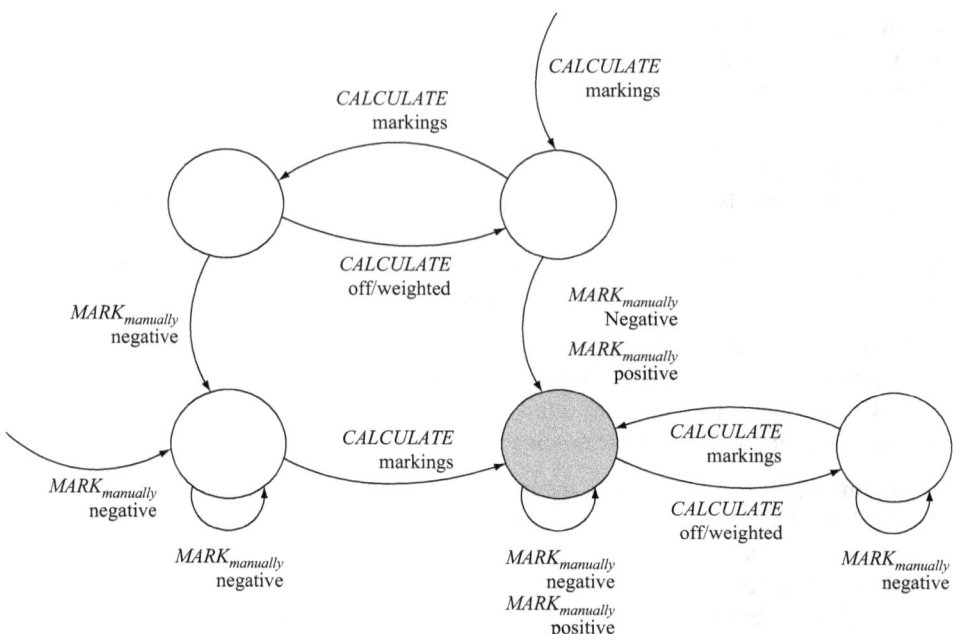

Fig. 4: The state machine representing the FRQ strategy can be started by either clicking the IIMTs CALCULATEmarkings (*top right*) or MARKmanuallyNegative (*bottom left*). The state machine can only reach the final state (*gray circle*), if both the CALCULATE radio button (see Fig. 3b) is set to the weighting mode markings (to display scores) and at least one mark (positive or negative) has been given. Note that giving negative marks is always possible, regardless of the state of the radio button

The behavior implemented for each state machine is based on the pseudo-code notation described in Sect. 4.2. The original versions for each strategy as published in Pfeiffer et al. (2009b) were slightly adapted in the calibration phase. First, each state machine that reflected pairwise comparison decision strategies was configured to also process the alternative for which a SCORE$_{attributeLevel}$ was assigned. This approach captures cases where users do not explicitly apply the IIMT *PAIRWISE COMPARISON*, but instead just compare two alternatives one after the other. Second, if the user performs an action that clearly argues against the strategy k, a transition to the special ABORT state can be made, after which the state machine is reset. Third, one or many of the states can be end states, indicating that all necessary prerequisites for the successful application of the strategy have been fulfilled (e.g. clicking at least one MARK$_{manually}$ and at least one REMOVE$_{alternative}$). See Figs. 4 and 5 for examples of state machines.

The clickstream data of length l is represented by a sequence of input signals, where each I_t stands for a click on some IIMT at time t. A possible sequence of input signal might be (*FILTER, FILTER, MARK$_{negatively}$, REMOVE$_{markings}$*). Each state machine M_k decides whether it can process each input signal I_t ($a_t = 1$) or not ($a_t = 0$) and stores whether it is in a final state ($f_t = 1, if\, s_t \in F$) in an activation vector $A_k = ((a_1, f_1), \ldots, (a_l, f_l)), a_t \in \{0, 1\}, f \in \{0, 1\}$. If I_t can be processed by M_k in the current state, a state change occurs and the successful transition is recorded by M_k in the activation vector. Furthermore, if the new state is a final state, this information is recorded. If I_t cannot be processed by M_k

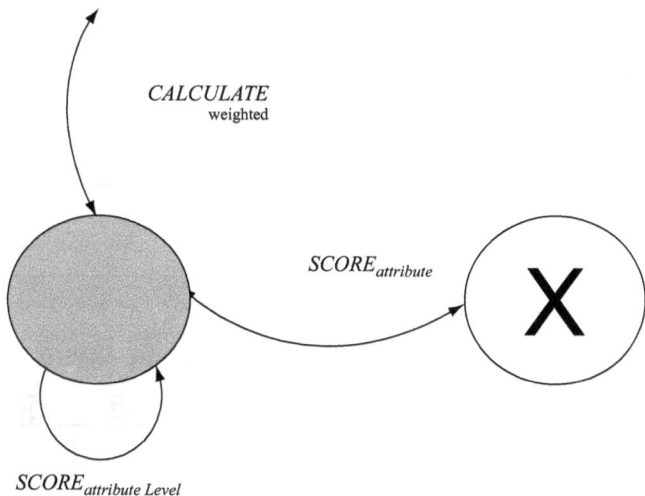

Fig. 5: The state machine representing the EQW strategy can only be started by clicking on the CALCULATEweighted button. It then accepts an arbitrary number of clicks on SCOREattributeLevel IIMTs (stars for attribute levels, e.g. "the attribute level '3' for the attribute 'megapixels of camera' equals to 4 stars"). If a SCOREattribute is clicked, the machine is aborted, because the user weighted an attribute and therefore clearly does not follow the equal weight strategy ("the attribute 'megapixels of camera' should be weighted with 5 stars")

in its current state, the activation vector is assigned a 0 for a_t and the state of M_k remains unchanged. If the number of consecutive input symbols that cannot be processed rises over a threshold T, M_k is reset but the activation vector is retained. This prevents M_k from staying in an arbitrary state in case the user switches to another decision strategy within an ongoing decision process.

After all input signals I have been processed by all state machines M, the activation vectors A are postprocessed. In this step, all activation sequences preceding an ABORT state as well as all activation sequences that do not result in an end state (i.e. the prerequisites have not been fulfilled) are deleted. The activation vectors A now represent the activity of the state machines M and thus the potential use of the strategies.

Since one IIMT is usually related to multiple decision strategies, it is likely that more than one state machine are active throughout the input sequence I (see Fig. 6). Assuming that at each point in time t, a user follows only a single strategy, a dominant strategy for each t has to be identified. Let us define, $|A_k^t|$ as the length of consecutives ones for M_k in the activation sequence including and surrounding time t. For instance, if we have $A_k = ((1,0),(1,0),(0,0),(1,0),(1,1))$, then $|A_k^1| = 2, |A_k^2| = 2, |A_k^3| = 0, |A_k^4| = 2, |A_k^5| = 2$ and only the last state is an end state. The dominant strategy at each point in time t is the one with the largest $|A_k^t|$. Note that is possible that machine M_1 has a dominant activation of length l_1 at t_1 and machine M_2 has a dominant activation of length l_2 at $t_2 < t_1 + l_1$. Thus, the dominant strategies overlap at all t_n such that $t_2 < t_n < t_1 + t_n$. We preserved the full length of M_1 and M_2 in this case and accepted the overlap. The dominating state machine in Fig. 6 is the one representing the FRQ strategy.

While it dramatically reduces the complexity of the activation vectors, the applied domination principle has a disadvantage: it penalizes state machines that have successfully processed many clicks but show gaps in their activation pattern. These gaps can be due to several reasons, e.g. an incomplete definition of the state machine, experimental clicks by the user or incomplete data cleaning.

Fig. 6: The state machine representing the FRQ strategy dominates the clickstream (longest uninterrupted activation)

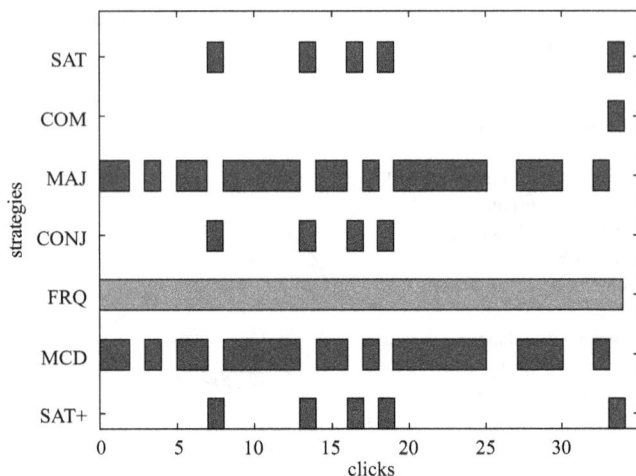

5 Validation of state machines with empirical data

We wanted to make sure that our algorithm detected the decision strategies actually used by decision makers. To this end, we conducted an empirical study with seventeen participants. The description of three different decision strategies (see descriptions in Sect. 2 and in the appendix) was randomly assigned to each participant. The respondents were supposed to first get familiar with the user interface, including the different IIMTs. They were able to use all IIMTs as a test user and they also had the possibility to watch an introductory video which explained the functionality of the web page and each IIMT in detail. They were then asked to make three purchase decisions, using the three assigned decision strategies. In each purchase decision they were confronted with the same set of six cell phones described by sixteen different attributes. The cell phones and attributes were displayed in random order.

One respondent only made two choices such that we collected a total data set of 50 decisions. Out of these 50 decisions, we had to delete one choice because of a technical problem and six decisions because people reported that they hadn't understood the description of the decision strategy. Out of the remaining 43 decision strategies, 20 decision strategies were fully identified by our algorithm and eight had a partial fit. We defined a partial fit as cases where the respondent used the supposed decision strategy but then used another strategy during a second decision-making phase. For instance, if a respondent had first used a *FILTER* and then used only $SCORE_{attribute}$, $SCORE_{attributeLevel}$ and $CALCULATE_{weighted}$, the algorithm would identify a switch from an EBA to a WADD strategy. In the case where the respondent was supposed to use either EBA or WADD, this would be a partial fit. A partial fit therefore does not mean that the algorithm assigned the wrong strategy, rather it means that a respondent applied several strategies in a row instead of sticking to the single one strategy he/she was assigned to. This happened because the respondents were unfamiliar with the decision strategies before the experiment and apparently sometimes had difficulties to fully understand the strategies.

The fact that respondents were unfamiliar with the decision strategies was also reflected in 10 more choices. For these 10 choices, our algorithm classified an EBA strategy although respondents were supposed to use CONJ (3 cases), COM (1 case), DIS (3 cases), or SAT (3 cases). The latter four strategies are all characterized by alternative-wise processing, while EBA is characterized by attribute-wise processing. Apparently it was not clear to respondents that applying a *FILTER* (indicating an EBA), which removes several alternatives at once from the matrix based on just one attribute, implies an attribute-wise comparison of alternatives and thus is not suitable to the application of any alternative-wise strategy.

The algorithm misclassified the remaining five choices. The five choices were interesting because the decision makers had understood the strategy and still deviated from the anticipated behavior. In two of these five choices, respondents were supposed to use a LEX strategy and the algorithm misclassified these decision processes as using an EBA strategy because of the usage of *FILTER*. Instead of *FILTER*, the LEX-state machine expects several $SORT_{hierarchically}$ because this is the IIMT that causes the least effort: a decision maker sorts the products according to the most important attribute. The product with the best attribute level for this attribute will appear in the leftmost column in the matrix. If there are ties, the decision maker sets a second sort criterion for the second most important attribute. The best product in terms of the two most important attributes will appear in the leftmost column. For these two misclassified choices, we encountered a special case. The two most important attributes for the two decision makers only had two attribute levels each. In this case, the effort to use *SORT* and *FILTER* is the same. When using *SORT*, the decision maker needs to select the most important attribute from a drop-down menu in the IIMT *SORT*. When using *FILTER*, the decision maker clicks the checkbox of the least preferred of the two attribute levels. Thus, for attributes with only two possible attribute levels (for instance, Bluetooth-yes, Bluetooth-no), the effort and the outcome for *FILTER* and *SORT* is comparable.

In one other case, the decision maker was supposed to use a WADD strategy. Instead of using $SCORE_{attributeLevel}$ and $SCORE_{attribute}$, which gives the user the possibility to assign up to 5 stars for each attribute and attribute level, this decision maker had very simple preferences and thus used a simplified version of a utility function. This simplified utility function was the same one that is assumed by FRQ. The decision maker used $MARK_{manually}$ to assign either 1 or 0 points to each attribute level and summed up the score of all attribute levels for each alternative. Furthermore, the decision maker did not weigh the importance of the attributes. Thus, in this case, the algorithm classified the behavior accurately as a FRQ strategy, which is the appropriate decision strategy describing this kind of simplified utility function.

In yet another case, a decision maker "misused" an IIMT. Although the decision maker was supposed to sum up negative attribute levels with $MARK_{manuallyNegative}$, she used $MARK_{manuallyPositive}$ instead. This had no effect on the final product chosen, but was unexpected by the state machine. More obviously distinguishing the design of the two IIMTs $MARK_{manuallyNegative}$ and $MARK_{manuallyPositive}$ might probably help to avoid this problem in future.

In the fifth of the five misclassified choices, a decision maker applied IIMT for SAT which causes much more effort than the behavior anticipated by the SAT-state machine.

Table 2: Validation results

	Frequency
Samples	49
Incorrect use of strategy	16
Full matches	20
Partial matches	8
Misclassifications	5

One might think about implementing several versions of possible IIMT-support for the same strategies and not just implementing the behavior that requires the least effort. We leave these extensions for future work.

To summarize, the algorithm correctly classified 20 of the 49 samples (see Table 2). In eight other samples, the algorithm found mixed behavior where people applied an additional strategy to the one they were supposed to use. Thus, in these cases, the algorithm itself also correctly classified the choices, but the respondents failed to accurately follow the decision strategy. In total there were sixteen cases in which respondents had not correctly understood the strategy. It thus appears clear that a more elaborate description of strategies should be applied in future studies. In five other choices, respondents used IIMT in a way that caused more effort than the one implemented by the state machines and were thus misclassified. In sum, if we ignore all sixteen cases in which respondents had misunderstood the decision strategies, we get a hit rate of 85 %.

6 Application

We conducted a second empirical study where 38 respondents had to, again, make three choices using the same settings as before (six cell phones described by sixteen attributes). This time, however, the respondents were not told to follow any particular decision strategy. Their task was just to purchase three different cell phones—one after the other—without any further instructions. Again, they were advised to watch the introductory video before they started their purchases. Our goal was to analyze real decision behavior and to test whether the state machines got meaningful results, in line with current research explaining how people decide.

Since in 12 choices respondents didn't use any IIMT at all and in one case, a respondent made four choices due to a technical error, we applied our algorithm to analyze the clickstream data of 102 choices. The pairs: LEX and LED as well as SAT and SAT+ are very closely related strategies and recovered by the same state machine. Hence, we count them as one single strategy.

As expected, in some cases, people applied several decision strategies sequentially when making a choice (multiple-phased decision making). Respondents applied only one strategy in a single phase for 69 of the choice tasks. From these 69 strategies, EBA was the predominant strategy observed. In the remaining 33 choice tasks, respondents applied several decision strategies in subsequent phases, using on average three phases per choice. Thus in total, the state machines detected the application of 165 different phases. In 113 of the 165 phases, the algorithm infers a single strategy. In the rest of the phases, multiple

Fig. 7: The dominating sequence of strategies is EBA, (EQW or WADD or ADD). In the first phase, a non-compensatory strategy is used, while in the second phase, the algorithm was unable to clearly distinguish between the three compensatory strategies

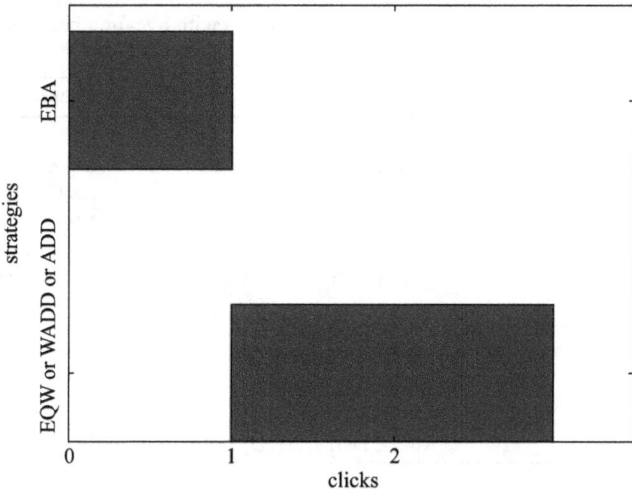

Table 3: Occurrences of Strategies

Frequency	Strategy
10	ADD
5	ADD, DOM, MAJ, MCD
19	ADD, EQW, WADD
3	ADD, MCD
8	ADD, WADD
2	COM
4	COM, CONJ
2	COM, CONJ, DIS, SAT/SAT+
1	COM, CONJ, DOM, MAJ, MCD
1	CONJ
84	EBA
1	FRQ
4	LEX/LED
2	MCD
1	MCD, FRQ, MAJ
1	MCD, MAJ
9	SAT/SAT+
2	SAT/SAT+, CONJ
5	WADD
Sum: 165	

strategies can be inferred from the clickstream. A common combination of strategies where the algorithm is unable to distinguish one strategy from another is WADD, ADD, EQW (see Fig. 7). In sum, the high number of unambiguously identified strategies we found underlines the strength of our approach: despite the fact that only few IIMTs support so many different strategies, the algorithm succeeds in well differentiating between different decision strategies. Table 3 lists all decision strategies and their occurrences.

Table 4: Occurrences of mixed strategies with a switch between non-compensatory and compensatory strategies

Frequency	Phase 1	Phase 2	Phase 3
Non-compensatory ⇒ compensatory			
1	SAT/SAT+	WADD	
2	LEX/LED	SAT, SAT+	ADD
1	EBA	MCD, DOM, ADD, MAJ	
7	EBA	EQW, ADD, WADD	
1	CONJ, COM	AD, WADD	
Compensatory ⇒ non-compensatory			
2	EQW, ADD, WADD	EBA	
1	WADD	EBA	
1	MCD, MAJ	CONJ, COM	EBA
1	MCD, DOM, ADD, MAJ	EBA	

Finally, we analyzed whether the decision behavior inferred by the algorithm reflects the results which were found so far with process-tracing approaches. As a reminder, whenever people use not only one strategy but switch between several, studies have found that people first use non-compensatory strategies and then switch to compensatory strategies and that people tend to first use attribute-wise processing before switching to alternative-wise processing (see Sect. 2). In the 33 cases with switching behavior, the switch between compensatory and non-compensatory strategies was observed in only 27 cases, while in 2 cases the switch occurred between two compensatory strategies and in 4 other cases, the switch occurred between two non-compensatory strategies. In 12 of the 27 cases, we found that people used the expected pattern: they first used non-compensatory strategies and then used compensatory strategies (see Table 4 and Fig. 7). We observed unusual behavior in only 5 cases, where people switched from a compensatory to a non-compensatory strategy and in the remaining 10 cases they used mixed patterns, switching back and forth between compensatory and non-compensatory strategies. Within the 10 mixed-strategy choices, 7 started with the non-compensatory strategy EBA. Thus, in 19 of the 27 choices, respondents started with a non-compensatory strategy, which supports results from the literature.

We got very similar results when we analyzed the switch from attribute-wise to alternative-wise processing. In 75 of the 102 choices, decision makers applied only attribute-wise or alternative-wise decision strategies. In 12 of the remaining 27 choices, we observed the expected switch from attribute-wise to alternative wise processing and in only 5 cases the switch from alternative-wise to attribute-wise processing. In the remaining 10 cases, decision makers switched back and forth between attribute-wise and alternative-wise processing.

In sum, we found that the few mixed strategies observed in our studies were mostly in line with results from other studies. However, five respondents started with a compensatory strategy and then finished with a non-compensatory strategy. A possible explanation might be that they started with the more effortful EQW or WADD but gave up after some time to switch to a less effortful strategy. Furthermore, the question remains whether we are truly able to identify all types of mixed behavior when only analyzing the clicking data of IIMTs.

It might be that people execute some decision phase in their mind without using any IIMT. Combining our analysis with eye tracking or some other process-tracing technique could reveal these mental processes and contribute relevant data to analyzing mixed behavior in more detail.

7 Conclusions and future work

In this work, we presented an algorithm which infers decision strategies from clickstreams. The main idea was to use a specific clickstream as input for the algorithm. The clickstream records the clicks on elements of a particular DSS, which in our case is an existing, prototypical implementation of IIMTs (Pfeiffer et al. 2010). IIMTs help consumers choose the preferred product when purchasing a good online. The algorithm is based on the concept of state machines. Each click on an IIMT triggers a set of state machines, where each state machine represents a particular decision strategy. After the state machines process the clickstream, the algorithm detects which of the activated state machines best explain the observed behavior. In the validation phase, we showed that the algorithm infers most of the strategies correctly. In a further empirical study, we analyzed the behavior of 38 respondents and showed that the inferred mix of decision strategies fits the behavior observed in literature so far. Until now, process-tracing approaches were only able to distinguish between general categories of strategies, such as between strategies with an overall alternative-wise or attribute wise information acquisition. In contrast to this, we were also able to determine the precise decision strategies that best explain the behavior.

The contribution of this work is threefold. First, we present a new process-tracing method that can be applied in decision-making research. It goes beyond the limits of current approaches because it is able to infer the specific decision strategy that was used by users. Second, our concept can be applied to real-world online webstores that like to learn more about consumer decision-making behavior based on clickstreams. With this knowledge, webdesigners will be able to identify typical patterns of decision behavior for their customer segments. Based on this improved knowledge about the customer segments, webdesigners can, for example, personalize the design of webstores by only offering decision support that is useful for the customer. Finally, our algorithm is general enough to be easily applied to both research and real-world settings with other DSSs or other kinds of decision strategies. One has only to specify the relationship between single elements of the DSS and the decision strategies as well as design a state machine for each possible strategy.

In future work, we would like to compare other ways of finding the dominating activation vectors in the postprocessing phase. Moreover, we are thinking about implementing several versions of possible IIMT-support for the same strategies and not just implementing the behavior that requires the least effort. Furthermore, we would like to validate the state machines in an experiment where we ensure that each respondent has completely understood the decision strategies, which was the main disadvantage of the validation we presented in this work.

Appendix

DIS (disjunctive rule): The decision maker uses an alternative-wise approach The alternative that satisfies the aspiration level for at least one relevant attribute is selected If several alternatives fulfill this criterion, one of them is selected at random.

COM (compatibility rule): The decision maker uses an alternative-wise approach The alternative that satisfies the aspiration levels on k attributes is selected Parameter k is defined by the decision maker k only defines how many attributes have to meet the aspiration level—the decision maker can consider different attributes for each alternative, as long as the number of considered attributes is equal to k for each alternative. (Note that for k = 1 COM is equal to CONJ.).

SAT (satisficing heuristic): The decision maker examines all alternatives alternative-wise and selects the first alternative that satisfies all aspiration levels If no alternative satisfies all aspiration levels, nothing is selected.

ADD (additive difference rule): Attributes are compared two at a time The decision maker evaluates all attributes and attribute levels with utility values The overall utility of an alternative is the sum of all the weighted single utility values A weighted single utility value is defined as the product of the utility value of the attribute level and the utility of the corresponding attribute The utility value of an attribute allows the decision maker to rate some attributes as higher than others The alternative with the highest overall utility value is compared with the next alternative These pairwise comparisons are performed until only one alternative is left.

EQW (equal weights rule): The utility maximizing alternative is selected The decision maker assigns attribute values to all attribute levels The overall utility of an alternative is the sum of the attribute values The strategy is called 'equal weight', since only attribute values vary, but attributes are weighted equally.

SAT + (satisficing plus heuristic): The decision maker uses an alternative-wise approach in arbitrary order The selected alternative is the one whose attribute levels meet the aspirations levels on all of the most important attributes first.

LED (minimum difference lexicographic rule): The alternative with the best attribute level for the most important attribute is selected Alternatives that are only marginally worse are accepted If several alternatives are equivalent for this attribute, then the second most important attribute is considered etc.

MAJ (majority rule): The decision maker defines the best attribute level for each attribute The alternative that has the highest number of better attributes is selected.

References

Böckenholt U, Albert D, Aschenbrenner M, Schmalhofer F (1991) The effects of attractiveness, dominance, and attribute differences on information acquisition in multiattribute binary choice. Organ Behav Hum Decis Process 49(2):258–281

Beach L (1990) Image theory: decision making in personal and organizational contexts. Wiley, Chichester

Bettman J, Johnson E, Payne J (1990) A componential analysis of cognitive effort in choice. Organ Behav Hum Decis Process 45(1):111–139

Bettman J, Johnson E, Luce M, Payne J (1993) Correlation, conflict, and choice. J Exp Psychol Learn Mem Cogn 19:931–951

Bettman J, Park, C (1980) Effects of prior knowledge and experience and phase of the choice process on consumer decision processes: a protocol analysis. J Cons Res 7: 234–248

Bröder A, Schiffer S (2003) Bayesian strategy assessment in multi-attribute decision research. J Behav Decis Mak 16:193–213

Eisenfuhr F, Weber M (2002) Rationales Entscheiden. Springer, Berlin

Evans PF, Camus L, Sehgal V, McGowan B (2010) Western European Online Retail Forecast, 2009 to 2014, Forrester Research. http://www.forrester.com/rb/Research/western_european_online_retail_forecast%5C%2C_2009_to/q/id/56543/t/2. Accessed 9 July 2011

Fasolo B, Misuaraca R, McClelland G (2003) Individual differences in adaptive choice strategies. Res Econ 57(3):219–233

Ford JK, Schmitt N, Schechtman SL, Hults BM, Doherty ML (1989) Process tracing methods: contributions, problems, and neglected research questions. Organ Behav Hum Decis Process 43(1):75–117

Garbarino EC, Edell JA (1997) Cognitive effort, affect, and choice. J Cons Res 24(2):147–158

Gilbride T, Allenby G (2004) A choice model with conjunctive, disjunctive, and compensatory screening rules. Marketing Sci 23(3):391–406

Gilbride T, Allenby, G (2006) Estimating heteroogeneous eba and economic screening rule choice models. Marketing Sci 25(5):494–509

Gupta P, Yadav MS, Varadarajan R (2009) How task-facilitative interactive tools foster buyers' trust in online retailers: a process view of trust development in the electronic marketplace. J Retail 85(2):159–176

Harte JM, Koele P (2001) Modelling and describing human judgement processes: the multiattribute evaluation case. Think Reason 7(7):29–49

Hogarth R (1987) Judgment and choice, 2nd edn. Wiley, Chichester

Hopcroft JE, Motwani R, Ullman JD (2006) Introduction to automata theory, languages, and computation, 3rd edn. Addison-Wesley Longman Publishing Co, Inc, Boston

Keeney R, Raiffa H (1993) Decisions with multiple objectives: preferences and value tradeoffs, 14th edn. Wiley

Klein NM, Yadav MS (1989) Context effects on effort and accuracy in choice: an enquiry into adaptive decision making. J Cons Res 15(4):411–421

Lohse G, Johnson EA (1996) Comparison of two process tracing methods on choice tasks. Organ Behav Hum Decis Process 68(1):28–43

Luce MF, Bettman JR, Payne JW (1997) Choice processing in emotional difficult decisions. J Exp Psychol Learn Mem Cogn 23(2):384–405

Olshavsky R (1979) Task complexity and contingent processing in decision making: a replication and extension. Organ Behav Hum Perform 24:300–316

Payne J (1976) Task complexity and contingent processing in decision making: an information search and protocol analysis. Organ Behav Hum Perform 16(2):366–387

Payne J, Bettman J, Johnson E (1988) Adaptive strategy selection in decision making. J Exp Psychol Learn Mem Cogn 14(3):534–552

Payne J, Bettman J, Johnson E (1993) The adaptive decision maker. Cambridge University Press, Cambridge

Pfeiffer J, Duzevik D, Rothlauf F, Yamamoto K (2009a) A genetic algorithm for analyzing choice behavior with mixed decision strategies. In: G. Raidl (ed) Proceedings of the Genetic and Evolutionary Computation Conference, Montreal, Canada ACM Press

Pfeiffer J, Riedl R, Rothlauf F (2009b) On the relationship between interactive decision aids and decision strategies: a theoretical analysis. In: Hansen HR, Karagiannis D, Fill H-G (eds) Proceedings of the 9th internationale Tagung Wirtschaftsinformatik

Pfeiffer J, Vogel F, Stumpf S, Kiltz, CA (2010) A theory-based approach for a modular system of interactive decision aids. In: Proceedings of the 16th Americas Conference on Information Systems (AMCIS)

Pfeiffer J, Meißner M, Brandstätter E, Riedl R, Rothlauf F (2012) The influence of context-based complexity in CBC choice tasks. Technical report, University of Mainz, University of Bielefeld, University of Linz

Reisen N, Hoffrage U, Mast FW (2008) Identifying decision strategies in a consumer choice situation. Judgm Decisi Mak 3(8)641–658

Riedl R, Brandstätter E, Roithmayr F (2008) Identifying decision strategies: A process and outcome-based classification method. Behav Res Methods 20(3):795–807

Russo J, Dosher B (1983) Strategies for multiattribute binary choice. J Exp Psychol Learn Mem Cogn 9(4):676–696

Russo J, Johnson E, Stephens D (1989) The validity of verbal protocols. Mem Cogn 17:759–769

Russo J, Leclerc F (1994) An eye-fixation analysis of choice processes for consumer nondurables. J Consum Res 21(2):274–290

Russo J (1978) Eye fixations can save the world: a critical evaluation and a comparison between eye fixations and other information processing methodologies. In: Hunt HK (ed) Advances in Consumer Research, Vol 21. Association for Consumer Research, Ann Arbor, pp 561–570

Svenson O (1979) Process descriptions of decision making. Organ Behav Hum Perform 23:86–112

Todd P, Benbasat I (1991) An experimental investigation of the impact of computer based decision aids on decision making strategies. Inf Syst Res 2:87–115

Todd P, Benbasat I (1992) An experimental investigation of the impact of computer based decision aids on processing effort. MIS Q 16(3):373–393

Todd P, Benbasat I (1994) The influence of decision aids on choice strategies und conditions of high cognitive load. IEEE Trans Syst Man Cybern 24(4):537–547

Tversky A (1969) Intransitivity of preferences. Psychol Rev 76:31–48

Tversky A (1972) Elimination by aspects: a theory of choice. Psychol Rev 79:281–299

Bewerbermanagementsysteme in deutschen Großunternehmen

Wertbeitrag von IKT für dienstleistungsproduzierende Leistungs- und Lenkungssysteme

Andreas Eckhardt · Sven Laumer · Christian Maier · Tim Weitzel

Zusammenfassung: In stürmischen Zeiten für die Personalbeschaffung deutscher Großunternehmen aufgrund von Fachkräftemangel können Beschaffungsmanagementsysteme zur Gewinnung neuer Mitarbeiter wertvolle Unterstützung für die Rekrutierung leisten. Zur Untersuchung des Wertbeitrages des automatisierten Aufgabenträgers dieser Systeme, der sogenannten Bewerbermanagementsysteme, wurden Personalverantwortliche der 1.000 größten Unternehmen in Deutschland befragt. Auf Basis der Ergebnisse dieser repräsentativen Umfrage konnten folgende Erkenntnisse für den Wertbeitrag von Bewerbermanagementsystemen als Teil dienstleistungsproduzierender Leistungs- und Lenkungssysteme gewonnen werden. Durch den Einsatz dieser Systeme werden primär Zeitreduktionen innerhalb einzelner Prozessabschnitte der Personalbeschaffung und eine Kostenreduktion für die interne Bearbeitung von Bewerbungen erreicht. Eine Verbesserung der Qualität

---

© Gabler-Verlag 2012

Dr. A. Eckhardt (✉)
Centre of Human Resources Information Systems, Institut für Wirtschaftsinformatik,
Grüneburgplatz 1, 60323 Frankfurt am Main, Deutschland
E-Mail: eckhardt@wiwi.uni-frankfurt.de

Dipl.-Wirtsch.Inf., S. Laumer · Dipl.-Wirtsch.Inf., C. Maier · Prof. Dr. T. Weitzel
Centre of Human Resources Information Systems, Lehrstuhl für Wirtschaftsinformatik,
insb. Informationssysteme in Dienstleistungsbereichen,
Feldkirchenstraße 21, 96052 Bamberg, Deutschland
E-Mail: sven.laumer@uni-bamberg.de

Dipl.-Wirtsch.Inf., C. Maier
E-Mail: christian.maier@uni-bamberg.de

Prof. Dr. T. Weitzel
E-Mail: tim.weitzel@uni-bamberg.de

der eingestellten Wunschkandidaten kann hingegen nicht realisiert werden. Es bestehen keine Unterschiede beim Wertbeitrag für das unternehmerische Leistungs- und Lenkungssystem. Auch die Unternehmensgröße hat keinen Einfluss auf den Wertbeitrag der Bewerbermanagementsysteme.

Schlüsselwörter: Bewerbermanagementsysteme · Beschaffungsmanagementsysteme · Recruiting · IT-Wertbeitrag · Korrelationsanalyse

JEL Classification: M12 · M15 · M21

1 Einleitung

Technologischer und konjunktureller Wandel, bildungsmäßig bedingte Engpässe sowie der steigende Einfluss unternehmerischer Mitbestimmung führten bereits in den sechziger Jahren, sowohl in den USA als auch in Deutschland, zu einer wachsenden Bedeutung der Personalstammdatei zur Bereitstellung personalpolitisch bedeutsamer Daten. Aufgrund dieser Ereignisse begannen Forschung und Praxis bereits zu dieser Zeit mit der Konstruktion und Entwicklung von Personalinformationssystemen, um einzelne Tätigkeiten des Personalwesens durch den Einsatz entsprechender Systeme zu unterstützen. 1969 war dann der amerikanische Autobauer Ford das erste Unternehmen, das ein Personalinformationssystem zum Einsatz brachte. Das IPIS-System wurde primär dazu entwickelt, einzelne administrative Prozesse in der Personalverwaltung zu erleichtern. Drei Jahre später stellte dann IBM die Entwicklung des PERSIS-Systems fertig, welches als Datenbankensystem zur langfristigen Speicherung von Mitarbeiterdaten eingesetzt wurde (vgl. Dworatschek 1989).

In Deutschland waren die Deutsche Texaco AG, der Pharma-Hersteller Knoll AG sowie die Bausparkasse Wüstenrot Pioniere, die als erste auf Basis des IBM-Systems PERSIS eigene Personalinformationssysteme entwickelten und zum Einsatz brachten. Texaco formulierte im Rahmen der Einführung unter anderem den Leitgedanken, dass neben der Übernahme der vorhandenen Personal-Anwendungen (z. B. Lohn- und Gehaltsabrechnungsprogramme) auch Anschlusspunkte entwickelt werden sollten, wie das bestehende System sukzessive zu einem umfassenden Personalinformationssystem ausgebaut werden kann. Dieses System soll neben der Lohn- und Gehaltsabrechnung auch weitere Tätigkeiten im Personalwesen, wie die Personalentwicklung oder die Personalbeschaffung unterstützen (vgl. Computerwoche 1975). Das erste eigentliche System zur Unterstützung der Personalbeschaffung in Deutschland kam bereits ein paar Jahre zuvor zum Einsatz. Dieses war ein Personalsteuerungssystem zur Versorgung der Olympischen Spiele 1972 in München mit Kurzzeitarbeitskräften (vgl. Dworatschek 1989) und stellt damit die Urform des Beschaffungsmanagementsystems dar (vgl. Strohmeier 2008).

Im Rahmen der deutschen Wirtschaftsinformatik entwickelte Mülder in seiner Arbeit zur organisatorischen Implementierung von computergestützten Personalinformationssystemen einen 49 Punkte umfassenden Aufgabenkatalog der Personalwirtschaft. Dieser Aufgabenkatalog beinhaltete eine Unterteilung in administrative Aufgabengruppen, wie Lohn- und Gehaltsabrechnung, das Überwachen von Terminen, die Personaldatenverwaltung oder das Bearbeiten von Auskünften und Meldungen an verschiedene Adressaten und dispositive Funktionen, wie das Einholen von Auskünften über Arbeitsplätze und

Mitarbeiter, das Erstellen von nicht periodischen Berichten und Statistiken, die Personalentwicklung sowie die Personalbeschaffung. Im Rahmen dieser Arbeit wurde auch das Problem identifiziert, dass die Mehrheit der personalwirtschaftlichen Aufgaben, wie die Personalbeschaffung mit dispositiven, planerischen Tätigkeiten verbunden ist, bisherige Informationssysteme aber vornehmlich auf die Unterstützung administrativer Aufgaben wie die Personaldatenverwaltung und die Lohn- und Gehaltsabrechnung beschränkt sind (vgl. Mülder 1984; Scheer 1995).

Dies wurde von DeSanctis (1986) bestätigt, die eine steigende Komplexität von klassischen Aufgaben im Personalwesen und die Wichtigkeit der IT-Unterstützung von dispositiven, planerischen Tätigkeiten identifizierte und deren Integration in zukünftige Systeme forderte (vgl. DeSanctis 1986). Palvia et al. präsentierten schließlich 1992 als Bestandteil des PRISM-Systems die erste konzeptionelle Architektur eines Beschaffungsmanagementsystems, das sowohl administrative Tätigkeiten, wie die Verwaltung von Bewerberdaten, als auch dispositive Aufgaben, wie die Möglichkeit zur Abstimmung mit der Fachabteilung sowie das interne Veröffentlichen einer Vakanz ermöglichte (vgl. Palvia et al. 1992). Anfänglich waren diese Systeme noch ausschließlich Teil des unternehmerischen Leistungssystems (vgl. Ferstl und Sinz 2008; Kink und Hess 2008) mit der Aufgabe, den Produktionsprozess von Gütern und Dienstleistungen beständig mit neuen Mitarbeitern zu versorgen (vgl. Barchilon 1998). Mit der Einführung seiner Architektur für ein holistisches E-Recruiting-System begann Lee (2007) das Beschaffungsmanagementsystem als Subsystem des unternehmerischen Lenkungs- bzw. Managementsystems anzusiedeln und dem Management über Schnittstellen die Möglichkeit zur Planung, Kontrolle und Organisation des Personalbeschaffungsprozesses zu ermöglichen (vgl. Lee 2007). Weiterführende Arbeiten zu Beschaffungsmanagementsystemen als Subsystem des unternehmerischen Managementsystems erweiterten die Architektur von Lee (2007) um strategischen Planungs- und Koordinationsprozesse, wie die Entwicklung einer nachhaltigen Arbeitgebermarke sowie die Organisation von Personalbindungsmaßnahmen (vgl. Eckhardt und Laumer 2009; Laumer und Eckhardt 2009).

Insgesamt wuchs die Zahl derjenigen Unternehmen, die automatisierte Beschaffungsmanagementsysteme in Form von Bewerbermanagementsystemen nutzen, nach Marktreife der Systeme Ende der neunziger Jahre beständig. Innerhalb Deutschlands sank im Verlauf der letzten acht Jahre die Zahl derjenigen Großunternehmen, die kein Bewerbermanagementsystem nutzen von 41 % im Jahr 2002 auf nur noch 26,5 % im Jahr 2010 (vgl. Färber et al. 2003a; von Stetten et al. 2011). Eine Umfrage unter den 1.000 größten Unternehmen Deutschlands innerhalb dieses Jahres ergab darüber hinaus, dass aktuell 60,3 % der befragten Unternehmen ein Bewerbermanagementsystem zur Unterstützung der Personalbeschaffung nutzen und weitere 13,2 % planen, dies in Zukunft zu tun (vgl. von Stetten et al. 2011).

Gleichwohl ein großer Teil deutscher Großunternehmen bereits Bewerbermanagementsysteme nutzt, ist deren monetäre und/oder nicht monetäre Wirkung auf die Unternehmung (vgl. Kink und Hess 2008) nach wie vor umstritten bzw. unklar (vgl. Lee 2007; Strohmeier 2008; Laumer et al. 2010b), da bis dato lediglich einzelne Komponenten der Personalbeschaffung, aber nicht deren Verzahnung innerhalb eines Bewerbermanagementsystems betrachtet wurden (vgl. Grund 2006). Hinsichtlich des Wertbeitrages von Informationssystemen für die Personalbeschaffung überlegte der US-Forscher Leonard

Rico bereits 1962, welchen Beitrag Computertechnik zu unternehmerischen Effizienzgewinnen, insbesondere der Bewerberqualität, leisten könnte (vgl. Rico 1962). Bisherige Forschungsansätze im Bereich der IT-unterstützten Personalbeschaffung konnten zwar zeigen, dass der generelle Einsatz von IT (vgl. von Stetten et al. 2009), die Nutzung digitalisierter Bewerbungsformen oder die Veröffentlichung von Stellenanzeigen in Internet-Stellenbörsen sowie auf der eigenen Webseite zu Zeit- und Kosteneinsparungen in der Personalbeschaffung führen kann (vgl. Chapman und Webster 2003; Malinowski et al. 2005; Grund 2006; Musaa et al. 2006). Inwieweit aber der Einsatz von Bewerbermanagementsystemen und der dazugehörigen Funktionalitäten zu monetären und/oder nicht monetären Wertbeiträgen in der Personalbeschaffung von Unternehmen führen kann, ist noch immer eine Forschungslücke und führt daher zur Forschungsfrage dieser Arbeit.

Was ist der Wertbeitrag von Bewerbermanagementsystemen für Beschaffungsmanagementsysteme von Unternehmen?

Zur Beantwortung der Forschungsfrage wird innerhalb dieser Arbeit basierend auf den Daten einer repräsentativen Untersuchung mit den 1.000 größten Unternehmen in Deutschland der Wertbeitrag von Bewerbermanagementsystemen untersucht und empirisch analysiert. Die Arbeit ist demnach folgendermaßen strukturiert. Nach einer kurzen Einordnung von Beschaffungsmanagementsystemen und deren automatisierter Aufgabenträger der Bewerbermanagementsysteme in die Struktur von Leistungs- und Lenkungssystemen im Unternehmen werden in Kap. 2 auch einige Beschaffungsmanagementsysteme beispielhaft betrachtet. Kapitel 3 und 4 beschreiben die Methodik des quantitativen Forschungsansatzes und die Ergebnisse. Die Arbeit schließt in Kap. 5 mit einer Zusammenfassung der erzielten Ergebnisse zum Wertbeitrag der Systeme sowie der Ausarbeitung möglicher Ansätze für zukünftige Forschung.

2 Beschaffungsmanagementsysteme als digitale Geschäftssysteme

Innerhalb dieses Kapitels werden Leistungs- und Lenkungssysteme definiert, das Untersuchungsobjekt der Beschaffungsmanagementsysteme in die Struktur zu Leistungs- und Lenkungssystemen von Ferstl und Sinz (2008) eingeordnet und beispielhaft die automatisierte und nicht-automatisierte Gestaltung von Beschaffungsmanagementsystemen als Leistungs- und Lenkungssysteme dargelegt.

2.1 Leistungs- und Lenkungssysteme

Betriebliche Systeme bestehen nach Ferstl und Sinz (2008) aus unterschiedlichen Teilsystemen, die hinsichtlich des Phasenprinzips in Leistungs- und Lenkungssysteme unterscheidbar sind. Ist ein Teilsystem für die Durchführung eines leistungserstellenden Prozesses verantwortlich, wird dies als Leistungssystem verstanden, wohingegen ein Lenkungssystem für die Planung, Steuerung und Kontrolle einer Leistungserstellung verantwortlich ist. Mithilfe des Objektprinzips unterscheiden Ferstl und Sinz (2008) die Teilsysteme Basissystem bzw. Informationssystem hinsichtlich der diese Teilsysteme unterstützenden Objektarten Nicht-Information bzw. Information. Befassen sich Teilsysteme mit der Objektart

Information, wie dies bei Lenkungssystemen der Fall ist, handelt es sich um ein Informationssystem, wohingegen sich ein Basissystem mit der Objektart Nicht-Information befasst. Die vier erwähnten Systeme – Informationssystem, Basissystem, Lenkungssystem, und Leistungssystem – können hinsichtlich ihrer Automatisierbarkeit differenziert werden. Sofern sich automatisierte Aufgabenträger mit der Objektart Information befassen, wird dies als Anwendungssystem wahrgenommen. Somit befasst sich jedes Lenkungssystem mit der Objektart Information und stellt ein Informationssystem dar. Ein Lenkungssystem mit automatisierten Aufgabenträgern ist ein Anwendungssystem, wohingegen ein Leistungssystem sowohl ein Informationssystem als auch ein Basissystem darstellen kann. Andere Autoren wie Heinrich et al. (2007) fassen neben den informationsverarbeitenden Aufgaben zusätzlich noch die jeweiligen Aufgabenträger in Form von Anwendungssystemen oder Individuen zu dem Begriff Informationssystem hinzu.

2.2 Beschaffungsmanagementsystem als unternehmerisches Leistungs- und Lenkungssystem

Die innerhalb dieses Forschungsansatzes betrachteten Beschaffungsmanagementsysteme umfassen alle Tätigkeit zur Unterstützung der Personalbeschaffung (vgl. Strohmeier 2008). Als Informationssysteme sind sie sowohl unternehmerische Leistungs- als auch Lenkungssysteme. Sie sind für die Produktion einer Dienstleistung (in diesem Fall die Besetzung einer Vakanz bzw. die Beschaffung neuer Mitarbeiter für die Fachabteilung) verantwortlich. Das Basissystem nach Ferstl und Sinz (2008) ist für die Produktion von Dienstleistungen ohne Bedeutung, da es die Produktion von physischen Gütern modelliert. Dem Lenkungssystem eines Beschaffungsmanagementsystems sind alle Tätigkeiten zuzuordnen, die der Steuerung und Kontrolle des Leistungssystems obliegen und dem Leistungssystem alle Tätigkeiten die zur operativen Erstellung der Dienstleistung zuzuordnen sind. Strohmeier (2008) unterscheidet verschiedene Komponenten eines Beschaffungsmanagementsystems, wobei die Administration und Kommunikation dem Leistungssystem und die Analyse dem Lenkungssystem zuzuordnen ist.

Ein Beschaffungsmanagementsystem hat sowohl nicht-automatisierte Aufgabenträger (z. B. Prozessverantwortlicher Personalbeschaffung, HR-Manager, Recruiter, Bewerber, Linienverantwortliche) als auch automatisierte Aufgabenträger (Bewerbermanagementsystem). Ein Bewerbermanagementsystem ist als Anwendungssystem der automatisierte Aufgabenträger des Beschaffungsmanagementsystems und kann auch als E-Recruiting System bezeichnet werden (vgl. Strohmeier 2008). Bewerbermanagementsysteme dienen der Unterstützung von Angestellten in der Personalbeschaffung eines Unternehmens und kommunizieren über Mensch-Computer-Schnittstellen mit den nicht-automatisierten Aufgabenträgern des Beschaffungsmanagementsystems. Entsprechende Funktionen von Bewerbermanagementsystemen stellen die automatisierten Aufgabenträger des Beschaffungsmanagementsystems dar. Zu diesen können nach Strohmeier (2008) die Datenhaltungskomponente, die Kommunikationskomponente, die Administrationskomponente und die Assessmentkomponente des Leistungssystems eines Bewerbermanagementsystems zählen. Diese Komponenten enthalten sämtliche Funktionalitäten, die die Prozessschritte Personalmarketing, Bewerbungseingang, Bewerbermanagement, Bewerberauswahl und Vertragsmanagement als automatisierte Aufgabenträger unterstützen. Die Analysekompo-

Aufgabenobjekt		Aufgabenträger		Phasenobjekt
		automatisiert	nicht-automatisiert	
Informationssystem	Beschaffungsmanagementsystem	Bewerbermanagementsystem Anwendungssystem BMS als Lenkungssystem (Analysekomponente)	Manager Sachbearbeiter / Recruiter	Lenkungssystem Bewerberanalyse Prozessanalyse Medienanalyse
		Anwendungssystem BMS als Leistungssystem (Datenhaltungs-, Administrations-, Kommunikations-, Assessmentkomponente)	Sachbearbeiter / Recruiter Verantwortliche Fachabteilung Bewerber	Leistungssystem Personalmarketing Bewerbungseingang Bewerbermanagement Bewerberauswahl Vertragsmanagement
Basissystem		Maschinen	Angestellte, Arbeiter	

Abb. 1: Beschaffungsmanagementsysteme als digitale Geschäftssysteme (Darstellung in Anlehnung an Ferstl und Sinz 2008)

nente nach der idealtypischen Architektur von Strohmeier (2008) zählt zum Lenkungssystem. Nach Strohmeier (2008) zählen zu der Analysekomponente die Bewerberanalyse, die Prozessanalyse und die Medienanalyse.

Die Einordnung von Beschaffungsmanagementsystemen als Informationssystem und von Bewerbermanagementsystemen als Anwendungssystem in die von Ferstl und Sinz (2008) vorgeschlagene Strukturierung des betrieblichen Objektsystems ist in Abb. 1 dargestellt.

Nach der Einordnung von Beschaffungsmanagementsystemen in die Struktur von Leistungs- und Lenkungssystemen (vgl. Ferstl und Sinz 2008; Kink und Hess 2008) werden innerhalb des folgenden Abschnitts beispielhaft Beschaffungsmanagementsysteme als Bestandteil des unternehmerischen Leistungs- und Lenkungssystems vorgestellt und insbesondere automatisierte Aufgabenträger in Form von Bewerbermanagementsystemen herausgestellt.

2.2.1 Beschaffungsmanagementsystem als Leistungssystem

Im Rahmen der IT-Unterstützung im Personalbeschaffungsprozess wurde 1992 in einem Artikel in MIS Quarterly von Palvia et al. (1992) die erste konzeptionelle Architektur eines Beschaffungsmanagementsystems (englisch: Applicant Tracking System) vorgestellt. Dieses System war ausschließlich für die interne Rekrutierung bzw. die Unterstützung von Job-Rotation-Maßnahmen vorgesehen. Das Beschaffungsmanagementsystem agiert dabei als Subsystem des unternehmensweiten PRISM Systems und wird von diesem mit wichtigen Mitarbeiterdaten und Informationen zu vakanten Stellenprofilen versorgt. Des Weiteren verfügt das System über drei Schnittstellen zu den relevanten Gruppen innerhalb des Personalbeschaffungsprozesses. Der Prozess wird dabei von einem Verantwortlichen aus einer beliebigen Fachabteilung („Hiring Manager") angestoßen, der über das System eine offene Stelle an mögliche Interessenten in anderen Abteilungen kommunizieren möchte.

Diese Veröffentlichung muss durch einen verantwortlichen Manager („Recommending Manager") genehmigt werden. Die erteilte Genehmigung wird über das System an die Personalabteilung („Corporate Employment") gemeldet, die anschließend die offene Stelle über das Intranet des Unternehmens verbreitet. Wechselwillige Arbeitnehmer („Applicant") haben nun die Möglichkeit eine Bewerbung an das System zu senden. Innerhalb des PRISM Systems wird nun ein Matchingprozess in Gang gesetzt, der die Fähigkeiten des Bewerbers mit den Anforderungen der zu besetzenden Stelle vergleicht. Ist das Ergebnis positiv wird die Bewerbung an die Fachabteilung mit der betreffenden Vakanz weitergegeben. Der Hiring Manager hat über das System jederzeit die Möglichkeit, sich den aktuellen Stand der Bewerbungen zu der von ihm veröffentlichten Vakanz anzusehen. Das System offeriert darüber hinaus eine Rankingfunktion, welche dem Hiring Manger eine Rangfolge der am besten geeigneten Kandidaten für seine zu besetzende Vakanz anzeigt. Nach einer erfolgreichen Einstellung bzw. einem erfolgreichen Arbeitsplatzwechsel werden die daraus entstandenen, neuen Datensätze in der Mitarbeiterdatenbank („JCA EEO History") gespeichert (vgl. Palvia et al. 1992).

Eine prozessorientierte Perspektive in Bezug auf Beschaffungsmanagementsysteme wurde in der deutschen Personalwirtschaft von Schneider (1995) und Albert (1998) eingeführt. Der Personalbeschaffungsprozess gliedert sich hierzu in die kurzfristige Veröffentlichung einer Vakanz im Personalmarketing, die Bearbeitung und Weiterleitung der darauffolgend eingehenden Bewerbung im Bewerbermanagement, die Vorselektion dieser Bewerbungen anhand fester Kriterien oder Matching-Algorithmen sowie die finale Bewerberselektion im Rahmen von Assessment Centern oder Einstellungsinterviews. Diese Prozesssicht wurde von Färber et al. (2003b) in eine Bewerbermanagementsystemarchitektur integriert und von Laumer et al. (2010a) verfeinert und visualisiert. Abbildung 2 zeigt hierzu diese Zusammenführung von Personalbeschaffungsprozess- und Systemebene (vgl. Schneider 1995; Albert 1998; Färber et al. 2003b; Laumer et al. 2010a). Das Bewerbermanagementsystem ermöglicht in diesem Fall eine ganzheitliche IT-Unterstützung für den Personalbeschaffungsprozess mit dem Ziel alle Arbeitsschritte der Personalbeschaffung in einem System abzubilden, um eine effektivere und effizientere Rekrutierung zu ermöglichen. Das vorgeschlagene Bewerbermanagementsystem unterstützt dabei den gesamten Personalbeschaffungsprozess von der Meldung der Vakanz durch die Fachabteilung, über die Stellenausschreibung, dem Eingang der Bewerbung, der (Vor-) Auswahl der Kandidaten bis hin zur finalen Einstellungsabwicklung. Zusätzlich bietet das Bewerbermanagementsystem den Recruitern der Personalbeschaffung die Möglichkeit, in entsprechenden Kandidatendatenbanken aktiv nach geeigneten Bewerbern zu suchen.

Der Personalbeschaffungsprozess folgt innerhalb des Systems dem folgenden Ablauf. Die Fachabteilung meldet den Bedarf an einem neuen Mitarbeiter über eine Schnittstelle des Systems an die Personalabteilung und stößt somit den Personalbeschaffungsprozess an. Die Personalanforderung muss anschließend genehmigt und die Anforderungen an den Bewerber zwischen Fach- und Personalabteilung abgestimmt werden. Entsprechende Stellenprofile können hierzu in einer Datenbank gespeichert werden, um diese bei zukünftigen ähnlichen Vakanzen wieder verwenden zu können. Anschließend kann basierend auf den Stellenanforderungen durch das System eine Stellenanzeige generiert werden und diese über entsprechende Schnittstellen im Karrierebereich der eigenen Webseite oder in einer Internet-Stellenbörse veröffentlicht werden. Weitere Schnittstellen zu Printmedien

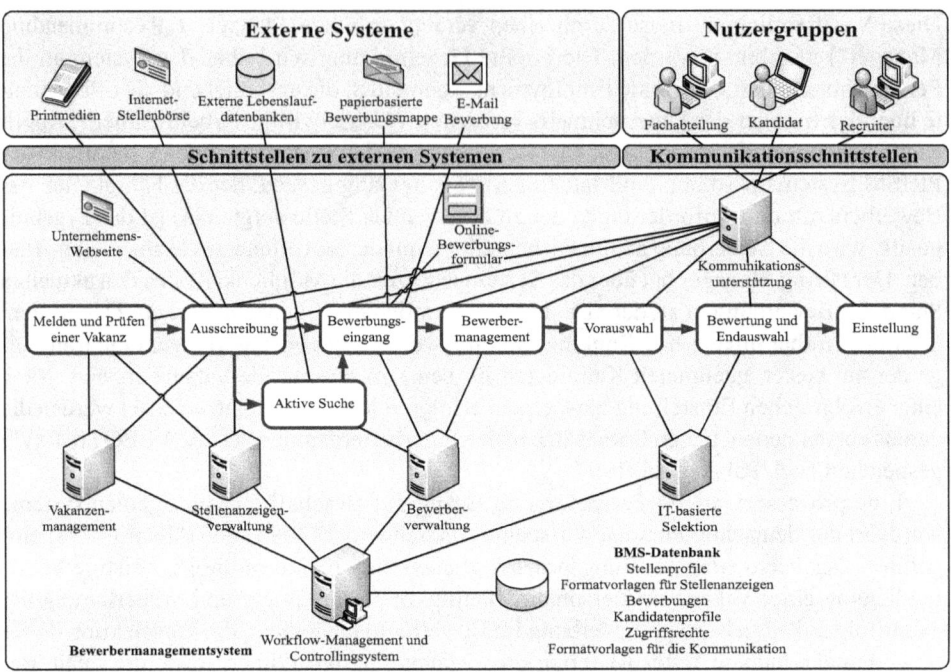

Abb. 2: Darstellung eines Beschaffungsmanagementsystems (basierend auf Laumer et al. 2010a)

und der Arbeitsagentur sind beispielsweise umsetzbar. Die Nutzer des Systems sollten per Mausklick entscheiden können, in welchen Kanälen eine Anzeige geschaltet wird und je nach Bedarf weitere Kanäle hinzufügen können. Neben dieser passiven Suche nach neuen Mitarbeitern bieten sich interne Kandidatendatenbanken oder Lebenslaufdatenbanken von Internet-Stellenbörsen für eine aktive Suche nach Bewerbern an. Über Schnittstellen zu externen Systemen sowie über das System selbst können die Recruiter nach Kandidaten suchen und diese direkt ansprechen. Nach Veröffentlichung der Stellenanzeige oder der direkten Ansprache durch den Recruiter bewerben sich Kandidaten über einen der drei Bewerbungskanäle bei dem betreffenden Unternehmen. Dabei kann das Online-Bewerbungsformular, welches durch das System bereitgestellt wird, die dort eingegeben Daten direkt zur weiteren Verwendung speichern. Die Vorauswahl kann im Anschluss auch IT-basiert durchgeführt werden. Dabei kann das System eingehende Bewerbungen hinsichtlich der in der Stellenausschreibung definierten Kriterien bewerten und für den Recruiter eine Liste der am besten geeigneten Bewerbungen erstellen. Der Recruiter trifft im Anschluss in enger Zusammenarbeit mit der Fachabteilung die endgültige Auswahlentscheidung und führt Selektionsschritte wie Vorstellunggespräche durch (vgl. Schneider 1995; Albert 1998; Färber et al. 2003b; Laumer et al. 2010a).

Diese prozessorientierte Sichtweise verdeutlicht, wie ein System als IT-Dienstleistung (englisch: IT Service) unterstützend in den Personalbeschaffungsprozess eingreifen kann.

Da *„das computergestützte Personalinformationssystem häufig als Subsystem eines alle funktionalen Bereiche umfassenden Management-Informationssystems angesehen wer-*

den kann" (vgl. Mülder 1984), werden im folgenden Kapitel zwei Systemarchitekturen vorgestellt, die explizit dem Management die Möglichkeit eröffnen, in planerischer, organisierender oder kontrollierender Form über das System auf den Personalbeschaffungsprozess Einfluss zu nehmen.

2.2.2 Beschaffungsmanagementsystem als Lenkungssystem

Architekturen für Beschaffungsmanagementsysteme im unternehmerischen Kontext, die innerhalb der letzten Jahre entwickelt wurden, zeichnen sich vornehmlich dadurch aus, dass dem Topmanagement über Systemschnittstellen umfangreiche planerische, organisierende oder kontrollierende Möglichkeiten zur Einflussnahme gegeben werden (vgl. Eckhardt et al. 2008). Als Beispiel werden hierzu die Architekturen von Strohmeier (2008) und Lee (2007) herangezogen. Die idealtypische Architektur für ein Beschaffungsmanagementsystem nach Strohmeier (2008) beinhaltet vier Hauptkomponenten (Datenhaltungs-, Administrations-, Kommunikations- und Analysekomponente) sowie eine fakultative Assessmentkomponente.

Die Datenhaltungskomponente hält entsprechende Daten zu Bewerbern, Bewerbungen, Vakanzen und Ausschreibungen vor. Die Bewerberdatei dient dabei zur Vermeidung redundanter Datenerfassung bei Mehrfachbewerbungen und zur Speicherung aller relevanten Kontakt- und personenbezogenen Daten eines Bewerbers. Dies ermöglicht in einem späteren Prozessschritt die schnittstellenfreie Kommunikation mit dem Bewerber über seine Kontaktdaten sowie eine etwaige systemgestützte Bewerberselektion. Die Bewerbungsdatei erfasst alle relevanten Attribute einer tatsächlichen Bewerbung, wie beispielsweise deren Eingangsdatum, die Art der Bewerbung sowie die Zuordnung zu einer vakanten Stelle. In der Vakanzdatei werden Daten und konkrete Informationen zu offenen Stellen hinterlegt. Diese Daten dienen zum einen der Erstellung von Jobprofilen und damit der Gestaltung von Stellenanzeigen und zum anderen zum späteren Abgleich („Matching") mit eingehenden Bewerbungen. Die Datei enthält des Weiteren Informationen zu dem in der Personalabteilung zuständigen Mitarbeiter, dem Besetzungsgrad der Stelle, etwaigen Befristungen sowie dem möglichen Besetzungszeitraum. Innerhalb der Ausschreibungsdatei werden sämtliche Informationen hinterlegt, die mit der tatsächlichen Ausschreibung in Zusammenhang stehen. In welchen Kanälen wurde die Vakanz zu welchen finanziellen Konditionen ausgeschrieben. Zusätzlich sind Informationen zu Layout, Größe, Übertragungsart sowie Ausschreibungszeitraum und -zeitpunkt zu finden.

Die Administrationskomponente unterstützt die Verwaltung der Abläufe innerhalb der Personalbeschaffung sowie die Realisierung einzelner Prozessschritte und Teilaufgaben. Eine wesentliche Bedeutung kommt hierbei der Steuerung und Überwachung des Workflows und der damit zusammenhängenden sachlogischen Bearbeitung von Teilaufgaben durch unterschiedliche Bearbeiter zu. Dies schließt den notwendigen Daten- und Dokumentenfluss mit ein. Darüber hinaus stößt die Administrationskomponente neue Aufgaben, wie die Ausschreibung einer Vakanz oder die Selektion von Bewerbern im Rahmen von Assessments innerhalb der Assessmentkomponente an. Schließlich unterstützt die Komponente auch die Durchführung beschaffungsrelevanter Abrechnungen.

Die Kommunikationskomponente des Systems dient der Gestaltung und Durchführung der Kommunikation zwischen Bewerber und Unternehmen. Das System unterstützt dabei zuallererst den konventionellen papierbasierten Schriftverkehr über standardisierte Schnittstellen zu Textverarbeitungsprogrammen mit der Ausgabe von Individual- und Serienbriefen. Zur Unterstützung der Kommunikation per E-Mail wird der Austausch von Informationen und Dokumenten ermöglicht. Beispielsweise kann der Bewerber automatisiert per E-Mail über den Eingang seiner Bewerbung informiert werden oder mit Hilfe eines so genannten Jobagenten über neue Ausschreibung informiert werden. Des Weiteren kann das System beim Eingang von Bewerbungen über ein Onlineformular diese vollständig auslesen und die dazugehörigen Daten strukturiert aufbereiten. Bei der Bewerbung über ein Onlineformular muss der jeweilige Bewerber seine Daten selbst in ein standardisiertes Formular auf der Webseite des Unternehmens oder das Formular einer Internetstellenbörse eintragen. Die relevanten Bewerberdaten werden somit direkt in der internen Bewerberdatenbank des Unternehmens hinterlegt. Weitere Kommunikationskanäle, die das System unterstützen kann, sind der Mobilfunk-basierte Versand von Kurznachrichten zu offenen Stellen oder eingegangenen Bewerbungen direkt auf das Mobiltelefon des Bewerbers oder der Austausch zwischen Bewerber und Recruiter über eine Chat-Funktion auf der Karrierewebseite des jeweiligen Unternehmens. Kommunikationskanäle, die ebenso in Verbindung mit dem System stehen, können Weblogs oder Podcasts sein, die dazu dienen die Transparenz des Unternehmens als Arbeitgeber oder des Beschaffungsprozesses generell für den Bewerber zu erhöhen.

Die Analysekomponente schließlich bietet dem Management umfassende Möglichkeiten um gestalterisch, planend oder kontrollierend in den Beschaffungsprozess einzugreifen. Speziell durch diese Komponente zeigt sich, dass die modernen Beschaffungsmanagementsysteme mehr und mehr zu Subsystemen unternehmerischer Lenkungssysteme werden. Innerhalb der Analysekomponente dieser idealtypischen Architektur werden der Führungskraft umfassende Kennzahlen, Statistiken und sonstige Auswertungen zu den einzelnen Bewerbern, dem Prozess an sich und den genutzten Medien zur Verfügung gestellt. Die Bewerberkennzahlen bieten dabei die Möglichkeit über Matching-Algorithmen dem Manager eine Rangliste der am besten geeigneten Bewerber für eine offene Stelle zu erstellen. Des Weiteren kann der Manager über Prozesskennzahlen explizit verfolgen, wie lange welcher Prozessabschnitt in der Personalbeschaffung gedauert hat und wie lange der betreffende Mitarbeiter in der Personalbeschaffung für die Erfüllung dieser Teilaufgabe benötigt hat. Hinsichtlich der Nutzung einzelner Medien zur Verbreitung von Vakanzen bietet das System detaillierte Aufschlüsselungen der monetären Aufwendungen, so dass Kosten-Nutzen-Analysen Aufschluss über die Kanaleffizienz geben können.

Ein weiteres Beispiel für die Architektur eines Beschaffungsmanagementsystems, als Teil eines unternehmerischen Lenkungssystems, ist die Architektur für ein „Next-Generation Holistic E-Recruiting System" von Lee (2007). Ebenso wie im Rahmen der beschriebenen Analysekomponente innerhalb der entworfenen Architektur von Strohmeier (2008) wird bei der Architektur von Lee (2007) dem Management über ein Subsystem die Möglichkeit gegeben, kontrollierend und planend in den Beschaffungsprozess einzugreifen. Der Beschaffungsprozess folgt indes einem ähnlichem Vorgehen wie bei den vorherig beschriebenen Ansätzen.

Auf die Identifikation einer Vakanz in der Fachabteilung wird über das „Job requisition management subsystem" eine Bedarfsanforderung angemeldet. Nach der Bestätigung dieser Anforderung über das System wird eine Stellenanzeige in einem oder mehreren

Internet-Kanälen geschaltet. Im nächsten Prozessschritt stoßen Stellensuchende bei ihrer Jobsuche im Internet auf diese Stellenanzeige und senden eine Bewerbung ab.

Diese Bewerbungen gehen im Unternehmen ein und werden über das „Applicant tracking management subsystem" verarbeitet. Bei adäquaten Bewerbungen bietet nun das „Prescreening/self-assessment subsystem" die Möglichkeit an, in einem weiteren Prozessschritt eine Vorselektion der Bewerbungen durch online durchgeführte E-Assessments oder Self-Assessments durchzuführen (vgl. Laumer et al. 2009).

Das „Job agent management subsystem" bietet für den Bewerber auch nach Ablehnung seiner Bewerbung die Möglichkeit, über einen geschalteten Agenten regelmäßig zu neuen Stellenanzeigen informiert zu werden, die gemäß der gewählten Suchwörter für seinen Profil in Frage kommen.

Nach Bewerbungseingang und etwaiger Vorselektion über das „Prescreening/self-assessment management subsystem" durchsucht nun der Mitarbeiter in der Personalbeschaffung die einzelnen Profile in der Bewerberdatenbank und evaluiert deren Passungsgrad für die zu besetzende Stelle. Nach weiteren Selektionsstufen, beispielsweise im Rahmen eines Einstellungsinterviews durch Verantwortliche der Fachabteilung, wird nach finaler Zustimmung von Personal- bzw. Fachabteilung dem Bewerber ein Arbeitsvertrag angeboten. Vergleichbar zur Analysekomponente in der Architektur von Strohmeier (2008) ermöglicht bei der Architektur von Lee (2007) das „Recruitment performance analysis subsystem" die Option zur Erhebung relevanter Performancekennzahlen innerhalb des Beschaffungsprozesses. Führungskräfte können so Performancedimensionen in einzelnen Prozessschritten, wie im Personalmarketing und im Bewerbungseingang, oder über den ganzen Prozess hinweg kontrollieren. Speziell für die Planung und Organisation zukünftiger Personalbeschaffungsaktivitäten durch das Management bietet das „Recruitment performance analysis subsystem" wertvolle Erkenntnisse hinsichtlich der Effizient und Effektivität des Prozesses, der einzelnen zum Einsatz gebrachten Medien sowie der Struktur der Zielgruppen

Nach der Vorstellung klassischer Beschaffungsmanagementarchitekturen als Teil des unternehmerischen Leistungssystems (vgl. Palvia et al. 1992; Schneider 1995; Albert 1998; Färber et al. 2003b; Laumer et al. 2010a) sowie zweier Beispiele mit der Ergänzung um eine lenkungsorientierte Analysekomponente, wird nun im Rahmen des folgenden Kapitels der tatsächliche Wertbeitrag derartiger Systeme mit Hilfe einer umfassenden Korrelationsanalyse evaluiert sowie anhand deskriptiver Auswertungen dargestellt. Der Fokus der weiteren Untersuchung liegt insbesondere auf den automatisierten Aufgabenträgern von Beschaffungsmanagementsystemen: den Bewerbermanagementsystemen. Sowohl in der Darstellung von Laumer et al. (2010b), von Strohmeier (2008) als auch Lee (2007) werden die unterschiedlichen Funktionen von Bewerbermanagementsystemen beschrieben, deren Nutzung und der damit in Zusammenhang stehende Wertbeitrag im weiteren Verlauf des Beitrags analysiert werden wird.

3 Gang der Untersuchung

In diesem Kapitel wird der Gang der Untersuchung zur Validierung des Wertbeitrags von Bewerbermanagementsystemen für Beschaffungsmanagementsysteme dargelegt und die sich an der Umfrage beteiligten Unternehmen hinsichtlich deren Zusammensetzung charakterisiert.

3.1 Methodik der empirischen Befragung

Zur Validierung des Wertbeitrags von Bewerbermanagementsystemen wurde im Jahr 2009 eine empirische Untersuchung mit den 1.000 größten Unternehmen aus Deutschland durchgeführt. Hierzu wurde aus dem aktuellen Datenbankregister von Hoppenstedt die Grundgesamtheit der deutschen Top-1.000 Unternehmen gestaffelt nach dem Kriterium Umsatz ermittelt. Anschließend wurde aufbauend auf den Erkenntnissen von bisheriger Fachliteratur zur IT-Nutzung in der Personalrekrutierung (vgl. Strohmeier 2008; Weitzel et al. 2009) und zum Wertbeitrag von IT (vgl. DeLone und McLean 2003; Urbach et al. 2009; Münstermann et al. 2010a) ein Fragebogen zur Untersuchung des Wertbeitrages von IKT im Beschaffungsmanagementsystem der deutschen Großunternehmen entwickelt, der anschließend im Rahmen von Fallstudien und Experteninterviews getestet wurde.

Die einzelnen Fragen des Fragebogens sowie die dazugehörigen Skalen sind im Anhang in Tab. 6, 7, 8 und 9 dargestellt. Im Rahmen der Datenerhebung wurde den zuvor telefonisch identifizierten Verantwortlichen des Personalbeschaffungsprozesses durch Mitarbeiter des Forschungsteams der Fragebogen per E-Mail oder Post zugesandt.

Darüber hinaus hatten die Umfrageteilnehmer auch die Möglichkeit, den Fragebogen online auf der Website des Forschungsprojekts auszufüllen. Die Daten wurden nach dem Vier-Augen-Prinzip in entsprechende statistische Softwaresysteme (SPSS) eingeben, die anschließend für die Auswertungen verwendet wurden. Diejenigen 110 Unternehmen, die sich an der Studie durch das Rücksenden eines ausgefüllten Fragebogens beteiligt haben, sind die Grundlage für die empirischen Auswertungen dieses Beitrags. Die Zusammensetzung dieser Unternehmen, gemäß deren Mitarbeiterzahl, Umsatz und Branchenzugehörigkeit, analysiert das folgende Unterkapitel.

3.2 Zusammensetzung der Studienteilnehmer

Ein Hundert und zehn Unternehmen haben sich an der Untersuchung im Jahr 2009 beteiligt. Die Zusammensetzung der Stichprobe und der Grundgesamtheit der 1.000 größten Unternehmen aus Deutschland wird im Folgenden anhand der Kriterien Mitarbeiterzahl und Branchenzugehörigkeit untersucht. Ebenso wird ein Test auf Repräsentativität der Stichprobe für die Grundgesamtheit anhand dieser zwei Kriterien durchgeführt.

In Abb. 3 ist die Verteilung der Grundgesamtheit (links) und der Stichprobe (rechts) nach dem Kriterium Mitarbeiterzahl dargestellt. Von den 110 sich an der Studie beteiligten Unternehmen haben 5,9 % bis zu 150 Mitarbeiter, 6,9 % zwischen 151 und 1100 und 9,9 % zwischen 1101 und 1900 Angestellte. Zwischen 1901 und 3000 Mitarbeiter zu besitzen geben 12,7 % der beteiligten Unternehmen an, 3001–4000 besitzen 10,8 % und 4001–5500 9,8 %. Zwischen 5501 und 10000 Mitarbeiter haben 10,9 % der Unternehmen, 10.001–25.000 11,8 % und mehr als 25.000 besitzen 10,8 % der Studienteilnehmer. Ein Test der Repräsentativität hinsichtlich des Kriteriums der Mitarbeiterzahl ergibt, dass der Wert der Irrtumswahrscheinlichkeit des Chi-Quadrat-Tests mit 0,881 das üblicherweise geforderte Signifikanzniveau von 0,050 übersteigt und somit die Nullhypothese einer gleichen Verteilung in Stichprobe und Grundgesamtheit nicht verworfen werden kann (vgl. Mantel 1963).

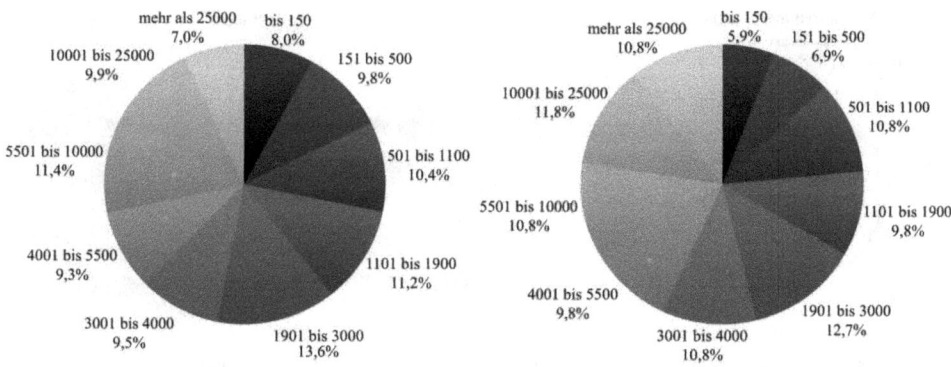

Abb. 3: Verteilung nach Mitarbeiterzahl in der Grundgesamtheit (links) und in der Stichprobe (rechts)

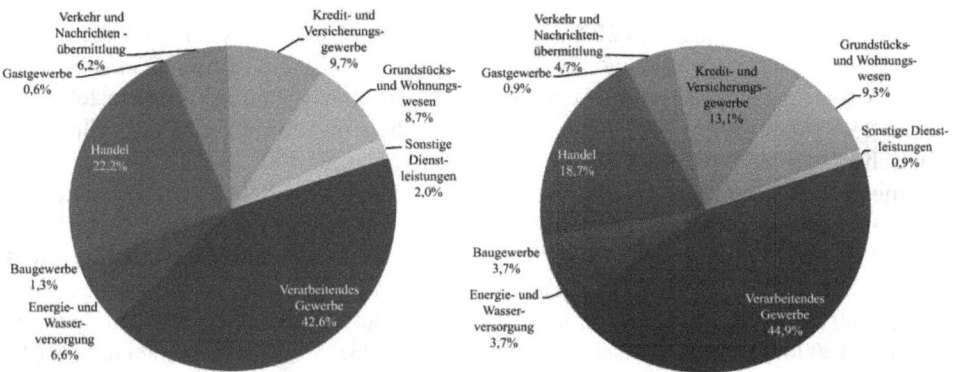

Abb. 4: Verteilung nach Branchenzugehörigkeit in der Grundgesamtheit (links) und in der Stichprobe (rechts)

Als zweites Kriterium zur Klassifizierung der Studienteilnehmer wird die Branchenzugehörigkeit der Unternehmen herangezogen. Die meisten Studienteilnehmen stammen dabei aus dem verarbeitenden Gewerbe. 18,7 % sind Handelsunternehmen und 13,1 % aus dem Kredit- und Versicherungsgewerbe. Die viertgrößte Gruppe stellen mit 9,3 % Firmen aus dem Grundstücks- und Wohnungswesen. 4,7 % stammen aus der Branche Verkehr und Nachrichtenübermittlung und jeweils 3,7 % aus dem Baugewerbe und aus dem Bereich der Energie- und Wasserversorgung. Jeweils 0,9 % der Studienteilnehmer sind im Bereich sonstiger Dienstleistungen sowie im Gastgewerbe tätig. Zur Untersuchung der Repräsentativität der erhobenen Stichprobe nach dem Merkmal der Branchenzugehörigkeit wurden die Verteilungen der Stichprobe (Abb. 4, rechts) und der Grundgesamtheit der deutschen Top-1.000-Unternehmen aus dem aktuellen Datenbankregister von Hoppenstedt (Abb. 4, links) herangezogen. Der Wert der Irrtumswahrscheinlichkeit des Chi-Quadrat-Tests übersteigt mit 0,305 das üblicherweise geforderte Signifikanzniveau von 0,050, weswegen die Nullhypothese einer gleichen Verteilung in Stichprobe und Population nicht verworfen werden kann (vgl. Mantel 1963).

Neben der Klassifizierung und dem Test auf Repräsentativität veranschaulicht Abb. 5 die Verteilung der sich an der Studie beteiligenden Unternehmen hinsichtlich der Neueinstellungen in 2009, den veröffentlichten Stellenanzeigen in 2009 und der Anzahl an

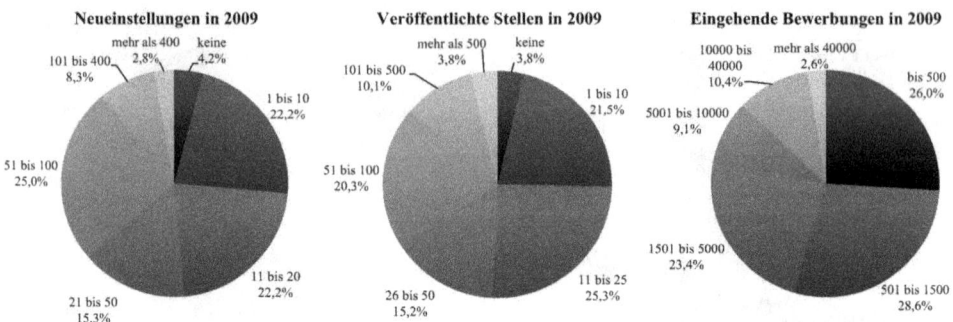

Abb. 5: Verteilung der Stichprobe nach Anzahl Neueinstellungen, veröffentliche Stellen und eingehende Bewerbungen in 2009

eingehenden Bewerbungen in 2009. 4,2 % der sich an der Untersuchung beteiligten Unternehmen haben in 2009 keine Neueinstellung getätigt, 22,2 % zwischen eins bis zehn bzw. zwischen elf und 20 Neueinstellungen realisiert. Zwischen 21–50 Neueinstellungen haben 15,3 % der Unternehmen realisiert und zwischen 51–100 ein Viertel der Teilnehmer. Zwischen 101–400 konnten 8,3 % realisieren und mehr als 400 2,8 %. 3,8 % der Unternehmen haben keine Stelle in 2009 veröffentlicht und 21,5 % haben zwischen einer und zehn offenen Stellen ausgeschrieben. Elf bis 25 Stellenanzeigen haben 25,3 %, zwischen 36 und 50 15,2 %, zwischen 51–100 20,3 % und zwischen 101 und 500 10,1 % veröffentlicht. Mehr als 500 offene Stellen wurden von 3,8 % der Unternehmen ausgeschrieben. Bis zu 500 Bewerbungen haben im Jahr 2009 26,0 % der Unternehmen erhalten. Zwischen 501 und 1500 28,6 % und zwischen 1.501 und 5.000 23,4 % der Unternehmen. 5.001 bis 10.000 Bewerbungen gingen bei 9,1 % der Unternehmen ein und 10.000–40.000 bei 10,4 %. Mehr als 40.000 Bewerbungen mussten 2,6 % der Teilnehmer an der Untersuchung in 2009 bewältigen.

Insgesamt zeigt die Klassifizierung der Umfrageteilnehmer und der Grundgesamtheit der 1.000 größten Unternehmen aus Deutschland, dass die Datengrundlage der folgenden Auswertungen repräsentativ für die Grundgesamtheit der 1.000 größten Unternehmen aus Deutschland nach den Kriterien Mitarbeiterzahl und Branchenzugehörigkeit ist. Basierend auf den Antworten der 110 Unternehmen, die sich an der Untersuchung beteiligt haben, analysiert das folgende Kapitel den Wertbeitrag von IKT im digitalen Geschäftssystem der Personalbeschaffung.

4 Wertbeitrag von IKT für Beschaffungsmanagementsysteme

Zur Analyse des Wertbeitrages von Bewerbermanagementsystemen für Beschaffungsmanagementsysteme werden im Folgenden die Nutzung und der Wertbeitrag von Bewerbermanagementsystemen analysiert. Hierzu wird auf einzelne Systemkomponenten aus Kapitel 2 zurückgegriffen (vgl. Palvia et al. 1992; Strohmeier 2008; Lee 2007; Laumer et al. 2010a) und zwischen dem Leistungs- und Lenkungssystem der Personalbeschaffung unterschieden.

4.1 Bewerbermanagementsysteme und Unternehmensgröße

Bevor im Folgenden der Wertbeitrag von einzelnen Funktionen von Bewerbermanagementsystemen herausgearbeitet wird, analysiert dieses Unterkapitel zunächst, ob ein Zusammenhang zwischen dem Ausmaß der Nutzung einzelner Funktionen von Bewerbermanagementsystemen und der Größe des jeweiligen Unternehmens besteht. Tabelle 1 zeigt, dass keine signifikante Korrelation zwischen der Nutzung der Funktionen „Verwaltung und Pflege von Bewerberdaten", „Kommunikation mit den Bewerbern", „Management des Bewerbungseingangs" und „Kommunikation mit der Fachabteilung" mit den Kriterien Umsatz, Anzahl Mitarbeiter, Anzahl veröffentlichte Stellen in 2009, Anzahl der eingehenden Bewerbungen in 2009 und der Anzahl der Neueinstellungen in 2009 gemessen werden kann.

Ein positiver, signifikanter Zusammenhang kann für die Nutzung der Funktion zur automatisierten Veröffentlichung von Stellenanzeigen auf Internet-Stellenbörsen und der Anzahl der Mitarbeiter im Unternehmen sowie der Anzahl der eingehenden Bewerbungen in 2009 nachgewiesen werden. Ebenso korreliert die Nutzung der automatisierten Veröf-

Tab. 1: Bewerbermanagementsysteme und Unternehmensgröße

	Umsatz	Anzahl Mitarbeiter	Anzahl veröffentlichte Stellen 2009	Anzahl eingehende Bewerbungen 2009	Anzahl Neueinstellungen 2009
Verwaltung und Pflege von Bewerberdaten	0,125	0,164	0,105	0,192	0,096
Kommunikation mit den Bewerbern	0,121	0,155	0,123	0,219	0,110
Veröffentlichung von Stellenanzeigen auf Stellenbörsen	0,235	*0,258***	0,170	*0,272***	0,148
Veröffentlichung von Stellenanzeigen auf der Webseite	*0,241***	0,204	0,143	0,232	0,128
Management des Bewerbungseingangs	0,123	0,169	0,104	0,185	0,095
Kommunikation mit der Fachabteilung	0,184	0,194	−0,07	0,129	−0,1
Speicherung von Job- und Anforderungsprofilen	*0,228***	*0,265***	0,207	*0,319***	0,181
IT-basierte Selektion	*0,294***	0,096	*0,350***	*0,480***	*0,303***
Suche in internen Lebenslaufdatenbanken	0,0698	*0,281***	0,062	0,207	0,019
Vertragsgestaltung und -abschluss	0,038	−0,014	0,036	*0,234***	−0,002
Bereitstellung von Prozesskennzahlen	*0,246***	0,185	*0,233***	*0,361***	0,201

***$p < 0.001$; **$p < 0.005$; *$p < 0.01$

fentlichung von Stellenanzeigen auf der Unternehmens-Webseite signifikant positiv mit dem Umsatz der beteiligten Unternehmen. Zwischen der Nutzung von Bewerbermanagementsystemen zur Speicherung von Job- und Anforderungsprofilen und den Kriterien Umsatz, Anzahl Mitarbeiter und Anzahl eingehender Bewerbungen in 2009 besteht darüber hinaus ebenso ein positiver, signifikanter Zusammenhang wie zwischen der Nutzung der IT-basierten Selektion und den Kriterien Umsatz, Anzahl der veröffentlichten Stellen, Anzahl der eingehenden Bewerbung und Anzahl der Neueinstellungen. Weitere positive, signifikante Zusammenhänge bestehen zwischen der Suche in internen Lebenslaufdatenbanken und der Anzahl der Mitarbeiter, der Vertragsgestaltung bzw. -abschluss und der Anzahl eingehender Bewerbungen sowie zwischen der Bereitstellung von Prozesskennzahlen und den Kriterien Umsatz, Anzahl veröffentlichte Stellen und Anzahl der eingehenden Bewerbungen in 2009.

Nachdem der Zusammenhang zwischen der Nutzung unterschiedlicher Funktionen von Bewerbermanagementsystemen und der Unternehmensgröße dargelegt wurde thematisieren die folgenden beiden Unterkapitel den Wertbeitrag von Bewerbermanagementsystemen im Leistungs- und Lenkungssystem der Personalbeschaffung.

4.2 Wertbeitrag von Bewerbermanagementsystemen als Leistungssystem

Der Wertbeitrag von Bewerbermanagementsystemen als Leistungssystem ist Gegenstand der Analyse in diesem Kapitel. Hierzu werden auf der einen Seite deskriptive Auswertungen hinsichtlich der Nutzung einzelner Systemfunktionen präsentiert und auf der anderen Seite die Ergebnisse einer Korrelationsanalyse zwischen der Nutzung unterschiedlicher Funktionen und angegebener Verbesserungen in den Prozessdimensionen Zeit, Kosten und Qualität dargestellt.

4.2.1 Wertbeitrag bei der Veröffentlichung von Stellenanzeigen im Internet

Wie in Kap. 2 dargelegt ist die erste Aufgabe des Personalbeschaffungsprozesses, vakante Stellen über Stellenanzeigen in der jeweiligen Zielgruppe zu bewerben. Hierzu stehen dem Unternehmen unterschiedliche Kanäle zur Verfügung wie zum Beispiel der Karrierebereich auf der eigenen Unternehmens-Webseite oder die Veröffentlichung in Internet-Stellenbörsen. Die Verbreitung der Vakanzen in diesen Kanälen kann dabei direkt aus einem Bewerbermanagementsystem angestoßen werden, so dass die Stellenanzeigen medienbruchfrei veröffentlicht werden. Hierzu sind Schnittstellen zwischen dem Bewerbermanagementsystem und den jeweiligen Kanälen notwendig. In Abb. 6 ist die Nutzung von entsprechenden Funktionen von Bewerbermanagementsystemen zur automatisierten Veröffentlichung von Stellenanzeigen illustriert. 74,9 % (kumulierter Wert der Prozentwerte von sehr häufig bis selten) veröffentlichen dabei Stellenanzeigen automatisch auf der eigenen Unternehmenswebseite und 69,2 % in Internet-Stellenbörsen (kumulierter Wert der Prozentwerte von sehr häufig bis selten). Keine automatische Veröffentlichung über Schnittstellen existiert aktuell bei 26,2 % für die eigene Unternehmens-Webseite und 30,8 % für Internet-Stellenbörsen.

Neben dieser deskriptiven Analyse veranschaulicht Tab. 2 die Ergebnisse einer Korrelationsanalyse zwischen der IT Nutzung bei der Schaltung von Anzeigen über das Bewer-

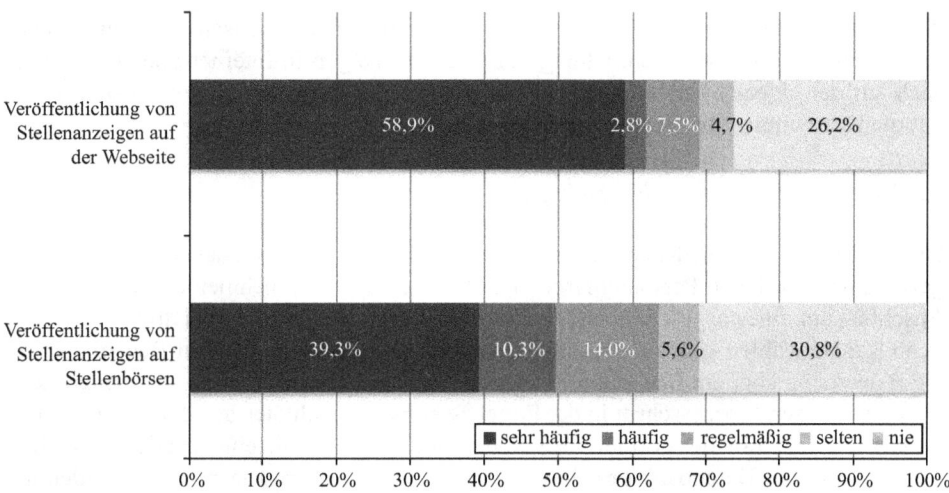

Abb. 6: Nutzung von Bewerbermanagementsystemen bei der Schaltung von Stellenanzeigen

Tab. 2: Wertbeitrag von IKT bei der Schaltung von Stellenanzeigen

Wir haben in den letzten Jahren ...	Funktionen von Bewerbermanagementsystemen	
	Veröffentlichung von Stellenanzeigen auf Stellenbörsen	Veröffentlichung von Stellenanzeigen auf der Webseite
... die Zeit zwischen der Identifikation einer Vakanz und dem Schalten der Anzeige verkürzt	0,087	*0,205***
... die Zeit zwischen der Identifikation einer Vakanz und ihrer Besetzung verkürzt	0,078	*0,198***
... die Qualität der Bewerberdaten gesteigert	0,013	*0,179***
... den Anteil der von uns erfolgreich eingestellten Wunschkandidaten gesteigert	−0,078	0,048
... die Kosten im Personalmarketing reduziert	0,034	−0,051
... die Kosten für die interne Bearbeitung von Bewerbungen reduziert	*0,228***	*0,194***

***p < 0.001; **p < 0.005; *p < 0.01

bermanagementsystem und den drei Wertbeitragskategorien des Personalbeschaffungsprozesses Zeit, Kosten und Qualität.

Tabelle 2 zeigt, dass ein positiver Zusammenhang zwischen denjenigen Unternehmen besteht, die eine automatisierte Schnittstelle des Bewerbermanagementsystems zur Veröffentlichung von Stellenanzeigen auf der eigenen Webseite nutzen, und denen, die zum einen die Zeit zwischen der Identifikation einer Vakanz und dem Schalten der Stellenanzeige und zum anderen die Zeit bis zu deren Besetzung verkürzen konnte. Für beide Zusammenhänge ergibt die Korrelationsanalyse nach Pearson einen Korrelationskoeffizienten von 0,205 bzw. 0,198 bei einem Signifikanzniveau von 5,0 %. Darüber hinaus zeigt die Korrelationsanalyse, dass ein signifikanter Zusammenhang zwischen der Nutzung einer Schnittstelle zur Veröffentlichung von Stellenanzeigen in Internet-Stellenbörsen als auch auf der eigenen Unternehmens-Webseite und der Reduzierung von Kosten für die interne Bearbeitung von Bewerbungen besteht.

4.2.2 Wertbeitrag im Bewerbungseingang

Die Darlegung verschiedener Prozessmodelle für Beschaffungsmanagementsysteme hat gezeigt, dass nach den Personalmarketingaktivitäten der Unternehmen Bewerber sich im Anschluss auf eine ausgeschriebene Stelle bewerben können und hierbei drei unterschiedliche Kanäle wählen können: papierbasierte Bewerbungsmappe, E-Mail Bewerbung und die Bewerbung über ein Bewerbungsformular im Internet. Bewerbermanagementsysteme bieten für diesen Prozessschritt in der Regel zwei Funktionalitäten an. Zum einen können durch die Integration der Formularbewerbung in das System die eingehenden Bewerbungen direkt in der Datenbank des Bewerbermanagementsystems gespeichert werden und zum anderen können durch entsprechende Funktionen gespeicherte Daten geändert und gepflegt werden.

Abbildung 7 zeigt dabei, dass 85,2 % (kumulierter Wert der Prozentwerte von sehr häufig bis selten) der befragten Großunternehmen aus Deutschland die Funktion „Management des Bewerbungseingangs" und ebenso 85,0 % (kumulierter Wert der Prozentwerte von sehr häufig bis selten) die Funktion „Verwaltung und Pflege von Bewerberdaten" eines Bewerbermanagementsystems nutzen. Betrachtet man den tatsächlichen Bewerbungseingang der Unternehmen im Jahr 2009, so geben die Teilnehmern an der Befragung an, dass sie im Mittel 33,6 % papierbasierte Bewerbungsmappen, 36,3 % E-Mail-Bewerbungen und 29,2 % Formularbewerbungen erhalten.

In Ergänzung zu der deskriptiven Auswertung veranschaulicht Tab. 3 den Wertbeitrag von IKT im Leistungssubsystem Bewerbungseingang. Dabei zeigt sich, dass ein signifikanter Zusammenhang zwischen denjenigen Unternehmen besteht, die die Zeit zwischen der Identifikation einer Vakanz und deren Besetzung verkürzen konnten, die die Qualität der Bewerberdaten gesteigert haben, und die die Kosten für die Interne Bearbeitung

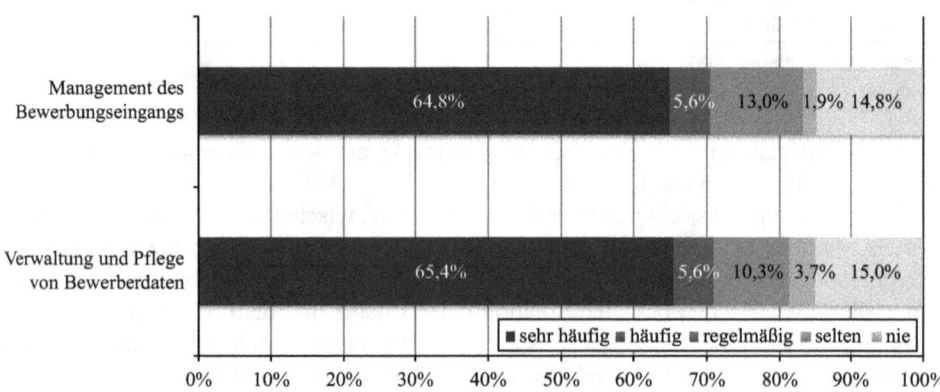

Abb. 7: Nutzung von Bewerbermanagementsystemen im Bewerbungseingang

Tab. 3: Wertbeitrag von IKT im Leistungssubsystem Bewerbungseingang

Wir haben in den letzten Jahren ...	Management des Bewerbungseingangs	Verwaltung und Pflege von Bewerberdaten	Post-Bewerbungen	E-Mail Bewerbungen	Bewerbungsformular-Bewerbungen
... die Zeit zwischen der Identifikation einer Vakanz und dem Schalten der Anzeige verkürzt	0,244***	0,151	−0,086	−0,277***	0,281***
... die Zeit zwischen der Identifikation einer Vakanz und ihrer Besetzung verkürzt	0,266***	0,197***	−0,118	−0,287***	0,305***
... die Qualität der Bewerberdaten gesteigert	0,203***	0,112***	−0,011	−0,264***	0,213***
... den Anteil der von uns erfolgreich eingestellten Wunschkandidaten gesteigert	0,05	−0,067	−0,015	−0,019	0,011
... die Kosten im Personalmarketing reduziert	0,028	−0,054	−0,078	0,074	−0,008
... die Kosten für die interne Bearbeitung von Bewerbungen reduziert	0,283***	0,233***	−0,344***	−0,169***	0,382***

*** $p < 0.001$; ** $p < 0.005$; * $p < 0.01$

reduzieren konnten, mit denen, die sowohl den Bewerbungseingang in einem Bewerbermanagementsystem managen als auch die Bewerberdaten in einem entsprechendem System verwalten und pflegen.

Der tatsächliche Bewerbungseingang im Jahr 2009 zeigt darüber hinaus, dass ein signifikanter Zusammenhang zwischen denjenigen Unternehmen besteht, die eine Vielzahl an Bewerbungen über das Bewerbungsformular bekommen, und denjenigen, die Zeit, Kosten und Qualitätsvorteile realisieren konnten. Interessant ist darüber hinaus, dass die Korrelationsanalyse in Tab. 3 in Bezug auf die eingegangene Bewerbungsform zeigt, dass eine Vielzahl an E-Mail Bewerbungen sich negativ auf die drei Dimensionen auswirkt und auch eine Vielzahl ein papierbasierten Bewertungen nicht zu einer Reduzierung von Kosten für die interne Bearbeitung von Bewerbungen führt.

4.2.3 Wertbeitrag im Bewerbermanagement und Selektion

Nach der Ausschreibung von Stellenanzeigen und dem Management des Bewerbungseingangs bieten Bewerbermanagementsysteme weitere Funktionen an, welche die Aufgaben im Bewerbermanagement oder der Selektion von eingehenden Bewerbungen unterstützen. Zu diesen Aufgaben gehört die weitere Kommunikation mit dem Bewerber, die Kommu-

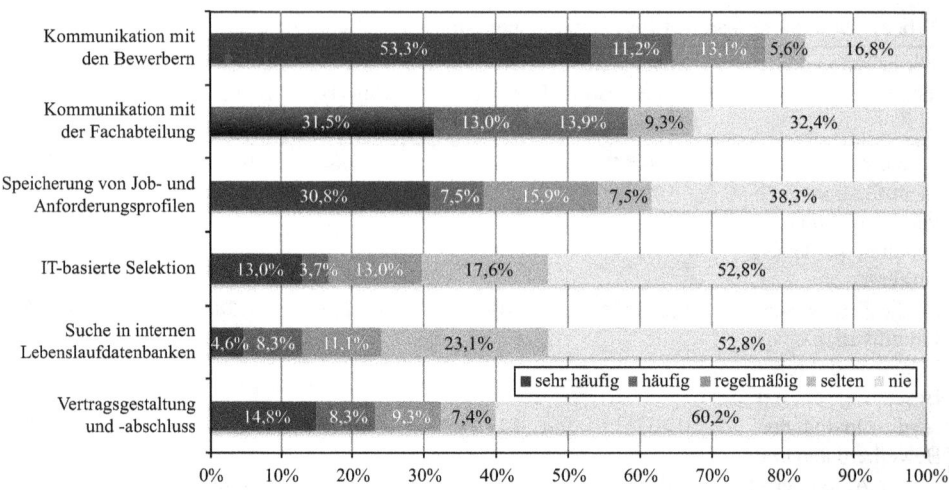

Abb. 8: Nutzung von Bewerbermanagementsystemen bei Bewerbermanagement und Selektion

nikation mit den Fachabteilungen, das Speichern von Job- und Anforderungsprofilen als Grundlage für eine Evaluierung der Passgenauigkeit zwischen Bewerber und zu besetzender Stelle sowie eine grundlegende IT-basierte Selektion, wie sie zum Beispiel bei Laumer et al. (2009) im Rahmen von E-Assessments und Self-Assessments beschrieben wurde.

Abbildung 8 illustriert die Nutzung dieser Funktionen von Bewerbermanagementsystemen durch die befragten Großunternehmen aus Deutschland. 83,2 % (kumulierter Wert der Prozentwerte von sehr häufig bis selten) nutzen Bewerbermanagementsysteme zur weiteren Kommunikation mit Bewerbern und 67,6 % (kumulierter Wert der Prozentwerte von sehr häufig bis selten) zur Kommunikation mit der Fachabteilung. Job- und Anforderungsprofile als Grundlage für Bewerberselektion speichern 61,7 % (kumulierter Wert der Prozentwerte von sehr häufig bis selten) der Unternehmen und Methoden der IT-basierten Selektion sowie die Suche in internen Lebenslaufdatenbanken werden von 47,2 % der Unternehmen (kumulierter Wert der Prozentwerte von sehr häufig bis selten) angewendet. Die Funktion „Vertragsgestaltung und -abschluss" nutzen 39,8 % der Unternehmen.

Eine Korrelationsanalyse der Nutzung von Bewerbermanagementsystemen im Bewerbermanagement und -auswahl mit den Prozessperformancedimensionen Zeit, Kosten und Qualität zeigt dabei, dass die Kommunikation mit den Bewerbern über das System bzw. Schnittstellen des Systems in einem positiven Zusammenhang mit der Reduzierung von Kosten für die interne Bearbeitung von Bewerbungen steht. Ebenso besteht ein positiver Zusammenhang zwischen der Reduktion der Kosten für die interne Bearbeitung als auch der Verkürzung der Zeit zwischen der Identifikation einer Vakanz und dem Schalten der Stellenanzeige mit der Funktionalität „Kommunikation mit der Fachabteilung" und entsprechenden automatisierten Schnittstellen.

Die Speicherung von Job- und Anforderungsprofilen korreliert darüber hinaus mit realisierten zeitlichen, finanziellen und qualitativen Verbesserungen. Die häufige Nutzung einer IT-basierten Selektion steht in einem positiven Zusammenhang mit realisierten Kostenvorteilen der Unternehmen. Die Suche in internen Lebenslaufdatenbanken steht darüber

Tab. 4: Wertbeitrag von IKT im Leistungssubsystem Bewerbermanagement und Selektion

Wir haben in den letzten Jahren ...	Funktionen von Bewerbermanagementsystemen					
	Kommunikation mit den Bewerbern	Kommunikation mit der Fachabteilung	Speicherung von Job- und Anforderungsprofilen	IT-basierte Selektion	Vertragsgestaltung und -abschluss	Suche in internen Lebenslaufdatenbanken
... die Zeit zwischen der Identifikation einer Vakanz und dem Schalten der Anzeige verkürzt	0,133	0,199***	0,240***	0,076	0,197***	0,152
... die Zeit zwischen der Identifikation einer Vakanz und ihrer Besetzung verkürzt	0,165	0,124	0,244***	0,11	0,186***	0,106
... die Qualität der Bewerberdaten gesteigert	0,052	0,158	0,265***	0,128	0,265***	0,134
... den Anteil der von uns erfolgreich eingestellten Wunschkandidaten gesteigert	−0,053	0,059	0,054	0,118	0,216***	−0,021
... die Kosten im Personalmarketing reduziert	0,031	−0,069	0,092	0,238***	0,13	0,143
... die Kosten für die interne Bearbeitung von Bewerbungen reduziert	0,327***	0,247***	0,359***	0,252***	0,079	0,287***

***$p < 0.001$; **$p < 0.005$; *$p < 0.01$

hinaus ebenso in einem positiven Zusammenhang mit realisierten Kosteneinsparungen für die interne Bearbeitung. Die Durchführung der Vertragsgestaltung und des Vertragsabschluss führt darüber hinaus zu zeitlichen Verbesserungen sowie zu einer Erhöhung des erfolgreich eingestellten Wunschkandidaten.

Tabelle 4 illustriert die Ergebnisse der Korrelationsanalyse in den Prozessschritten Bewerbermanagement und Selektion.

4.3 Wertbeitrag im Lenkungssystem der Personalbeschaffung

Nach der Einteilung von Beschaffungsmanagementsystemen in Kapitel 2 wird das Informationssystem Personalbeschaffung nach dem Leistungs- und Lenkungssystem unterschieden. Zu den Aufgaben des Lenkungssystems gehören nach Strohmeier (2008) die Bewerberanalyse, die Prozessanalyse und die Medienanalyse. Generell können diese Aufgaben durch automatisierte Aufgabenträger im Rahmen von Bewerbermanagement-

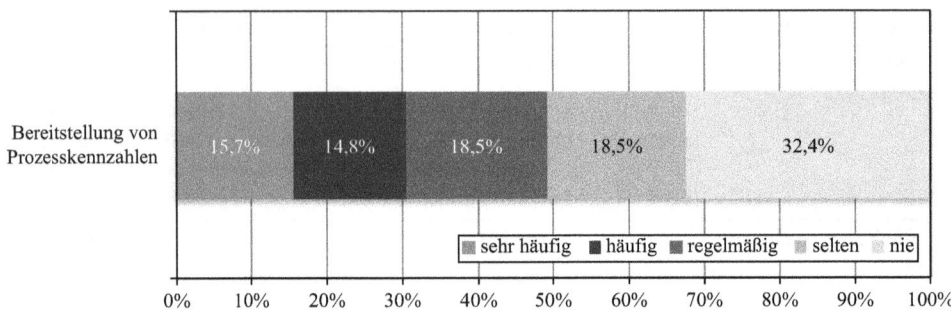

Abb. 9: Nutzung von Bewerbermanagementsystemen als lenkungssystem bei der Erhebnung von kennzahlen

Tab. 5: Wertbeitrag von IKT für das Lenkungssystem

Wir haben in den letzten Jahren ...	Bereitstellung von Prozesskennzahlen
... die Zeit zwischen der Identifikation einer Vakanz und dem Schalten der Anzeige verkürzt	0,382***
... die Zeit zwischen der Identifikation einer Vakanz und ihrer Besetzung verkürzt	0,293***
... die Qualität der Bewerberdaten gesteigert	0,180***
... den Anteil der von uns erfolgreich eingestellten Wunschkandidaten gesteigert	−0,017
... die Kosten im Personalmarketing reduziert	0,022
... die Kosten für die interne Bearbeitung von Bewerbungen reduziert	0,318***

***p < 0.001; **p < 0.005; *p < 0.01

systemen unterstützt werden, wie unter anderem die beispielhaften Architekturvorschläge von Lee (2007) und Strohmeier (2008) zeigen.

Wie Abb. 9 veranschaulicht, nutzen aktuell 67,6 % (kumulierter Wert der Prozentwerte von sehr häufig bis selten) der Unternehmen die Möglichkeit, über Bewerbermanagementsysteme Kennzahlen zur Steuerung und Kontrolle zu erheben und bereitzustellen.

In Ergänzung zu der generellen Nutzung zeigt Tab. 5, dass die Nutzung von Bewerbermanagementsystemen im Lenkungssystem der Personalbeschaffung mit den Prozesskennzahlen Zeit, Kosten und Qualität in Zusammenhang steht. So besteht eine positive, signifikante Korrelation von 0,382 zwischen denjenigen Unternehmen, die Prozesskennzahlen über ein Bewerbermanagementsystem verwalten und denjenigen, die die Zeit zwischen der Identifikation einer Vakanz und dem Schalten von Stellenanzeigen verkürzt haben sowie eine positive Korrelation von 0,293 mit denjenigen Unternehmen, die die Zeit zwischen der Identifikation einer Vakanz und deren Besetzung reduzieren konnten. Darüber hinaus besteht ein positiver, signifikanter Zusammenhang mit denjenigen Unternehmen, die die Qualität der Bewerberdaten steigern sowie die Kosten für die interne Bearbeitung reduzieren konnten.

Mit der Analyse des Wertbeitrags von IKT für das Lenkungssystem ist die Auswertung der Ergebnisse der Untersuchung mit den 1.000 größten Unternehmen aus Deutschland abgeschlossen. Das folgende Kapitel fasst diese Ergebnisse abschließend zusammen, zeigt deren Bedeutung für Wissenschaft und Praxis auf, und skizziert mögliche Themenfelder für zukünftige Forschungsarbeiten.

5 Zusammenfassung und Ansätze für zukünftige Forschung

In Bezug auf die Forschungsfrage zu Beginn dieser Arbeit lässt sich feststellen, dass die betrachteten Bewerbermanagementsysteme nachweislich einen Wertbeitrag für die Personalbeschaffung in deutschen Großunternehmen leisten, wobei kein Unterschied hinsichtlich der Größe der Unternehmen besteht. Allerdings zeigen die Ergebnisse der durchgeführten Analysen hinsichtlich der Performancedimensionen Zeit, Kosten und Qualität (vgl. Münstermann et al. 2010a, 2010b) aber auch, dass die erzielten Wertbeiträge primär zeitlicher und monetärer Natur sind, während nicht monetäre Wertbeiträge, beispielsweise ein Anstieg der Gesamtqualität der Bewerber, nur selten oder gar nicht mit den einzelnen Funktionalitäten der eingesetzten Bewerbermanagementsysteme korrelieren.

Betrachtet man den Beitrag für das unternehmerische Leistungs- und Lenkungssystem zeigen sich überwiegende Gemeinsamkeiten in Bezug auf den Wertbeitrag. Sowohl als Bestandteil des Leistungs- als auch des Lenkungssystems bringt der Einsatz eines Bewerbermanagementsystems hauptsächlich eine Zeitreduktion der einzelnen Prozessschritte sowie des gesamten Beschaffungsprozesses mit sich. Monetäre Wertbeiträge durch IKT wie Kosteneinsparungen in der Personalbeschaffung entstehen sowohl im Leistungs- als auch im Lenkungssystem nahezu ausschließlich bei der internen Bewerbungsbearbeitung, da der Workflow durch das System optimiert wird. Wertbeiträge in Bezug auf die Qualitätsdimension entstehen bei beiden Betrachtungen nur bei der Qualität der Bewerberdaten, da das Bewerbermanagementsystem bereits im Rahmen des Bewerbungseingangs einen schnittstellenfreien Datenfluss durch den Einsatz von standardisierten Webformularen bei der Eingabe der Bewerbung durch den Bewerber auf der Unternehmens-Webseite ermöglicht.

In Bezug auf die einzelnen Prozessabschnitte führt die zunehmende Nutzung von IKT zu unterschiedlichen Wertbeiträgen. Bei der Schaltung von Stellenanzeigen im ersten Prozessschritt der Personalbeschaffung haben Bewerbermanagementsysteme, insbesondere durch automatisierte Schnittstellen zur Unternehmens-Webseite, vor allem zu zeitlichen Effizienzgewinnen bei den Unternehmen geführt. Da durch das System Stellenanzeigen nun schneller veröffentlicht werden können, können so offene Stellen schneller besetzt und die Kosten für die interne Bearbeitung reduziert werden. Der Einsatz geht darüber hinaus mit einer steigenden Qualität der Bewerberdaten einher, da externe Kanäle wie Internet-Stellenbörsen diese in strukturierter Form anbieten. Für zukünftige Forschung innerhalb dieses Bereiches wäre es interessant zu sehen, ob und wie dies auch für Schnittstellen zu modernen Kanäle wie Social Media bei der Schaltung von Stellenanzeigen in Karrierenetzwerken wie Xing oder Netzwerkplattformen wie Facebook gilt (vgl. Weitzel et al. 2009).

Der Einsatz von IKT im Leistungssubsystem Bewerbungseingang steht ebenso im Zusammenhang mit Verbesserungen der Effizienz des Personalbeschaffungsprozesses. Da über das Bewerbermanagementsystem Stellenanzeigen schneller geschaltet werden können und Bewerbungen im Bewerbungseingang in strukturierter Form eingehen, kann somit die Zeit zwischen der Identifikation einer Vakanz und deren Besetzung reduziert werden. Da die Bewerber direkt über ein standardisiertes Formular ihre Daten in das Bewerbermanagementsystem eingeben, führt diese strukturierte Form der Bewerberdaten zu einer besseren Datenqualität und einer Reduzierung der internen Kosten für die weitere Verarbeitung (vgl. Lee 2007). Zusätzlich wird auch deutlich, dass der Einsatz von nichtautomatisierten Aufgabenträgern negativ mit den angegebenen Verbesserungen korreliert. Die deutlichen Vorteile der standardisierten Bewerbungsformen gehen aber auch einher mit einer geringen Präferenz auf Bewerberseite für standardisierte Bewerbungen über ein Webformular (vgl. Laumer et al. 2010a). Zukünftige Ansätze sollten an diesem Punkt ansetzen und überprüfen, welche Faktoren die geringe Präferenz der Bewerber für diesen Kanal beeinflussen und welche Strategien Unternehmen anwenden können, um diesen Widerstand zu überwinden. Erste Erkenntnisse in diesem Zusammenhang liefert die Arbeit von Grund (2006), der aufzeigte, dass Stellensuchende im Internet überdurchschnittlich gut ausgebildet sind und Stellen mit überdurchschnittlich langer Arbeitszeit bekleiden.

Im Leistungssubsystem Bewerbermanagement und -selektion zeigen die Ergebnisse, dass die Nutzung von IKT zur Kommunikation mit weiteren Beteiligten im Personalbeschaffungsprozess zu zeitlichen und finanziellen Vorteilen führt. Das Speichern von Job- und Anforderungsprofilen steht darüber hinaus im Zusammenhang mit Verbesserungen in allen drei Dimensionen und die IT-basierte Selektion, beispielsweise im Rahmen von E-Assessments, führt zu finanziellen Verbesserungen. Im Rahmen von zukünftiger Forschung im Rahmen der IT-basierten Selektion sollte aufgrund dieses Resultates unbedingt betrachtet werden, warum der Vorteil einer verbesserten Bewerberqualität beispielsweise im Rahmen von E-Assessments noch nicht erreicht wird, obwohl dies der grundlegende Treiber für die Nutzung dieser Systeme ist. Speziell bei den ortsunabhängigen E-Assessments könnte der Bewerber durch mehrmaliges Durchführen diverser Testverfahren oder das Hinzuziehen dritter Personen den ursprünglichen Sinn dieser Systeme aushebeln.

Der kurze Ausblick in Bezug auf das unternehmerische Lenkungssystem zeigt, ebenso wie bei den einzelnen Prozessschritten im Leistungssystem, dass der primäre Wertbeitrag von IKT auf eine Reduktion der Prozesszeit sowie eine Verbesserung der Bewerberdaten und einen optimierten Workflow beschränkt ist. Zukünftige Ansätze können bei einer Betrachtung von spezifischen Kennzahlen noch detaillierter werden und einzelne Kennzahlen aus Bewerber-, Prozess- und Medienanalyse (vgl. Strohmeier 2008) und deren Auswirkungen auf die Performancedimensionen Zeit, Kosten und Qualität betrachten.

Zusammenfassend muss festgestellt werden, dass die bisher eingesetzten Informationssysteme in der Personalrekrutierung durch eine Automatisierung von routinemäßigen Tätigkeiten in der Personalabteilung helfen, zeitliche und finanzielle Ressourcen für die strategische Personalarbeit frei zu setzen. Sie leisten indes keinen direkten Beitrag für strategische Aufgaben. Die bestehenden Systeme unterstützen deutsche Großunternehmen nicht bei der Lösung aktueller Herausforderungen der Personalarbeit wie dem schwelenden Fachkräftemangel (vgl. von Stetten et al. 2011) oder immer spezifischerer Anforderungen einzelner Berufsbilder (vgl. Laumer et al. 2010b). Die Nutzung von Bewerbermanagementsystemen erreicht in den seltensten Fällen auch ein strategisch wichtiges Ziel, da die Unternehmen durch den Einsatz entsprechender System zum Beispiel nicht den Anteil erfolgreich eingestellter Wunschkandidaten erhöhen konnten.

Dieses Ergebnis bestätigt die Forschungsarbeiten von Ngai und Wat (2006), die zeigen, dass Unternehmen nahezu kein strategisches Potential aus Personalinformationssystemen ziehen. Die Gründe hierfür sind vielfältig. Betrachtet man die individuelle Perspektive des Systemnutzers, so werden die bestehenden Systeme und all ihre zur Verfügung stehenden Funktionalitäten nicht in dem geplanten Ausmaß genutzt, um strategisches Potential zu realisieren (vgl. Dery et al. 2006), da viele Systemnutzer im Bereich der Personalrekrutierung nur unzureichende Fähigkeiten zur Systemnutzung besitzen, bzw. diese erst erlernen müssen (vgl. Wiblen et al. 2010). Des Weiteren bieten bestehende Systeme nur in geringem Maße Funktionalitäten an, die das Erreichen strategischer Ziele in Bezug auf Prozessqualität unterstützen (vgl. Jamrog und Miles 2004; Lawler et al. 2004). Ein weiterer Grund wurde im fehlenden strategischen Alignment zwischen Personal- und Fachabteilung bzw. Personal- und IT-Abteilung identifiziert (vgl. Weitzel et al. 2011).

Unternehmen, die zukünftig innerhalb der Personalrekrutierung verstärkt strategisch vorgehen und dabei durch Informationssysteme unterstützt werden möchten, haben somit zwei Handlungsoptionen. Erstens besteht die Möglichkeit, durch unternehmensinternes Knowhow selbst ein System zu entwickeln, das alle strategischen Ziele innerhalb der Rekrutierung abbildet und unterstützt. Ein erfolgreiches Beispiel in diesem Zusammenhang bietet das Unternehmen Bertelsmann, welches aufgrund unzureichender Systemlösungen am Markt selbst ein integriertes Bewerbermanagementsystem gemäß den eigenen Anforderungen entwickelte und dies schließlich auch am Markt anderen Unternehmen als alternative Systemlösung erfolgreich anbot (vgl. Keim et al. 2006). Möchten die Unternehmen weiterhin auf Systeme bestehender Anbieter wie SAP, Oracle oder Kenexa zurückgreifen, könnte ein Zusammenschluss deutscher Großunternehmen, wie im Rahmen des queb[1] (Arbeitskreis deutscher Rekrutierungsverantwortlicher) helfen, als Konglomerat Druck auf Softwareanbieter aufzubauen, und bei der Entwicklung neuer Systeme oder der Weiterentwicklung bestehender Systeme die vermehrte Einbindung strategischer Komponenten zu fordern.

Anmerkung

1 Für nähere Informationen: siehe www.queb.org.

Anhang: Verwendeter Fragebogen

Tab. 6: Fragen zur Nutzungshäufigkeit von Bewerbermanagementsystemen

Wie häufig nutzen Sie die folgenden Funktionen von Bewerbermanagementsystemen?

	Sehr häufig (1)	Häufig (2)	Regelmäßig (3)	Selten (4)	Nie (5)
Verwaltung und Pflege von Bewerberdaten	☐	☐	☐	☐	☐
Kommunikation mit dem Bewerber	☐	☐	☐	☐	☐
Veröffentlichung von Stellenzeigen in Internet-Stellenbörsen	☐	☐	☐	☐	☐
Veröffentlichung von Stellenanzeigen auf der Unternehmens-Website	☐	☐	☐	☐	☐
Management des Bewerbungseingangs	☐	☐	☐	☐	☐
Kommunikation mit der Fachabteilung	☐	☐	☐	☐	☐
Speicherung von Job- und Anforderungsprofilen	☐	☐	☐	☐	☐
IT-basierte Selektionsinstrumente	☐	☐	☐	☐	☐
Suche in internen Lebenslaufdatenbanken	☐	☐	☐	☐	☐
Vertragsgestaltung und -abschluss	☐	☐	☐	☐	☐
Bereitstellung von Prozesskennzahlen	☐	☐	☐	☐	☐

Tab. 7: Fragen zur Prozess Determinaten im Recruiting

Wir haben in den letzten Jahren ...

	← Stimme zu (1)	Stimme nicht zu → (7)
... die Zeit zwischen der Identifikation einer Vakanz und dem Schalten der Anzeige verkürzt	☐ ☐ ☐	☐ ☐ ☐ ☐
... die Zeit zwischen der Identifikation einer Vakanz und ihrer Besetzung verkürzt	☐ ☐ ☐	☐ ☐ ☐ ☐
... die Qualität der Bewerberdaten gesteigert	☐ ☐ ☐	☐ ☐ ☐ ☐
... den Anteil der von uns erfolgreich eingestellten Wunschkandidaten gesteigert	☐ ☐ ☐	☐ ☐ ☐ ☐
... die Kosten im Personalmarketing gesenkt	☐ ☐ ☐	☐ ☐ ☐ ☐
... die Kosten für die interne Bearbeitung von Bewerbungen gesenkt	☐ ☐ ☐	☐ ☐ ☐ ☐

Tab. 8: Fragen zum Bewerbungseingang

Wie hoch ist der Anteil der folgenden Kanäle an den eingehenden Bewerbungen in 2009?

	Bewerbungseingang 2009 (Anteil an allen Bewerbungen, *Summe = 100 %*) (%)
Post	___
E-Mail	___
Online Bewerbungsformular	

Tab. 9: Kontrollvariablen

Fragen zu Ihrem Unternehmen	
Branche	
Letzter kommunizierter Umsatz (in Mio. EUR)	
Anzahl der Mitarbeiter	
Anzahl der veröffentlichten Stellen in 2009	
Anzahl der eingehenden Bewerbungen in 2009	
Anzahl der Neueinstellungen in 2009	

Literatur

Albert G (1998) Betriebliche Personalwirtschaft. Ludwigshafen, Kiehl
Barchilon MG (1998) Technology's impact on online résumés, IPCC 1998 proceedings, Québec City, Québec, Canada: Institute of Electrical and Electronics Engineers, S 183–187
Chapman DS, Webster J (2003) The use of technologies in the recruiting, screening, and selection processes for job candidates. Intern J Sel Assess 11(2–3):113–120
DeLone WH, McLean ER (2003) The DeLone and McLean model of information systems success: a ten-year update. J Manage Inf Syst 19(4):9–30
Dery K, Hall R, Wailes N (2006) ERPs as ‚technologies-in-practice': social construction, materiality and the role of organisational factors. New Technol Work Employ 21(3):229–241
DeSanctis G (1986) Human resource information systems: a current assessment. MIS Q 10:217–234
Dworatschek S (1989) Grundlagen der Datenverarbeitung, 8. Aufl. Walter de Gruyter, Berlin
Eckhardt A, Laumer S (2009) An IT-architecture to align e-recruiting and retention processes. Intern J E-Serv Mob Appl 1(2):38–61
Eckhardt A, Laumer S, Weitzel T (2008) Extending the architecture for a next-generation holistic e-recruiting system. Proceedings of the International Conference on Information Resources Management (Conf–IRM), Niagara Falls, Canada
Färber F, Keim T, König W, von Westarp F, Weitzel T, Wendt O (2003a) Recruiting Trends 2003: Eine empirische Untersuchung der Top-1.000-Unternehmen in Deutschland. Arbeitsbericht des Centre of Human Resources Information Systems, Frankfurt am Main
Färber F, Keim T, Weitzel T (2003b) An automated recommendation approach to personnel selection. Proceedings of the 2003 Americas Conference on Information Systems (AMCIS), Tampa
Ferstl OK, Sinz EJ (2008) Grundlagen der Wirtschaftsinformatik, 6. Aufl. Oldenbourg, München
Grund C (2006) Mitarbeiterrekrutierung über das Internet – Marktanalyse und empirische Untersuchung von Determinanten und Konsequenzen für die Arbeitnehmer. Z Betriebswirtschaft 76(5):451–472
Heinrich LJ, Heinzl A, Roithmayr F (2007) Wirtschaftsinformatik – Einführung und Grundlegung, 3. Aufl. Oldenbourg, Wien
Jamrog J, Miles H (2004) Building a strategic hr function: continuing the evolution. Hum Resour Plan 27(1):51–63
Keim T, König W, von Westarp F, Weitzel T (2006) Recruiting Trends 2006 – Eine empirische Untersuchung der Top-1.000-Unternehmen in Deutschland und von 1.000 Unternehmen aus dem Mittelstand, Zusatzbefragungen mit den Branchen Automobil, IT und Kreditwirtschaft, Arbeitsbericht des Centre of Human Resources Information Systems, Frankfurt
Kink N, Hess T (2008) Wirkungsanalyse von Informations- und Kommunikationstechnologien: Positionierung des Forschungsansatzes, Arbeitsbericht 1/2008. http://www.wim.bwl.uni-muenchen.de/pubdb/work_papers/2008-001.html. Zugegriffen: 25. Nov. 2010

Laumer S, Eckhardt A (2009) What makes the difference? – Introducing an integrated information system architecture for employer branding and recruiting. In: Bondarouk T, Ruel H, Oiry E, Guiderdoni K (Hrsg) Handbook of research on e-transformation and human resources management technologies. Information Science Reference, S 275–288

Laumer S, von Stetten A, Eckhardt A (2009) E-Assessment. Wirtschaftsinformatik 51(3):306–308

Laumer S, Eckhardt A, von Stetten A, Weitzel T, König W (2010a) Recruiting Trends im Mittelstand 2010: Eine empirische Untersuchung mit 1.000 Unternehmen aus dem deutschen Mittelstand, Arbeitsbericht des Centre of Human Resources Information Systems, Bamberg und Frankfurt am Main

Laumer S, Eckhardt A, Weitzel T (2010b) Electronic human resources management in an e-business environment. J Electron Commer Res 11(4):240–250

Lawler EE, Levenson A, Boudreau J (2004) HR metrics and analytics: use and impact. Hum Resour Plan 27(4):27–35

Lee I (2007) The architecture for a next-generation holistic e-recruiting system. Commun ACM 50(7):81–85

Malinowski J, Keim T, Weitzel T (2005) Analyzing the impact of IS support on recruitment processes: an e-recruitment phase model. Proceedings of Pacific Asia Conference on Information Systems, 9, S 977–988

Mantel N (1963) Chi-square tests with one degree of freedom; extensions of the mantel- haenszel procedure. J Am Stat Assoc 58(303):690–700

Mülder W (1984) Organisatorische Implementierung von computergestützten Personalinformationssystemen: Einführungsprobleme und Lösungsansätze. Springer-Verlag GmbH & Co. KG, Heidelberg

Münstermann B, Eckhardt A, Weitzel T (2010a) The performance impact of business process standardization: an empirical evaluation of the recruitment process. Bus Process Manag J 16(1):29–56

Münstermann B, von Stetten A, Eckhardt A, Laumer S (2010b) The Performance Impact of Business Process Standardization – HR Case Study Insights. Manage Res Rev 33(9):924–939

Musaa N, Junaini SN, Bujang YR (2006) Improving usability of e-recruitment website: a preliminary study on sarawak government website. Proceedings of Pacific Asia Conference on Information Systems, 10, S 507–515

Ngai EWT, Wat FKT (2006) Human resource information systems: a review and empirical analysis. Pers Rev 35(3):297–314

O.V. (1975) Aufbau von Personal-Datenbanken – Beförderung am Bildschirm geplant, Computerwoche, 29.8.1975. http://www.computerwoche.de/heftarchiv/1975/35/1204810/. Zugegriffen: 25. Nov. 2010

Palvia PC, Perkins JA, Zeltmann SM (1992) The PRISM system: a key to organizational effectiveness at federal express corporation. MIS Q 16(3):277–292

Rico L (1962) The staffing process and the computer. Manage Pers Q Autumn/Winter:33

Scheer A-W (1995) Wirtschaftsinformatik – Referenzmodelle für industrielle Geschäftsprozesse, 6. Aufl. Springer-Verlag, Berlin

Schneider B (1995) Personalbeschaffung. Peter Lang Europäischer Verlag der Wissenschaften, Frankfurt a. M.

Strohmeier S (2008) Informationssysteme im Personalmanagement – Architektur – Funktionalität – Anwendung, 1. Aufl. Vieweg + Teubner, Wiesbaden

Urbach N, Smolnik S, Riempp G (2009) Der Stand der Forschung zur Erfolgsmessung von Informationssystemen – Eine Analyse vorhandener mehrdimensionaler Ansätze. WIRTSCHAFTSINFORMATIK 51(4):363–375

von Stetten A, Laumer S, Eckhardt A, Keim T (2009) Does IT matter in recruiting? – Eine länderübergreifende Kausalanalyse, Tagungsbände der 9. Internationalen Tagung Wirtschaftsinformatik, Wien, Österreich von Stetten A, Laumer S, Eckhardt A, Weitzel T, von Westarp F (2011) Recruiting Trends 2011: Eine empirische Untersuchung mit den Top-1.000-Unternehmen aus Deutschland sowie den Top-300-Unternehmen aus den Branchen Finanzdienstleistung, IT und Öffentlicher Dienst. Arbeitsbericht des Centre of Human Resources Information Systems, Bamberg

Weitzel T, Eckhardt A, Laumer S (2009) A framework for recruiting IT talent: lessons from siemens. MIS Q Exec 8(4):175–189

Weitzel T, Eckhardt A, von Westarp F, von Stetten A, Laumer S, Kraft B (2011) Recruiting 2011. Weka, Zürich

Wiblen S, Grant D, Dery K (2010) Transitioning to a new HRIS: the reshaping of human resources and information technology talent. J Electron Commer Res 11(4):251–267

Applicant tracking systems in German large-scale companies – Value contribution of ICT for service provision in HR

Abstract: Due to a talent shortage, German large-scale corporations and their recruiting departments go at the moment through rough times but recruiting systems could offer valuable support in the hunt for new employees. To analyze the value contribution of the IT support of these systems, HR executives of the largest 1,000 German companies were surveyed. Based on the results of this representative survey, the following implications for the value contribution of applicant tracking systems as part of operating and management services can be made. Predominately, reductions in terms of process time and process cost in recruiting can be realized by using these applicant tracking systems. However, an improvement in process quality (e.g. higher number of successfully hired ideal candidates) cannot be evaluated. For all results there is no difference between the value contribution for the operating and management system. The value contribution of these applicant tracking systems is not influenced by the size of the observed enterprises.

Keywords: Applicant tracking systems · Recruiting systems · Recruiting · IT value · Correlation analysis

ZfB-SPECIAL ISSUE 4/2012

Do service-oriented IT architectures facilitate business process outsourcing?
A study in the German service industry

Daniel Beimborn · Nils Joachim · Tim Weitzel

Abstract: How does a firm's IT architecture affect its potential to outsource business processes? As Information Technology (IT) has become many firms' essential operational infrastructure or "backbone", we are interested in scrutinizing to what extent the kind of IT architecture affects a firm's boundaries or the plasticity of its boundaries. Focusing on the particular concept of service-oriented architectures (SOA), we concretely ask: How does SOA affect business process outsourcing potentials? Since SOA is widely expected to modularize the IT implementation of business processes, it should increase business process outsourcing (BPO) in terms of buying in the provision of single business functionalities. We develop and empirically evaluate a theoretical model that conceptualizes the relationship between SOA and BPO. Questionnaire data from 115 firms give first evidence that SOA facilitates BPO. By increasing IT modularity, SOA supports BPO by increasing sourcing flexibility and, in particular, operational benefits, while at the same time lowering financial risks and strategic risks, such as lock-in. Overall, however, firms see SOA-based BPO mainly in an operational context with low hidden costs and little strategic benefits.

© Gabler-Verlag 2012

Dr. D. Beimborn (✉) · Dipl.-Wirtsch.Inf. N. Joachim · Prof. Dr. T. Weitzel
Department of Information Systems and Services, University of Bamberg,
Feldkirchenstr. 21, 96045 Bamberg, Germany
e-mail: daniel.beimborn@uni-bamberg.de

Dipl.-Wirtsch.Inf. N. Joachim
e-mail: nils.joachim@uni-bamberg.de

Prof. Dr. T. Weitzel
e-mail: tim.weitzel@uni-bamberg.de

Keywords: Service-oriented architecture (SOA) · Business process outsourcing (BPO) · Sourcing flexibility · Modularity · Survey approach

JEL Classification: M1 · M15 · O33

1 Introduction

With the spread of the internet and the opportunities information technology (IT) provides, most firms are engaged in some forms of e-business. Inter-organizational systems (IOS) have given companies the chance to rethink their internal value creation and business operations in order to outsource tasks which others can provide more (cost-) efficiently, with higher quality, and with higher competence. Consequently, business process outsourcing (BPO) of selected activities provides an attractive course of action for a firm to reshape its borders in terms of make-or-buy. While there is much research on IOS and their role in inter-firm value creation (Umar 2005), little attention has been given to the question of how a firm's *internal* IT should be designed and configured to support reshaping the firm's borders by outsourcing certain business tasks.

In this context, the paradigm of service-oriented architectures (SOA) enables new forms of cross-firm exchanges when—based on an SOA—business processes can be exchanged and combined like modular services within and across firm borders. A firm that has its business processes technically implemented based on SOA will (ideally) run services that provide those business functions which form the business processes. For example, "opening a bank account" is a business function which is an inherent part of various business processes in a bank (e.g., offering a checking account, granting a loan, etc.). If this functionality is implemented as a service and offered by one single IT system within the SOA, it can offer this service to all applications that support business processes requiring the opening of an account. Figure 1 helps clarify this argument.

Firms with historically grown IT architectures and without using SOA (cf. top left corner of Fig. 1) are often running multiple single applications, which support several business functions of a particular business process. If such a firm decides to outsource parts of a business process (e.g., business functions B and D in Fig. 1), additional interfaces between the BPO provider and the still running applications supporting the business functions remaining in-house (A, C, and E in the lower left corner of Fig. 1), have to be implemented and maintained. In this example, four additional interfaces for exchanging the outcomes of the business functions (between A and B, B and C, C and D, as well as D and E) have to be established between the remaining in-house applications 1 and 2 as well as the systems of the BPO provider.

Instead, if the business functionality is encapsulated in services (cf. right side of Fig. 1), a firm might more easily outsource the provision of a particular—more or less granular—business function (or: a service) because it has already decided which functions comprise which services and because SOA provides the flexibility to change, add, or replace services (in terms of IT-embedded process logic). Moreover, all services already offer an interface to the enterprise service bus (ESB), which makes no changes to existing or additional interfaces necessary. Thus, while a firm continues to perform some of the business functions

Do service-oriented IT architectures facilitate business process outsourcing?

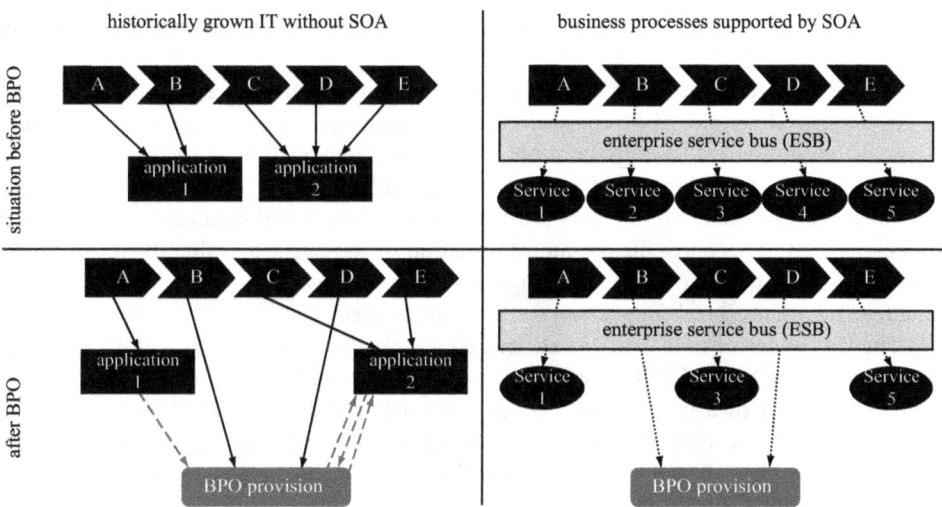

Fig. 1: Comparison of BPO based on historically grown IT vs. SOA

in-house, the consequent use of services supports outsourcing of other services, all interacting with each other along the business process via the ESB (reflected by the dotted lines). Examples of typically outsourced business functions, which are often not in the firm's core anymore, can include certain administrative steps such as travel expense administration, accounts payable and receivable, payments processing, account administration, etc. From the client's perspective, the advantage of BPO based on SOA vs. historically grown IT architectures is basically independent of the architecture used by the BPO provider. The provider is not required to also have an SOA in place, as only the defined output is required and the client's ESB allows the output to be integrated into the existing business process[1].

SOA can thus "lead to commoditization and outsourcing on a massive scale" (Davenport 2005, p. 100). Considering that such a 'division of services' rests on both, IT architecture flexibility and modularity on the one side and externalization of business processes (Business Process Outsourcing, BPO) on the other, we take the discussion into a concrete and matured IS research domain and scrutinize whether firm borders are potentially affected by the underlying IT architecture. Thus, our research question is: *Does SOA facilitate BPO?*

From a BPO perspective, the analysis reveals the extent to which IT architecture is a BPO driver and/or readiness factor. BPO is associated with certain advantages, such as cost advantages and quality improvement, as well as certain risks (e.g., friction costs or loss of performance or quality). We thus propose a research model that highlights the role of a firm's internal IT architecture and its effects on BPO benefits and risks. While this area has largely been neglected in prior research, we strive in particular to resolve the relationship between BPO potentials and the degree to which a firm has designed and implemented its IT infrastructure along the paradigms of SOA. We anticipate that the higher degree of IT modularity provided by an SOA increases the potential BPO benefits and reduces the involved BPO risks and thus propose that SOA will facilitate or even enable (additional) BPO activities in the future.

Indeed, empirical data from 115 firms shows that SOA facilitates BPO and contributes to an "industrialization" of IT-enabled business processes. At the same time, BPO benefit realization requires an alignment between the implemented SOA-based services and the process level modularity so that services resemble business functions. This research improves our understanding of how SOA affects the design and outsourcing of business processes; and thus contributes to an examination of the business value of SOA. Subsequently, practitioners can use our findings to structurally evaluate whether SOA might be an adequate architectural foundation for BPO initiatives.

The remainder of this article is structured as follows: after introducing the concepts of modularity, SOA, and BPO, we develop our research model. The theoretical argument is that the extent of a firm's SOA adoption is related with potential BPO benefits and risks. Empirical construct operationalization, data collection, and analysis methods are described in Sect. 4. In Sect. 5, we present the results of the analyses before discussing findings and limitations in Sect. 6.

2 Basics

2.1 Modularity

The question whether SOA leads to more outsourcing of business processes and thus to changes of the firm's borders is mainly about the role and effect of modularity. Modularity has been investigated in manifold fields, such as Information Systems (role of IT modularity), Production Research (role of product modularity), or Organization Science (role of organizational modularity). All of these fields usually draw on Modular Systems Theory.

Modular Systems Theory essentially argues that a system consists of distinct subsystems which interact with each other and are to a certain degree both independent and interdependent (Schilling 2000; Simon 1962). Modularity manifests in independence rather than interdependence. "The crux of modular systems theory is that greater modularity facilitates rapid changes in individual subsystems by lowering the need for coordinated changes in others" (Tiwana and Konsynski 2010, p. 290). In turn, a decrease of coordination needs and efforts leads to higher flexibility and real options (Tiwana 2008) for adapting the system to an emerging need.

The oldest strand of modularity research in the business field emerged in the product design domain. Modularity of physical products has important implications for R&D effectiveness (Takeishi 2002), production efficiency (Baldwin and Clark 2000), sourcing strategies (Schilling 2000), and the organizational structure of the manufacturer, because the modularity of the manufacturer's *organization* should be aligned with the modularity of the products manufactured (Hoetker 2006; Langlois 2002). Modularity of both the product and the organization enables the firm to outsource parts of the product development and has led to a blurring of firms' boundaries and to strong increases in interorganizational relationships and alliances (Anand and Daft 2007; Duncan 1979). The organizational designs have shifted away from strictly functional or matrix designs, where a firm has clear boundaries between itself and its suppliers and customers, to modular organizational designs where parts of business processes or of products are outsourced to others (Anand and Daft 2007). For example, the automotive industry has modularized both their products and their organizations, turning them "into vehicle assemblers and outsourcing much of the manufacturing and assembly of the parts of the vehicle" (Ro et al. 2007, p. 180).

The existing literature has mainly investigated the impact of modularizing products on manufacturing outsourcing rather than of modularizing (immaterial) business processes. For example, Momme et al. argue that higher product modularity allows a distinction to be made "between strategic and non-strategic components and thereby preserve the core competencies associated with the product and process technology" (2000, p. 135). Also, Ernst and Kamrad argue that "the higher the level of modularization, the easier it is to outsource manufacturing or its constituent components" (2000, p. 496). By moving the focus from products to business processes we argue that product modularization and business process modularization are comparable concepts. A business process consists of logically related tasks (Davenport 2005), which match with the components of a product. Also, a business process can be broken down into sub-processes (Basu and Blanning 2003). Thus, modularizing products into modules is comparable to modularizing processes into sub-processes. Moreover, the outcomes of a business process, even if immaterial (such as services), can be handled in a similar way to physically assembled products. In addition, if a larger variety of different services is offered to customers, this often also leads to an implementation of a variety of business processes, as the outcome of a business process is directly related to the process itself.

This variety of processes is typically supported by information systems (IS) in today's organizations. These can be secondary processes such as payroll processing or HR processes, which are very IT-reliant, but also primary processes along the value chain such as procurement, warehousing, or order-tracking (cf. also Fig. 4 in Sect. 4.1). One way of modularizing these IT-reliant business processes is by using SOA. The single services of an SOA encapsulate parts of business processes (i.e., business functions) in order to minimize interdependencies between different modules (Mithas and Whitaker 2007). According to previous research (Mikkola 2003; Sanchez and Mahoney 1996), modules that are decoupled, such as business functions that are modularized through SOA and standardized interfaces, can be easier outsourced.

2.2 Service-oriented architectures (SOA)

The complexity of a firm's IT infrastructure—consisting of a huge variety of different systems and applications which are somehow integrated by a historically grown network of links and interfaces—often increases dramatically over time, because the IT fulfills individual change requests of different business departments. Such local demands not only lead to increasing complexity but also to redundancy of data and functionalities, which are to a certain degree implemented repeatedly for different business processes in different IT systems. Several years ago, SOA emerged as a comprehensive paradigm, supporting the reconfiguration of a firm's overall IT infrastructure by designing it with an overarching perspective instead of focusing on developing single systems, as compared to object- or component-orientation (Siedersleben 2007). Both practitioners and researchers offer a multitude of definitions and conceptualizations of SOA, which vary from a purely technical focus to a holistic focus covering IT and business. According to Krafzig et al. (2005, p. 57) "a Service-Oriented Architecture (SOA) is a software architecture that is based on the key concepts of an application frontend, service, service repository, and service bus". In contrast to this IT-centric perspective, Bieberstein et al. (2005a, p. 5) define SOA with respect to both IT and business processes as a "framework for integrating business processes and supporting IT infrastructure as secure, standardized components—services—that can be reused and combined to address changing business priorities". Additionally applying the service paradigm at the business level results in the so-called Service-Oriented Enterprise (SOE): "The SOE is an enterprise that is modularized in business domains" (Janssen and Joha 2008, p. 35).

On the IT layer, service orientation is associated with common design principles, for example, reusable logic is encapsulated into implemented services, services share a formal contract, are loosely coupled, composable, autonomous, and stateless (Bieberstein et al. 2005a; Erl 2004). For connecting the different services, an enterprise service bus (ESB) is used in an SOA. *Business services* represent business functions implemented in IT; they are based on standardized interfaces and are independent from programming platforms. Using such services offers the opportunity to flexibly orchestrate and reuse services in different business processes and even supports offering services to third parties, i.e., acting as a service provider (Zhao et al. 2007). Thus, SOA represents a promising opportunity to match the concept of modularizing business processes adequately with a modularization concept on the IT layer. As business processes are often highly IT-reliant, the highlighted concept of modularizing business processes into sub-processes or business functions, which can be implemented as business services on the IT layer, demands an IT concept which is structured similarly. SOA is inherently geared towards modularization, which is also apparent in the definition given by Bieberstein et al. (2005a) and presented above. SOA is explicitly related to integrating and combining business processes, which consist of standardized services. Moreover, the inclusion of the business perspective on servitization (i.e., SOE) facilitates shifting a firm's borders as not only is the IT modularized but the organization is as well. Thus, a service-oriented IT provides the foundation for the long-demanded flexibilization of firms' borders where dynamic configuration of business processes (Oh et al. 2007) takes place regardless of whether they are located outside or inside an organization (Krafzig et al. 2005).

While most of the extant research dealing with SOA has explored its technical and architectural challenges, the organizational and economic effects of SOA have only recently come into the focus of researchers, for example, through research into conceptualizing models explaining the organizational adoption of SOA (Beimborn et al. 2008), by analyzing potential business benefits of SOA by case studies (e.g. Baskerville et al. 2005; Yoon and Carter 2007) or empirically evaluating the business value of SOA (Joachim et al. 2011b), or specific benefits of SOA, such as organizational integration (Oh et al. 2007), business process quality (Beimborn and Joachim 2011) or information sharing in supply chains (Kumar et al. 2007). While Benazeer et al. (2008) argue that, based on the existing literature, adopting SOA can enhance IS outsourcing, the article on hand, to the best of our knowledge, is the first to develop and empirically examine a research model describing the impact of SOA on the potential of business process outsourcing and thus on reshaping the borders of the firm.

2.3 Business process outsourcing (BPO)

BPO represents the delegation of a particular business activity or an overall business process, including the related supporting services, to an external provider (Gewald and Dibbern 2009), and often also covers the transfer of the necessary resources, such as IT systems and applications supporting the outsourced business activity. However, it is—in contrast to IT outsourcing—not about serving the IT functions or running the software applications per se, but it is about delivering a business process result. Often, BPO is more closely defined as the outsourcing of IT-intensive processes, since IT enables the inter-organizational integration of business processes and thus ensures straight-through processing across firm boundaries (Dayasindhu 2004; Pfannenstein and Ray 2004). The provider takes over the complete business task and is basically free to choose how to implement and to execute it, while the outsourcing firm only receives the process outcome (Braun 2004). While BPO of many information-intensive processes (e.g., HR administration, procurement, payments processing, or accounts payable) has shown substantial benefits from both a cost and a strategic perspective, other areas still show rather low rates of adoption (cf. e.g., TPI outsourcing index at www.tpi.net).

Most research on BPO draws on the IT outsourcing research strand. Usually, research follows the established (IT) outsourcing models and empirically identifies determinants and inhibitors of BPO adoption (Gewald and Dibbern 2009; Gewald et al. 2006), determines the outcomes of BPO (Willcocks et al. 2004), or investigates the role of BPO success factors (Wüllenweber et al. 2008), such as effective control and governance structures (Kim and Kim 2008; Mani et al. 2006), effective sourcing mechanisms (Tanriverdi et al. 2007), and client firm-internal BPO readiness (Martin et al. 2008).

While, previous research has shown that increased product modularity not only eases outsourcing but also helps to distinguish between strategic and non-strategic components (Ernst and Kamrad 2000; Momme et al. 2000), only a few articles have focused on the role of IT for successful BPO. This is particularly interesting as business processes become increasingly IT-intensive and Davenport (2005) emphasizes that standard interfaces between information systems allow easier outsourcing of business activities. In addition, Abramovsky and Griffith (2006) conclude—based on their empirical study—that organizations which use more IT outsource more services. Therefore, the influence of IT modularization on BPO shows to be a hitherto neglected perspective.

3 Model development

Our paper tackles the question whether, and how, the degree to which a firm has adopted the SOA paradigm to its IT infrastructure affects the benefits and risks associated with outsourcing business activities, or in short: will SOA facilitate and thus lead to more BPO? In the following, we develop a research model that links SOA to the BPO decision determinants.

3.1 BPO and its determinants

A BPO decision is mainly driven by the benefits, costs, and risks involved in changing the sourcing mode of a particular business activity (Gewald and Dibbern 2009). *Anticipated benefits* will increase BPO while *anticipated risks* and related costs will decrease it. There are further—complementary—determinants of outsourcing (such as institutional pressures (Ang and Cummings 1997), imitation/bandwagon effects (Loh and Venkatraman 1992b), or fundamental in-house governance problems and weak management (Earl 1996)), but for investigating the role of SOA for BPO it is sufficient to restrict the model to benefits and risks, since those are the ones which are affected by SOA and thus help increase our understanding of the relationship between SOA and BPO.

The identification of benefits as outsourcing decision determinants is one of the oldest research questions in the outsourcing field. Loh and Venkatraman (1992a) argue in one of the very first published models of outsourcing determinants, that the bad cost structure and bad performance of a firm will motivate its outsourcing activities. Over the subsequent two decades, cost advantages, in particular, have consistently shown to be the predominant outsourcing decision determinant (Dibbern et al. 2004; Lacity et al. 2009). Cost advantages can result from economies of scale (i.e., bundled processing volumes lead to lower marginal processing costs) (Kakabadse and Kakabadse 2002), economies of skill (i.e., technical or management competencies and learning effects allow the vendor to achieve superior cost structures) (Lammers 2004), or economies of scope (i.e., vendors can utilize their resources to produce different outputs for different clients). On the downside, outsourcing causes transaction costs (for negotiation, contracting, transition, provider monitoring, and relationship management (Cheon et al. 1995)) which can be substantial and can easily lead to situations where outsourcing is not economically beneficial (Ang and Straub 1998).

Beside the cost effect, organizations outsource processes in order to receive a higher level of quality (Gewald and Dibbern 2009). Vendors have specialized on particular business activities and cannot just deliver them at lower costs but often also at higher quality. For example, higher volumes justify a higher degree of automation which might not only cut processing costs but also reduce error rates. Consequently, outsourcing grants access to specialized and superior resources (technology, process skills, management knowledge, etc.) (Apte et al. 1997; Huber 1993).

From a strategic perspective, a firm can focus more effectively on its core competencies by outsourcing all non-core activities (Grover et al. 1996). Thus, the management can focus on sustaining and improving the firm's core competencies (Quinn and Hilmer 1994; Smith et al. 1998), following the fundamental economic principle of specialization and division of labor. Consequently, the firm is more flexible from a strategic perspective, enabling it to react to changing market demands (Slaughter and Ang 1996; Young-Ybarra and Wiersema 1999) (Table 1).

BPO is also associated with various risks. Scholars have identified different dimensions of risks and risk drivers with regard to outsourcing (Aubert et al. 1999; Bahli and Rivard 2004; Earl 1996). Based on the perceived risk framework of Cunningham (1967), Gewald et al. (2006) examine how different types of perceived risks affect the intention to outsource business processes. They define perceived BPO risks as the potential loss in the pursuit of a desired outcome of BPO and they distinguished between performance, financial, strategic, and psychosocial risks. Their empirical analysis finds the first three dimensions to be highly relevant for determining the BPO intention. We draw on their findings and propose financial risk, performance risk, and strategic risk as (negatively) influencing the intention to outsource business processes. The dimensions are described in detail in Table 2.

Table 1: Perceived benefits of BPO

Dimension	Definition	Description
Cost advantages	Reduction in overall costs (production costs and transaction costs, including costs for migration, negotiation etc.)	Cost advantages result from economies of skill, scale, and scope. The vendor proposes producing the same service at a lower price. Nevertheless, cost advantages have to incorporate additional costs that are caused by outsourcing (for negotiation, contracting, migration, provider monitoring, and relationship management).
Quality improvement	Improving quality of service by tasking a provider that has superior capabilities	Outsourcing tasks to a vendor, specialized in performing these particular tasks, will lead to quality improvements for the outsourcer, which does not possess the superior capabilities necessary for performing these tasks. Moreover, outsourcing can trigger the redesign of existing processes and thus further improve the quality.
Focus on core competencies and strategic flexibility	Focus own management on the firm's core competencies in order to gain productivity and to sustain the firm's competitiveness	If the firm's management is unburdened by outsourcing tasks that are not within the firm's set of core competencies, the firm becomes more agile in the market and the management can focus on maintaining and improving existing core competencies as well as developing new ones. The development of sustainable core competencies is essential for a firm's survival and competitive advantage in the market; therefore outsourcing from a strategic perspective helps the management to stay focused and supports its long-term survivability.

An important issue when deciding upon outsourcing is the flexibility of the outsourcing engagement. If outsourcing is complex and difficult, there might be several technical, organizational, and contractual obstacles which do not allow for subsequent adaptations of the arrangement, e.g., changing processing volumes or new requirements. Tan and Sia (2006) define sourcing flexibility as the flexibility to change, extend, or reduce the BPO arrangement and to change service providers. It should not be confused with strategic business flexibility, which represents a desired outcome of outsourcing (cf. above). Tan and Sia conceptualize sourcing flexibility as consisting of four dimensions: *modifiability* and *robustness* of the outsourcing relationship, extensibility about *new capabilities*, as well as *ease of exit*. These are described in the following table.

The more flexible an outsourcing arrangement is perceived to be in terms of these four dimensions, the lower the perceived outsourcing risks will be and the more likely that the benefits can be realized[2].

Hypothesis 1(a, b): The higher the perceived sourcing flexibility, (a) the higher the perceived BPO benefits, and (b) the lower the perceived BPO risks.

3.2 How SOA affects BPO determinants

This paper investigates how SOA influences BPO. In this section, we theorize the relationship between SOA and the BPO determinants, previously conceptualized as BPO benefits, BPO risks, and sourcing flexibility.

Table 2: Perceived risks of BPO. (Based on Gewald and Dibbern 2009; Gewald et al. 2006)

Dimension	Definition	Description
Financial risk	The risk that actual costs may exceed planned/budgeted costs of the outsourcing engagement	Costs may exceed the budget due to various issues (Earl 1996). Contracting and transition of services can be more expensive than anticipated, incomplete contracts might require renegotiations during the ongoing relationship, or internal management of monitoring the vendor and maintaining the relationship may lead to more effort than expected.
Performance risk	The risk that the service provided by the outsourcing vendor will not be delivered as expected by the client	Performance risk can be caused by overextended expectations on the client side, incomplete contracts that insufficiently document the duties and service levels the vendor has to fulfill, or simply by lacking capabilities and resources on the client side. Adverse selection of incompetent vendors and moral hazard in the ongoing relationship are typical reasons for performance risk.
Strategic risk	The risk that the client firm will lose its ability to react flexibly and unconstrained to changing market conditions	Strategic risk is often rooted in the client's loss of competencies because everything is outsourced (Earl 1996; Quinn and Hilmer 1994). Another important and related problem is the lock-in to a particular vendor's services, i.e., limited or no possibilities to backsource the service or to change the providers. These can be caused by prohibitively high switching costs, caused, for example, by the technological infrastructure or by a too low number of valid alternatives (no superior provider in the market). Finally, strategic risks are driven by the fact that contracts are inherently incomplete and that the outsourcing firm cannot prepare for every eventuality which might arise during the ongoing relationship.

SOA facilitates the achievement of economies of scale, scope, and skill: by implementing an SOA, a business process is separated into single business activities which are implemented as services. Due to their modularity, these services can be executed quite independently, supporting the economic principle of labor division which in turn represents the base for achieving cost advantages from production economies. Granular division of work creates potentials for higher processing volumes by merging tasks from different business processes (and multiple client firms) (Goolsby 2008), leading to economies of scale. Further, services possess standardized interfaces and thus can be recombined differently in different contexts (Lim and Wen 2003). Thus, economies of scope can be achieved, as well.

SOA can reduce undesired software and system redundancy and thereby lowers maintenance cost (Yoon and Carter 2007). These cost savings may be even stronger if delegating the service operations to a service provider. Similarly, reuse will reduce development cost and reuse is more likely if multiple clients demand it (Lim and Wen 2003). Thus, the ne-

Table 3: Conceptualization of perceived sourcing flexibility (Tan and Sia 2006, p. 186)

Dimension	Definition	Description
Modifiability	Alteration of service attributes	The ability of an outsourcing relationship to allow alternation of attributes of its existing services in addressing changing business requirements, e.g., new configuration setup, alternation of processing workflow or business rules, new reporting requirements, and reference data updates
New capability	Addition of innovative capability	The ability of an outsourcing relationship to allow the addition of entirely new services to address radical changes or shifts in business paradigms, e.g., new government regulations, technological revamps, functional breakthroughs, and process innovations
Robustness	Variability of service capacity	The ability of an outsourcing relationship to allow operational changes exceeding projected capacity on existing service delivery, e.g., service volume fluctuation, variations in standard user requests, urgent or special case processing, and exception handling
Ease of exit	Switch to another vendor or insourcing	The ability of an outsourcing relationship to allow transfer of services to other vendors, or to be brought in-house, e.g., premature termination, vendor instability, or pricing disagreement or dispute

cessity to (re-)develop a service might decrease both on the client side and on the vendor side.

Economies of skill and quality improvements can be achieved more easily because modularity allows for modular sourcing (Benazeer et al. 2008; Ernst and Kamrad 2000) and thus economic specialization. Single business activities can be outsourced to those firms that are core competent in providing them (vom Brocke and Lindner 2004). Similarly, technological independence, modularity, and autonomy of services allow the provider firm to offer its specialized resources with lower efforts (Goolsby 2008).

From a transaction cost perspective, SOA allows for easier transition of services and change of vendors, since services (if they exhibit loose coupling and standardized interfaces) can be more easily extracted from and integrated into IT systems (Benazeer et al. 2008; Krafzig et al. 2005). Thus, the transition cost, which are a major part of the transaction costs, are lower. Moreover, SOA enables easier and more detailed activity-based performance monitoring (Müller et al. 2008; vom Brocke and Sonnenberg 2008). This allows the client to gain easier direct and real-time access to performance data generated by the service provider, and thus reduces monitoring costs.

From a strategic perspective, vom Brocke and Lindner (2004) argue that SOA facilitates a firm's strategy to refocus on core competencies without outsourcing whole business processes but only selected tasks. Thus, the firm can more dedicatedly define its core competencies on the level of granular activities. A side effect would be that those core activities that are identified can also be offered to other firms (i.e., the outsourcing firm itself acts as a service provider for its core activities while outsourcing the remainder) (Oh et al. 2007).

Hypothesis 2: If a firm's IT infrastructure follows the SOA paradigm, it will perceive higher BPO benefits regarding those business processes relying on SOA.

SOA leads to modularization of business processes and a subsequent standardization of activities, since the objective is to reuse services for different processes. Therefore, each service in an SOA consists—despite other elements—of a service contract, which "provides an informal specification of the purpose, functionality, constraints, and usage of the service" (Krafzig et al. 2005, p. 59). Thus, service contracts help to provide clear and concise definitions regarding the functionality and performance of the services. Moreover, agreeing on business process standards increases performance (Davenport 2005; Münstermann et al. 2009) and transparency. This reduces the risk of misunderstandings about the service to be delivered between the parties which in turn reduces performance risk and thus facilitates outsourcing (Davenport 2005). Moreover, as argued above, SOA enables more precise and direct performance monitoring (Müller et al. 2008; vom Brocke and Sonnenberg 2008) which not only reduces monitoring cost but also lowers performance risk. Furthermore, the joint use of both process standards and IT standards regarding the communication protocols and service descriptions reduces the threat of lock-in to a particular vendor's service portfolio, which reduces strategic outsourcing risks. Service modularity and using standardized technologies also makes migration cost more controllable because the functionalities can be more easily unhinged from the outsourcer's infrastructure and integrated into the vendor's infrastructure (reducing financial risk) (Ren and Lyytinen 2008). Moreover, modular and standardized services lead to a higher number of comparable service offerings from different potential partners (vom Brocke and Sonnenberg 2008), which also reduces strategic risks (Ren and Lyytinen 2008). Finally, SOA facilitates multi-sourcing, i.e., outsourcing of different business activities to different service providers. This allows for a more effective balance between the three different risk dimensions[3].

Hypothesis 3: If a firm's IT infrastructure follows the SOA paradigm, it will perceive lower BPO risks regarding those business processes relying on SOA.

One of the most fundamental reasons for implementing an SOA is to increase the flexibility and adaptability of an organization's IT infrastructure (Benazeer et al. 2008). Correspondingly, Schulte et al. (2008) and Heutschi (2007) show empirically that SOA enables firms to more flexibly change business processes. In the following, we discuss whether SOA contributes to sourcing flexibility as specified by Tan and Sia (2006) (cf. Table 3). When adopting SOA, business processes are split into modular activities which are connected by interfaces and interact via standardized communication and messaging protocols (Lim and Wen 2003; Papazoglou and Heuvel 2007). This feature is directly related with a higher degree of *modifiability*, in contrast to traditional software applications which cover either single business functions without service-oriented interfaces or whole business processes (Papazoglou and Heuvel 2007). Loose coupling and an adequate, i.e., business activity-oriented, level of service granularity allow for easy adaptation of business processes since changes often only need to be implemented very locally in single services without affecting the overall implementation of the business process (Krafzig et al. 2005).

The same argument holds for the sourcing flexibility dimension of *new capability*. Adding new capabilities requires the integration of new services and interfaces but, if the

SOA is well designed, it does not cause changes in the overall system (Ren and Lyytinen 2008). Moreover, the reusability of functionalities allows for quicker creation of new capabilities by orchestrating existing services with those that actually need to be newly developed (Bieberstein et al. 2005b). Obviously, it is again important that the SOA is well-designed and that standard protocols and service descriptions are used.

Regarding *robustness*, SOA exhibits important properties, as well. First, the ESB itself increases robustness as services can be registered in multiples and the ESB can provide load balancing based on these intentional redundancies. Thus, if processing volume increases, redundant services can be additionally utilized. Second, the use of multiple ESBs, controlled by a master-ESB, is possible and increases the robustness in terms of performance, reliability, and avoidance of overload (Siedersleben 2007). Third, the ESB can also be used to continually analyze the contents of the service requests and thus monitor and decide whether exception handling is necessary. Fourth, if the variations were foreseeable, another solution supported by SOA would be the use of other services which extend or replace the functionality of the default services to serve these particular demands. Thus, different versions of existing services can be used at the same time in order to cope with special needs while at the same time keeping redundancy of implementations as low as necessary. The adaptation of functionality in SOA is easier than adapting functionality within an entire IT system, as business functions are already separated into single services.

A well designed SOA consists of loosely coupled services, which can be altered more easily than point-to-point connections (Papazoglou and Heuvel 2007). In addition, Web Services, as one important potential implementation technology for realizing an SOA, are platform independent and rely on standardized interfaces. Therefore, in a BPO context, a service requestor can switch more easily from one service provider to another; thus, SOA facilitates the exchange of vendors (*ease of exit*) (Krafzig et al. 2005).

Hypothesis 4: If a firm's IT infrastructure follows the SOA paradigm, the perceived sourcing flexibility will be higher.

Since SOA increases sourcing flexibility and sourcing flexibility in turn drives BPO benefits and hampers BPO risks, we can combine these arguments and conclude that sourcing flexibility is an important mediator for understanding the relationship between SOA and the perceived BPO benefits and risks—SOA not only increases sourcing flexibility per se, but also contributes to BPO benefits and reduces BPO risks *by* increasing sourcing flexibility.

Hypothesis 5(a, b): Perceived sourcing flexibility will mediate the relationship between SOA and both (a) perceived BPO benefits and (b) perceived BPO risks.

The following figure visualizes the research model while Table 4 summarizes our theoretical arguments between SOA and the BPO decision determinants. Since previous research has already provided evidence that and how those decision determinants drive an organization's BPO intention (Gewald and Dibbern 2009), we have refrained from including BPO intention and the related hypotheses in our model and analysis. (Fig. 2).

Table 4: Summary of the theoretical argumentation

BPO Determinant	Effect of SOA
BPO Benefits	*Hyp. 2: SOA increases BPO benefits*
Cost advantage	(a) Modularity facilitates achievement of economies of scale, skill, and scope. (b) Reduction of redundancies lowers development and maintenance costs which are even stronger if bundled across different firms. (c) Modularity allows for modular sourcing of business activities to the most cost-efficient vendors for a certain task. (d) Modularity and use of standards facilitate transition of services and thus reduce transition costs. (e) SOA enables more detailed performance monitoring and thus reduces monitoring costs
Quality improvement	Modularity allows for modular sourcing of business activities to the most highly competent vendors for a certain task
Core competence focus and strategic flexibility	SOA allows for more selective outsourcing and thus for more precise outsourcing of non-strategic tasks
BPO Risks	*Hyp. 3: SOA decreases BPO risks*
Financial risk	(a) Modularity and use of standards make migration costs more controllable. (b) Facilitation of multi-sourcing
Performance risk	(a) Service contracts explicate clear and precise service outcomes. (b) Services are increasingly based on business process standards, avoiding misunderstandings. (c) SOA enables detailed activity-based performance monitoring. (d) Facilitation of multi-sourcing
Strategic risk	(a) Joint use of process standards and IT standards reduces lock-in risks since backsourcing is easier. (b) Modular and standardized services lead to higher number of alternative service offerings from alternative vendors. (c) Facilitation of more granular multi-sourcing
Sourcing Flexibility	*Hyp. 4: SOA increases sourcing flexibility*
Robustness	(a) The ESB allows registering multiple services for load balancing to react to increased volume. (b) Using multiple ESBs additionally increases performance, reliability, and avoidance of overload. (c) Monitoring service requests helps to analyze the necessity of exception handling. (d) Different versions of existing services can be used simultaneously to react to foreseeable changes in demand
Modifiability	Service modularity and business activity-based determination of service granularity facilitates changes which are often limited to single services instead of affecting the entire system
New capability	(a) Modularity facilitates integration of new services. (b) Reusability of functionality allows for more rapid creation of new capabilities
Ease of exit	SOA based on industry standards facilitates vendor replacement

Fig. 2: Research model

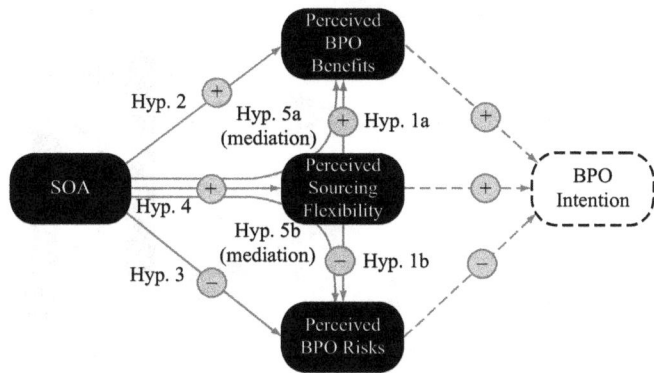

4 Methodology

This section introduces our approach to data gathering and analysis, and gives a descriptive overview of our sample.

4.1 Empirical study

In order to evaluate our research model, we surveyed firms from the German service industry (i.e., US SIC codes 4,000–8,999), such as financial services, IT and communications, as well as logistics and trade. Our reason for investigating the service industry was the relative importance of IT compared to other resources, while in other industries (e.g., manufacturing) physical assets can be a (comparatively) more important production factor and, thus, would be an important contingency to control for. We sampled 1,620 firms from the German service industry and phoned them to obtain the name and contact information of the leading IT architect, which we did successfully in 1,023 cases. To these, we distributed a paper-based questionnaire and sent reminders by phone and mail. Ultimately, we received 158 completed questionnaires (i.e., response rate of 15.4 %). For the subsequent calculations we used only those questionnaires which show no missing values regarding the items used for the calculations. The descriptive overview presented in Fig. 3 shows that our sample, while not a perfect reflection, does match quite well the population with respect to industry categorization and firm size (the sample slightly deviates towards larger firms).

Figure 4 shows that the extent to which business processes rely on IT is indeed high (49–95%). By contrast, only a minority of those processes are already outsourced (2–10%).

4.2 Measures

The model is tested by applying the PLS algorithm which allows for both reflective and formative multi-item measures.

For SOA we applied a reflective measurement instrument consisting of four items (items are listed in Table 12 in the appendix). All other variables were operationalized formatively to take their multi-dimensionality into account (items are listed in Table 11 in the appendix). For sourcing flexibility, we used four items capturing the four flexibility

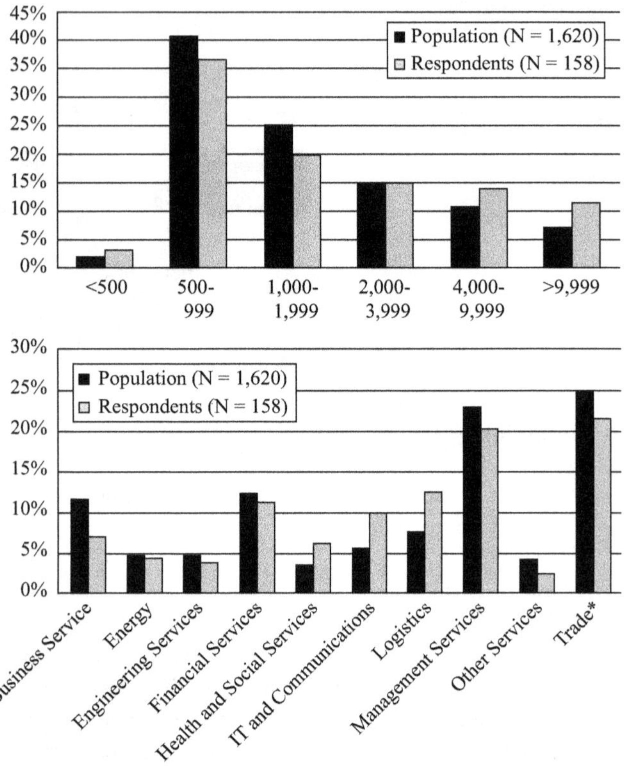

Fig. 3: *Top*: distribution of firm size (number of employees); *bottom*: distribution of sectors within the service industry. (*some trade firms also manufacture the traded goods)

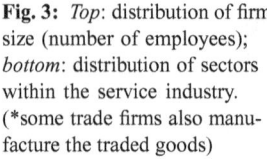

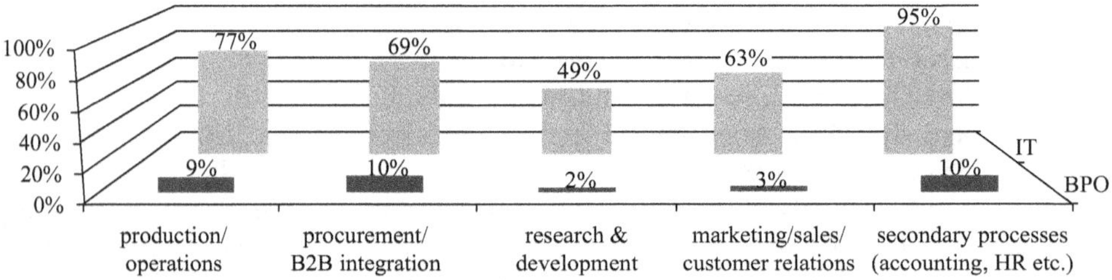

Fig. 4: Comparison of the degree of BPO and IT intensity with respect to different business processes. (N = 148–157; percentage of answers rating 4 or 5 on 5-Likert scale)

dimensions specified above. For BPO benefits, we applied 6 items covering the various economic and strategic advantages from BPO; the BPO risks construct was measured by 7 items (cf. Table 5). After conducting initial tests with these formative instruments, we found several high correlations that distorted the weights and deflated their significance levels; this indicates slight multi-collinearity (Mathieson et al. 2001) although all VIFs were below 3 as requested by Petter et al. (2007). Therefore, we decided to apply exploratory factor analyses in order to break both the BPO benefits construct and the BPO risks construct down into multiple smaller instruments, following the suggestion in Cenfetelli and Bassellier (2009) when multi-collinearity is present in formative instruments. For BPO

Table 5: Formative measurement of BPO benefits and BPO risks

Original construct (formative)	Item ("Please rate how strongly BPO on basis of SOA would contribute to the following goals/would lead to the appearance of the following issues").	Final construct (split of original constructs based on factor analysis).
BPO benefits	Ben1: Reduction of operations costs. Ben2: Quality improvement. Ben3: Productivity improvements.	Ben_op (operational BPO benefits).
	Ben4: Core competence focus. Ben5: Access to superior provider know-how. Ben6: Access to superior technology.	Ben_strat (strategic BPO benefits).
BPO risks	Risk1: High migration costs. Risk2: High coordination costs.	Risk_fin (financial BPO risks).
	Risk3: Loss of quality. Risk4: Loss of performance.	Risk_perf (performance BPO risks).
	Risk5: Long-term loss of own competencies. Risk6: Incomplete contract. Risk7: Dependence on provider (lock-in).	Risk_strat (strategic BPO risks).

benefits, the factor analysis revealed two components covering operational benefits (Ben1–Ben3) and strategic benefits (Ben4–Ben6). For BPO risks, the factor analysis extracted three components (financial, performance, and strategic risks), cf. Table 5. Table 9 in the appendix shows the results from the factor analyses. In the subsequent model evaluations, the components were simultaneously considered as distinct, still formatively measured, constructs for BPO benefits and BPO risks.

5 Results

This section provides the results from testing the proposed model with smartPLS 2.0 M3 (Ringle et al. 2007) based on the data collected in the German service industry.

5.1 Measurement validation

This first sub-section shows that the data exhibits no indications for common method bias and non-response bias, and provides evidence of the sufficient validity and reliability of our measures.

To reduce *common method bias* (CMB) with respect to context bias, different scale formats were used as well as using two different types of questionnaires with different item orders. A comparison of the answers from both questionnaire versions showed no differences. To test the collected data for CMB, we applied the Harmon single factor test, which revealed that the single factor which shares the largest variance accounts only for 26.3 % of the variance shared by all indicators. Further, we added a common method factor proxy to our model, which is measured by a theoretically unrelated marker variable[4] (Lindell and Whitney 2001; Podsakoff et al. 2003). To conduct this CMB test, we added paths from the CMB factor to all dependent variables (i.e., all variables except SOA) and looked at changes in the significances of path weights and R^2. This comparison revealed no change regarding the significance of any of the path weights. The largest absolute delta in R^2 was .012 for Ben_op and the largest delta in path coefficients was .013 for SOA → Ben_op. Altogether, our approach and these results indicate that CMB is not a major concern in our data.

In order to test for the possible existence of *non-response bias* in our data, we followed the approach suggested by Armstrong and Overton (1977), i.e., treating the late respondents as representative of those firms that have not participated at all. Comparing the answers of these late respondents, who had not answered until they received a reminder, with the answers of the first respondents, showed no significant differences according to the Kolmogorov-Smirnov test.

Our model contains both reflective and formative measures. The reflective measure (i.e., SOA) fulfills the usual requirements regarding reliability (composite reliability > 0.8) and convergent validity (loadings > 0.71, AVE > 0.5) as Table 12 in the appendix shows. Regarding formative measures, there are less formal requirements regarding quality criteria and there are different philosophies regarding the handling of insignificant indicator weights. Since our measures for BPO benefits, BPO risks, and BPO flexibility are thoroughly grounded on theoretical concepts, we decided to leave insignificant items in the model. Since insignificant items add noise but do not increase the signal, they can only weaken the test results. Therefore, our results might be slightly more affected from potential Type II errors by this decision, but not from Type I errors. We will, therefore, discuss rejected hypotheses in detail in section 6. Moreover, Cenfetelli and Bassellier (2009) suggest leaving those formative indicators in the model that show significant correlations with their constructs (i.e., loadings). Table 11 in the appendix shows this to be the case for all of our formative items.

One problem with formative measures is that the score of the construct itself (and thus of the weights) will always depend on the other constructs related with the focal construct (Kim et al. 2010). To take this issue into account, we also used the formative items as reflective measures to test for the potential impact of measurement misspecification (Kim et al. 2010). As Table 10 in the appendix shows, the test results as presented in the next section show to be similar. Finally, we applied the validation procedure suggested by Klein and Rai (2009) to assess discriminant and convergent validity of formative measures. Based on the indicator weights, we calculated a weighted score for each indicator and composite construct scores for each formative construct. These scores are used to calculate the item-to-item and item-to-construct correlations. Overall, we find that all correlations between items of the same construct and between the construct and its items are highly significant ($p \leq .01$) and higher than the inter-construct correlations. Only two intra-construct correlations within the outsourcing flexibility construct are comparatively lower than the other correlations among the items of this construct. As a result, eight inter-construct/inter-item correlations exist, which are slightly higher than these two intra-construct correlations. However, compared to other works that also used this approach, such as Loch et al. (2003), this is a negligible number of violations. Also, Campbell and Fiske (1959) argue that in a large matrix exceptions are normal and based on the statistical distributions not necessarily meaningful. Thus, as only 8 out of 253 correlations in the

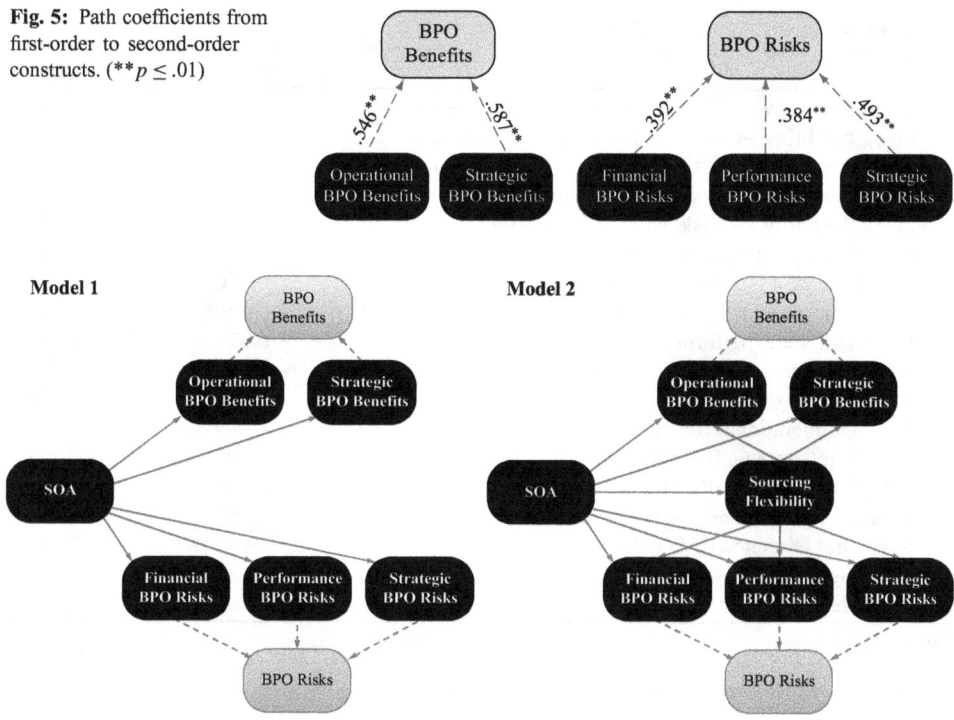

Fig. 5: Path coefficients from first-order to second-order constructs. (**$p \leq .01$)

Fig. 6: PLS models

matrix[5] are slightly higher than expected, we conclude that the formative measures fulfill convergent and discriminant validity to a sufficient degree.

The first-order constructs measuring the five different benefit dimensions and risk dimensions were further aggregated to two second-order constructs in order to examine their commonality. The path coefficients between the first-order and second-order constructs are well balanced and each dimension contributes significantly to the composite construct (Fig. 5).

5.2 Model test

The model test follows a hierarchical procedure to test for the mediation effect proposed by Hypothesis 5. The first model consists of BPO benefits, BPO risks, and SOA. Model 2 adds sourcing flexibility as mediator and thus represents the full model (Fig. 6).

Both models allow for the testing of hypotheses 2 and 3. Model 2 additionally tests hypotheses 1 and 4 while the comparison of both models gives evidence about the mediation effects proposed by hypothesis 5. Table 6 provides the PLS estimation results (paths and R^2).

The results show that SOA affects perceived operational BPO benefits but not strategic benefits, and it reduces perceived financial risks and strategic risks, but not performance

Table 6: Results from the model tests

R^2, Path coefficients, and levels of significance	Model 1	Model 2
Sourcing flexibility → Ben_op (operational BPO benefits)		0.382**
Sourcing flexibility → Ben_strat (strategic BPO benefits)		0.346**
Sourcing flexibility → Risk_fin (financial BPO risks)		−0.247*
Sourcing flexibility → Risk_perf (performance BPO risks)		−0.395**
Sourcing flexibility → Risk_strat (strategic BPO risks)		−0.256*
SOA → Ben_op (operational BPO benefits)	0.222*	0.151*
SOA → Ben_strat (strategic BPO benefits)	0.070	0.012
SOA → Risk_fin (financial BPO risks)	−0.180*	−0.132
SOA → Risk_perf (performance BPO risks)	−0.027	0.047
SOA → Risk_strat (strategic BPO risks)	−0.270**	−0.214*
SOA → Sourcing flexibility		0.190*
R^2 Ben_op (operational BPO benefits)	0.049	0.191
R^2 Ben_strat (strategic BPO benefits)	0.005	0.122
R^2 Risk_fin (financial BPO risks)	0.032	0.091
R^2 Risk_perf (performance BPO risks)	0.001	0.151
R^2 Risk_strat (strategic BPO risks)	0.073	0.132
R^2 Sourcing flexibility		0.036
Sample size (n)	115	115

$**p \leq .01; *p \leq .05$

risks. The role of sourcing flexibility is as proposed: it drives BPO benefits but reduces BPO risks and it is positively affected by SOA.

To test the mediation effect regarding sourcing flexibility, we conducted the Sobel z-Test (Shrout and Bolger 2002) and bootstrapped the sampling distribution as suggested by Preacher and Hayes (2004). Both tests were conducted only for those potential mediation effects, for which the direct paths from SOA to the respective BPO decision determinant had been significant in Model 1 (cf. Table 6). Table 7 shows the results of the Sobel test including the variance accounted for (VAF) and the bootstrap-based results (i.e., boundaries of the confidence intervals and point estimates). According to the Sobel test, the mediation of SOA's effect on Ben_op and Risk_strat by sourcing flexibility is marginally significant and each account for 13 % of SOA's effect. We also bootstrapped the sampling distributions to counteract the problem that the indirect effects are often not normally distributed (Hayes 2009). Thus, the results based on 2,000 bootstrap samples are more reliable than the Sobel test results. Table 7 presents the lower and upper bounds of the 95 and 99 % confidence intervals and the point estimates with their levels of significance. Overall, the bootstrap-based results reveal higher levels of significance than the Sobel z-Test and support the mediating effect of sourcing flexibility for SOA's impact on operational benefits (0.084), financial risks (− 0.054), and strategic risks (− 0.026).

Table 8 summarizes all results, which are discussed in the next chapter.

Table 7: Results of mediation analysis

	Sobel z-Test		Bootstrap-based test		
	Sobel z-Test	VAF	Lower bound	Upper bound	Point estimate
SOA → Sourcing Flexibility → Ben_op	*1.31+*	0.13	*0.002***	*0.230***	*0.084*
SOA → Sourcing Flexibility → Risk_fin	−1.24	0.12	*−0.140**	*−0.002**	*−0.054*
SOA → Sourcing Flexibility → Risk_strat	*−1.42+*	0.13	*−0.076**	*−0.001**	*−0.026*

$**p \leq .01; *p \leq .05; +p \leq .1$

Table 8: Test results

Hypothesis	Result	Comment
1a: Sourcing Flexibility → BPO Benefits	Confirmed	
1b: Sourcing Flexibility → BPO Risks	Confirmed	
2: SOA → BPO Benefits	Partly confirmed	Significant relationship with operational benefits but not with strategic benefits
3: SOA → BPO Risks (negative)	Partly confirmed	Significant relationship with financial risks and strategic risks but not with performance risks
4: SOA → Sourcing Flexibility	Confirmed	
5a: Sourcing Flexibility mediates relationship between SOA and BPO Benefits	Partly confirmed	Introducing sourcing flexibility to the model slightly but significantly reduces the strength of the direct path from SOA to operational benefits. This validates sourcing flexibility as a *partial* mediator for this particular relationship
5b: Sourcing Flexibility mediates relationship between SOA and BPO Risks	Partly confirmed	Introducing sourcing flexibility to the model reduces the strengths of the direct paths from SOA to financial and strategic risks. This validates sourcing flexibility as a *partial* mediator for these particular relationships

6 Discussion and conclusion

We have developed and empirically tested a research model which explains how a firm's SOA influences the perceived benefits and risks of BPO, and thus the intention to outsource distinct business processes.

6.1 Discussion

While our theoretical model was largely confirmed by empirical data, a few of the proposed hypotheses did not hold true in the empirical evaluation process:

- **SOA and BPO benefits:** SOA is not positively related to perceived strategic benefits: Strategic benefits seem not to be a major argument in selective SOA-based outsourcing of single business functions. The main pros are of an operational nature (cost reduction, quality and productivity improvement). Strategic BPO benefits (core competencies focus, access to superior vendor know-how) can be achieved with or without SOA. By contrast, operational benefits are increased by SOA because SOA facilitates the separation of the particular business function from the client and its transfer to the vendor firm and it also—due to increasing modularity—facilitates selective sourcing of different business functions to different, best-suited vendors, which in turn can maximize economies of skill and scale (Beimborn 2008).
- **SOA and BPO risks:** SOA is not negatively related to perceived performance risks (loss of quality and performance): From the outsourcing firm's perspective, loss of quality and performance usually are related to insufficient competencies or an absence of willingness to fulfill by the outsourcing vendor. Since SOA only facilitates outsourcing from a technical and organizational perspective but does not avoid the threat of selecting an incapable partner, it does not reduce this perception of performance risks. But, due to increased modularity and more selective sourcing, SOA reduces the strategic risks of lock-in since backsourcing or changing the vendor will be easier in the event of poor performance.
- **SOA and sourcing flexibility:** Sourcing flexibility only slightly mediates the relationship between SOA and operational benefits, financial risks, and strategic risks. Sourcing flexibility is one explanation factor of why SOA increases perceived BPO benefits and reduces perceived BPO risks but there remains space for additional complementary explanations. One of these could simply be the fact that SOA leads to a more modular perspective on doing business. A modularity perspective on how a firm generates value opens the eyes to outsourcing opportunities—just as product modularization increased outsourcing and industrialization in manufacturing processes several decades ago. Another argument is related to the technical level: SOA involves standards (e.g., the family of Web Services standards like SOAP, WSDL, and BPEL) which allow the interaction and integration of the implemented business services. Using standards increases opportunities for inter-firm collaboration (Weitzel et al. 2006) which also covers BPO opportunities.

The discussion shows that the differentiation of BPO benefits and risks into multiple categories uncovered the particular role SOA has in the BPO context. It increases IT modularity and thus facilitates BPO by increasing sourcing flexibility, and in particular it increases operational benefits and lowers financial as well as strategic risks. SOA contributes to an "industrialization" of IT-enabled business processes by modularizing the "processing infrastructure" and leading to higher degrees of outsourcing certain business functions to specialized firms which, due to sourcing economies (economies of scale, learning effects etc.) can provide superior service at lower costs. Nevertheless, it is not only about modularizing the IT infrastructure. The benefits can only be achieved if the implemented SOA-based services are aligned with the modularity of the business process level, i.e., services have to resemble modular (and thus outsourceable) business functions. If the SOA consists of services that are more coarse-grained than the business functions which are considered to be outsourced then our arguments cannot hold true. Comprehensive conceptualizations of SOA already take this need for modularity alignment into account and define SOA as "framework for integrating business processes and supporting IT infrastructure as secure, standardized components—services". (Bieberstein et al. 2005a, p. 5).

6.2 Limitations and future research

One of the main limitations of our study is the still rather immature degree of SOA adoption in the industry, i.e., the firms' IT infrastructures being reconfigured based the SOA paradigm. Although SOA has become a prevalent concept in the scientific and practitioner literature over the last years, changing IT infrastructures is one of the most complex and most expensive issues in the IT field. We subsequently expect much richer data in future years and hope that our suggested model can be useful in helping better understand *how* SOA can affect business processes and value. Due to low adoption rates it did not make sense to capture the *outcomes* of BPO in our research. Although the perceived benefits, risks, and sourcing flexibility might drive BPO activities, today there is no evidence as to whether BPO based on SOA is more successful or not in terms of *realizing* the anticipated benefits or avoiding the risks more successfully. When SOA-based BPO has matured in the field, future research should study these phenomena and in particular look at possible substitution effects, among others.

Our approach has captured several variables using formative measurement instruments. As argued above, rich concepts like BPO benefits, risks, or flexibility are, by definition, multidimensional which should be reflected by the instruments. Our instruments showed some minor problems regarding potential multicollinearity but this did not affect the structural results (Cenfetelli and Bassellier 2009). We re-calculated the models with reflective measurement models and the comparison showed that our results remain stable. However, the noise created by insignificant formative items together with a rather limited sample size and thus limited statistical power might have led to type-II-errors, i.e., where the relationship between constructs is not found to be significant although they actually might be. But, since the path coefficients of the rejected hypotheses are very small or tend towards zero (e.g., 0.07 and -0.027 in Model 1) we believe that type-II-errors are very unlikely. Finally, our approach used a single key-informant source for data collection, i.e., the leading IT architect, who is best suited to answer the questions regarding the current status of SOA adoption. However s/he might not have a complete picture when judging the BPO related items. Although this key informant approach is common in organizational and IS research, problems of common method variance and perceptional biases regarding the object of analysis can be a serious drawback. We used several procedures to safeguard our findings, such as careful questionnaire design with varying item orders, accompanying case studies of firms that have implemented SOA, and comprehensive CMB detection analytics; but, one can never be sure that CMB issues have been completely eliminated. Moreover, in our context it would have been quite impossible to identify alternative sources in the firms that have the same level of understanding and share the same perspectives on IT architectures other than the leading IT architect or IT lead.

6.3 Contributions and conclusion

The model and empirical analyses have shown how SOA will potentially affect BPO. By combining arguments from the two different research domains on the business impact of SOA and the quest for IT-related BPO success factors, we offer a new perspective on how the modularity of the IT architecture affects the redesign of organizational structures and eventually the borders of firms.

Regarding BPO research, our results extend the findings of previous studies on the drivers and inhibitors of BPO by revealing the role of IT, in particular SOA. For SOA research, we offer a first empirical evaluation of a business value aspect of SOA, which has not been considered so far (i.e., facilitation of BPO). Together, the dual perspective on SOA and BPO suggests perpetuating outsourcing growth in the future with increasing maturity of related research especially on SOA governance (Joachim et al. 2011a, d) and SOA maturity (Joachim et al. 2011c). From a managerial perspective, the analyses reveal that IT architecture modularity should be taken into greater account as an outsourcing readiness component, since it affects sourcing flexibility and related decision determinants. However, there remains a need for an extended alignment perspective that harmonizes modules/services at the technical and business process level.

Altogether, we hope that our research contributes to an increased understanding of the interplay between IT architectures and (inter-)organizational designs, and how IT architectures contribute to reshaping a firm's borders.

Endnotes

1. In this work, we focus purely on the client firm's IT architecture. "Service" in this SOA-related sense must not be confused with the services delivered by an outsourcing provider, although there is of course a close connection between both concepts in our work: a (SOA) service, whose business functionality is outsourced, will be replaced by a service provided by the outsourcing provider.
2. There is not much literature-based evidence about the relationship between sourcing flexibility and sourcing decisions or their determinants, yet (Tan and Sia 2006). Therefore, we draw on the common view that flexibility basically is beneficial (Avison et al. 1995; Lacity and Willcocks 2001; McFarlan and Nolan 1995); higher flexibility means a higher number of design options to choose from or to switch between—therefore, the creation of a more advantageous setting is facilitated. However, we are aware that there might be counter-arguments as well.
3. Multi-sourcing can nevertheless also have *negative* consequences by increasing the performance risk since the orchestration involves multiple parties with shared responsibilities. Thus, the potentials for technical coordination problems and also for moral hazard may also increase.
4. The following item was used "Our corporate strategy pursues increasing customer service/quality."
5. Due to limited space, the entire matrix containing all item-to-item and item-to-construct correlations was not included in the paper but can be obtained from the authors upon request.

Appendix

Table 9: Exploratory factor analyses of (a) BPO benefits items (components with eigenvalue > 1.0) and (b) BPO risks items (components with eigenvalue > 0.93)

Item	Ben_op	Ben_strat	Risk_fin	Risk_perf	Risk_strat
Ben1	*0.842*	0.214			
Ben2	*0.854*	0.118			
Ben3	*0.853*	0.206			
Ben4	0.528	*0.570*			
Ben5	0.146	*0.931*			
Ben6	0.173	*0.894*			
Risk1			*0.867*	0.080	0.192
Risk2			*0.765*	0.330	0.133
Risk3			0.153	*0.891*	0.148
Risk4			0.211	*0.822*	0.156
Risk5			0.070	0.426	*0.643*
Risk6			0.294	−0.005	*0.690*
Risk7			0.075	0.159	*0.815*

To test for the stability of the results in light of formative measurement, we re-calculated both models by inverting the formative measurement models to reflective mode. Table 10 compares the results with those from calculations from the original models (results from Table 6). This shows that our results remain stable and thus gives further evidence for the validity of our findings.

Table 10: Comparison of original model calculations with model based on reflective construct measurement and with partial model calculation

R^2, path coefficients, and levels of significance	Model 1	Model 1 with reflective constructs	Model 2	Model 2 with reflective constructs
Sourcing flexibility → Ben_op			*0.382***	*0.373***
Sourcing flexibility → Ben_strat			*0.346***	*0.354***
Sourcing flexibility → Risk_fin			*−0.247**	*−0.259***
Sourcing flexibility → Risk_perf			*−0.395***	*−0.389***
Sourcing flexibility → Risk_strat			*−0.256**	*−0.254***
SOA → Ben_op	*0.222**	*0.210**	*0.151**	*0.153**
SOA → Ben_strat	0.070	0.089	0.012	0.034
SOA → Risk_fin	*−0.180**	*−0.174**	−0.132	−0.134
SOA → Risk_perf	−0.027	−0.032	0.047	0.029
SOA → Risk_strat	*−0.270***	*−0.184**	*−0.214**	*−0.148**
SOA → Sourcing flexibility			*0.190**	*0.156**
R^2 Ben_op	0.049	0.044	0.191	0.180
R^2 Ben_strat	0.005	0.008	0.122	0.131
R^2 Risk_fin	0.032	0.030	0.091	0.096
R^2 Risk_perf	0.001	0.001	0.151	0.149
R^2 Risk_strat	0.073	0.034	0.132	0.098
R^2 Sourcing flexibility			0.036	0.024
Sample size (n)	115	115	115	115

**$p \leq .01$; *$p \leq .05$

Table 11: Formative measurement instruments

Construct	Item	Text (original items were in German and measured based on 5-step Likert scale)	Weight	Outer loading	References
Ben_op (operational benefits)	Ben1	Business process cost reduction	0.551**	0.931**	(Hsu and Wu 2006; Lee and Kim 1999)
	Ben2	Quality improvement (processing time, reduced error rates)	0.236	0.802**	
	Ben3	Productivity improvement	0.343*	0.868**	
Ben_strat (strategic benefits)	Ben4	Core competence focus	0.670**	0.900**	
	Ben5	Access to superior know-how of the provider	0.027	0.756**	
	Ben6	Access to superior technology	0.472*	0.798**	
Risk_fin (financial risks)	Risk1	High migration costs	0.377*	0.758**	(Gewald and Dibbern 2009; Hsu and Wu 2006)
	Risk2	High coordination costs for controlling provider	0.755**	0.945**	
Risk_perf (performance risks)	Risk3	Loss of quality	0.592**	0.924**	
	Risk4	Loss of performance	0.507**	0.894**	
Risk_strat (strategic risks)	Risk5	Long-term loss of own competencies	0.785**	0.933**	
	Risk6	Incomplete contract	0.342**	0.699**	
	Risk7	Dependence on provider	0.103	0.572**	
Perceived Sourcing Flexibility	Sfl1	The BPO provider can react to exceptions in process execution without increasing costs	−0.009	0.498**	(Tan and Sia 2006)
	Sfl2	Outsourced business processes can be adapted fast and cost-efficient	0.683**	0.938**	
	Sfl3	New functionality can be added to outsourced processes quickly and at low price	0.277+	0.809**	
	Sfl4	For us the amount of relevant BPO providers, which offer mature services, is high	0.267+	0.521**	

**$p \leq .01$; *$p \leq .05$; +$p \leq .1$

Table 12: Reflective measurement instrument

Construct	Item	Text (original items were in German and measured by 7-step Likert scale[a])	Loading	Composite reliability	AVE
SOA	SOA1	Our firm has realized its IT architecture in an SOA-oriented manner	0.927**	0.959	0.855
	SOA2	Our IT landscape follows the SOA paradigm as far as possible	0.928**	(Cronbach's $\alpha = 0.945$)	
	SOA3	Service orientation is the primary design principle of our IT architecture	0.926**		
	SOA4	All of our applications are integrated via service-oriented interfaces	0.916**		

**$p \leq .01$

[a] Since SOA is a newer concept than BPO, we used 7-point scales in order to ensure sufficient variability within these items. To reduce complexity for the respondents we used 5-point scales (King et al. 2007) for the BPO-related items. After rescaling, 5-point and 7-point scales deliver the same mean scores (Dawes 2008)

References

Abramovsky L, Griffith R (2006) Outsourcing and offshoring of business services: how important is ICT? J Eur Econ Assoc 4(2/3):594–601

Anand N, Daft RL (2007) What is the right organization design? Organ Dyn 36(4):329–344

Ang S, Cummings L (1997) Strategic response to institutional influence on information systems outsourcing. Organ Sci 8(3):235–256

Ang S, Straub DW (1998) Production and transaction economies and IS outsourcing: a study of the U.S. banking industry. MIS Q 22(4):535–552

Apte UM, Sobol MG, Hanaoka S, Shimada T (1997) Is outsourcing practices in the USA, Japan, and Finland: a comparative study. J Inf Technol 12(4):289–304

Armstrong JS, Overton TS (1977) Estimating nonresponse bias in mail surveys. J Mark Res 14(3):396–402

Aubert BA, Dussault S, Rivard S, Patry M (1999) Managing the risk of IT outsourcing. 32nd Hawaii International Conference on System Sciences (HICSS). Wailea, Maui, HI, USA

Avison D, Powell P, Keen P, Klein J, Ward S (1995) Addressing the need for flexibility in Information Systems. J Manag Inf Syst 7(2):43–60

Bahli B, Rivard S (2004) Validating measures of information technology outsourcing risk factors. Omega 33(2):175–187

Baldwin CY, Clark KB (2000) Design rules: the power of modularity. MIT Press, Cambridge

Baskerville R, Cavallari M, Hjort-Madsen K, Pries-Heje J, Sorrentino M, Virili F (2005) Extensible architectures: the strategic value of service-oriented architecture in banking. Proceedings of the 13th European Conference on Information Systems (ECIS). Regensburg, Germany

Basu A, Blanning RW (2003) Synthesis and decomposition of processes in organizations. Inf Syst Res 14(4):337–355

Beimborn D (2008) Cooperative sourcing—simulation studies and empirical data on outsourcing coalitions in the banking industry. Gabler, Wiesbaden

Beimborn D, Joachim N (2011) The joint impact of service-oriented architectures and business process management on business process quality: an empirical evaluation and comparison. Inf Syst e-Bus Manag 9(3):333–362

Beimborn D, Joachim N, Weitzel T (2008) Drivers and Inhibitors of SOA Business Value—conceptualizing a research model. Proceedings of the 14th Americas Conference on Information Systems (AMCIS). Toronto, ON, Canada

Benazeer MS, Verelst J, Grembergen VW, Mannaert H (2008) Aligning technology with business an analysis of the impact of soa on outsourcing. J Theor Appl Inf Technol 4(3):244–252

Bieberstein N, Bose S, Fiammante M, Jones K, Shah R (2005a) Service-oriented architecture (soa) compass: business value, planning, and enterprise roadmap. IBM Press, Upper Saddle River

Bieberstein N, Bose S, Walker L, Lynch A (2005b) Impact of service-oriented architecture on enterprise systems, organizational structures, and individuals. IBM Syst J 44(4):691–708

Braun M (2004) Vom IT- zum Business Process Outsourcing. Bankmagazin 53(2):22

Campbell DT, Fiske DW (1959) Convergent and discriminant validation by the multitrait-multimethod matrix. Psychol Bull 56(2):81–10

Cenfetelli RT, Bassellier G (2009) Interpretation of formative measurement in information systems research. MIS Q 33(4):689–707

Cheon MJ, Grover V, Teng JTC (1995) Theoretical perspectives on the outsourcing of information systems. J Inf Technol 10(4):209–219

Cunningham SM (1967) The major dimensions of perceived risk. In: Cox DF (ed) The major dimensions of perceived risk, risk taking and information handling in consumer behaviour. Harvard University Press, Boston (MA), pp 82–108

Davenport TH (2005) The coming commoditization of processes. Harv Bus Rev 83(6):100–108

Dawes J (2008) Do data characteristics change according to the number of scale points used? Int J Mark Res 50(1):61–77

Dayasindhu N (2004) Information technology enabled process outsourcing and reengineering: case study of a mortgage bank. 10th Americas Conference on Information Systems (AMCIS). New York, NY, USA

Dibbern J, Goles T, Hirschheim R, Jayatilaka B (2004) Information Systems Outsourcing: a Survey and Analysis of the Literature. DATA BASE Advant Inf Syst 35(4):6–102

Duncan R (1979) What is the right organization structure? Decision tree analysis provides the answer. Organ Dyn 7(3):59–80

Earl MJ (1996) The risks of outsourcing IT. Sloan Manag Rev 37(3):26–32

Erl T (2004) Service-oriented architecture: a field guide to integrating xml and web services. Prentice Hall, Upper Saddle River

Ernst R, Kamrad B (2000) Evaluation of supply chain structures through modularization and postponement. Eur J Oper Res 124(3):495–510

Gewald H, Dibbern J (2009) Risks and benefits of business process outsourcing: a study of transaction services in the German banking industry. Inf Manag 46(4):249–257

Gewald H, Wüllenweber K, Weitzel T (2006) The influence of perceived risks on banking managers' intention to outsource business processes—a study of the german banking and finance industry. J Electron Commer Res 7(2):78–96

Goolsby K (2008) New impacts on outsourcing in 2009. Outsourcing Journal, Nov 1. http://www.outsourcing-journal.com/nov2008-outsourcing.html. Accessed 7 May 2012

Grover V, Cheon MJ, Teng JTC (1996) The effect of service quality and partnership on the outsourcing of information systems functions. J Manag Inf Syst 12(4):89–116

Hayes A (2009) Beyond Baron and Kenny: statistical mediation analysis in the new millennium. Commun Monogr 76(4):408–420

Heutschi R (2007) Serviceorientierte Architektur—Architekturprinzipien und Umsetzung in die Praxis. Springer, Berlin

Hoetker G (2006) Do modular products lead to modular organizations? Strateg Manag J 27(6):501–518

Hsu C-C, Wu C-H (2006) The evaluation of the outsourcing of information systems: a survey of large enterprises. Int J Manag 23(4):817–830

Huber RL (1993) How Continental Bank outsourced its crown jewels. Harv Bus Rev 71(1):121–129

Janssen M, Joha A (2008) Emerging shared service organizations and the service-oriented enterprise: critical management issues. Strateg Outsourcing Int J 1(1):35–49

Joachim N, Beimborn D, Schlosser F, Weitzel T (2011a) Does SOA Create or Require IT/Business Collaboration? Investigating SOA's Potential to Reduce the Gap Between IT and Business. Proceedings of the 32nd International Conference on Information Systems (ICIS). Shanghai China

Joachim N, Beimborn D, Weitzel T (2011b) Eine empirische Untersuchung des Wertbeitrages von serviceorientierten Architekturen (SOA). Proceedings of the 10th International Conference on Business Informatics. Zurich, Switzerland

Joachim N, Beimborn D, Weitzel T (2011c) An Instrument for Measuring SOA Maturity. Proceedings of the 32nd International Conference on Information Systems (ICIS). Shanghai, China

Joachim N, Beimborn D, Weitzel T (2011d) SOA-Governance für effektive serviceorientierte Architekturen—Eine empirische Studie in der deutschen Dienstleistungswirtschaft. Proceedings of the 10th International Conference on Business Informatics. Zurich, Switzerland

Kakabadse A, Kakabadse N (2002) Trends in outsourcing—Contrasting USA and Europe. Eur Manag J 20(2):189–198

Kim G-M, Kim S-Y (2008) Exploratory study on effective control structure in global business process sourcing. Inf Resour Manag J 21(3):101–118

Kim G, Shin B, Grover, V (2010) Investigating two contradictory views of formative measurement in information systems research. MIS Q 34(2):345-A345

King WR, Liu CZ, Haney MH, He J (2007) Method effects in is survey research: an assessment and recommendations. Commun Assoc Inf Syst 20(1):457–482

Klein R, Rai A (2009) Interfirm strategic information flows in logistics supply chain relationships. MIS Q 33(4):735–762

Krafzig D, Banke K, Slama D (2005). Enterprise SOA: service-oriented architecture best practices. Prentice Hall, Upper Saddle River

Kumar S, Dakshinamoorthy V, Krishnan MS (2007) SOA and information sharing in supply chain: "How" Information is Shared Matters! Proceedings of the 28th International Conference on Information Systems (ICIS). Montreal QC, Canada

Lacity MC, Khan SA, Willcocks L (2009) A review of the IT outsourcing literature: insights for practice. J Strateg Inf Syst 18(3):130–146

Lacity MC, Willcocks LP (2001) Global information technology outsourcing: in search of business advantage. Wiley, Chichester

Lammers M (2004) Make, buy or share—combining resource based view, transaction cost economics and production economies to a sourcing framework. Wirtschaftsinformatik 46(3):204–212

Langlois RN (2002) Modularity in technology and organization. J Econ Behav Organ 49(1):19–37

Lee J-N, Kim Y-G (1999) Effect of partnership quality on IS outsourcing success: conceptual framework and empirical validation. J Manag Inf Syst 15(4):29–61

Lim B, Wen HJ (2003) Web services: an analysis of the technology, its benefits, and implementation difficulties. Inf Syst Manag 20(2):49–49

Lindell MK, Whitney DJ (2001) Accounting for common method variance in cross-sectional research designs. J Appl Psychol 86(1):114–121

Loch KD, Straub DW, Kamel S (2003) Diffusing the internet in the Arab world: the role of social norms and technological culturation. IEEE Trans Eng Manag 50(1):45–63

Loh L, Venkatraman N (1992a) Determinants of information technology outsourcing: a cross-sectional analysis. J Manag Inf Syst 9(1):7–24

Loh L, Venkatraman N (1992b) Diffusion of IT outsourcing: influence sources and the Kodak effect. Inf Syst Res 3(4):334–358

Mani D, Barua A, Whinston AB (2006) Successfully governing business process outsourcing relationships. MIS Q Exec 5(1):15–29

Martin S, Beimborn D, Parikh MA, Weitzel T (2008) Organizational readiness for business process outsourcing: a model of determinants and impact on outsourcing success. 41st Hawaii International Conference on System Sciences (HICSS), Waikoloa, HI, USA

Mathieson K, Peacock E, Chin W (2001) Extending the technology acceptance model: the influence of perceived user resources. DATA BASE Adv Inf Syst 32(3):86–112

McFarlan F, Nolan R (1995) How to manage an IT outsourcing alliance. Sloan Manag Rev 36(2):9–23

Mikkola JH (2003) Modularity, component outsourcing, and inter-firm learning. R&D Manag 33(4):439–454

Mithas S, Whitaker J (2007) Is the world flat or spiky? Information intensity, skills, and global service disaggregation. Inf Syst Res 18(3):237–259

Momme J, Moeller MM, Hvolby H-H (2000) Linking modular product architecture to the strategic sourcing process: case studies of two danish industrial enterprises. Int J Logist: Res Appl 3(2):127–146

Müller J, Jostock F, Götze J, Müller P (2008) Workflow Monitoring in Service-orientierten Architekturen. In: Nissen V, Petsch M, Schorscht H (eds) Service-orientierte Architekturen—Chancen und Herausforderungen bei der Flexibilisierung und Integration von Unternehmensprozessen. Gabler, Wiesbaden, pp 185–204

Münstermann B, Joachim N, Beimborn D (2009) An empirical evaluation of the impact of process standardization on process performance and flexibility. 15th Americas Conference on Information Systems (AMCIS), San Francisco, CA, USA

Oh L-B, Leong Y-X, Teo H-H, Ravichandran T (2007) Service-oriented architecture and organizational integration: an empirical study of it-enabled sustained competitive advantage. Proceedings of the 28th International Conference on Information Systems (ICIS). Montreal, QC, Canada

Papazoglou MP, Heuvel W-J (2007) Service oriented architectures: approaches, technologies and research issues. VLDB J 16(3):389–415

Petter S, Straub D, Rai A (2007) Specifying formative constructs in information systems research. MIS Q 31(4):623–656

Pfannenstein LL, Ray JT (2004) Offshore outsourcing: current and future effects on American IT industry. Inf Syst Manag 21(4):72–80

Podsakoff PM, MacKenzie SB, Lee J-Y, Podsakoff NP (2003) Common method biases in behavioral research: a critical review of the literature and recommended remedies. J Appl Psychol 88(5):879–903

Preacher KJ, Hayes AF (2004) SPSS and SAS procedures for estimating indirect effects in simple mediation models. Behav Res Methods 36(4):717–731

Quinn JB, Hilmer FG (1994) Strategic outsourcing. Sloan Manag Rev 35(4):43–55

Ren M, Lyytinen K (2008) Building enterprise architecture agility and sustenance with SOA. Commun AIS 221:75–86

Ringle CM, Wende S, Will A (2007) SmartPLS 2.0 M3 (beta). Hamburg

Ro YK, Liker JK, Fixson SK (2007) Modularity as a strategy for supply chain coordination: the case of u.s. auto. IEEE Trans Eng Manag 54(1):172–189

Sanchez R, Mahoney JT (1996) Modularity, flexibility, and knowledge management in product and organization design. Strateg Manag J 17(Winter Special Issue):63–76

Schilling MA (2000) Toward a general modular systems theory and its application to interfirm product modularity. Acade Manag Rev 25(2):312–334

Schulte S, Repp N, Eckert J, Berbner R, Blanckenburg K, Schaarschmidt R, Steinmetz R (2008) General requirements of banks on IT architectures and the SOA paradigm. In: Veit DJ, Weitzel T, Kundisch D, Weinhardt C, Rabhi FA, Rajola F (eds) Enterprise applications and services in the Finance Industry. Springer, Heidelberg et al., pp 66–80

Shrout P, Bolger N (2002) Mediation in experimental and nonexperimental studies: new procedures and recommendations. Psychol Methods 7(4):422–445

Siedersleben J (2007) SOA Revisited: Komponentenorientierung bei Systemlandschaften. Wirtschaftsinformatik 49(Special Issue):110–117

Simon HA (1962) The architecture of complexity. Proceedings of the American Philosophical Society, pp 467–482

Slaughter S, Ang S (1996) Employment outsourcing in information systems. Commun ACM 39(7):47–54

Smith M, Mitra S, Narasimhan S (1998) Information systems outsourcing: a study of pre-event firm characteristics. J Manag Inf Syst 15(2):61–93

Takeishi A (2002) Knowledge partitioning in the inter-firm division of labor: the case of automotive product development. Organ Sci 13(3):321–338

Tan C, Sia SK (2006) Managing flexibility in outsourcing. J Assoc for Inf Syst 7(4):179–206

Tanriverdi H, Konana P, Ge L (2007) The choice of sourcing mechanisms for business processes. Inf Syst Res 18(3):280–299

Tiwana A (2008) Does technological modularity substitute for control? A study of alliance performance in software outsourcing. Strateg Manag J 29(7):769–780

Tiwana A, Konsynski B (2010) Complementarities between organizational it architecture and governance structure. Inf Syst Res 21(2):288–304

Umar A (2005) IT infrastructure to enable next generation enterprises. Inf Syst Front 7(3):217–256

vom Brocke J, Lindner MA (2004) Service portfolio measurement: a framework for evaluating the financial consequences of out-tasking decisions. 2nd International Conference on Service-Oriented Computing (ICSOC), New York, NY, USA

vom Brocke J, Sonnenberg C (2008) Serviceorientiertes Prozesscontrolling—Unternehmensindividuelle Wirtschaftlichkeitsrechnungen zur Nutzung serviceorientierter Architekturen bei der Prozessgestaltung. In: Nissen V, Petsch M, Schorscht H (eds) Service-orientierte Architekturen—Chancen und Herausforderungen bei der Flexibilisierung und Integration von Unternehmensprozessen. Gabler, Wiesbaden, pp 185–204

Weitzel T, Beimborn D, König W (2006) A unified economic model of standard diffusion: the impact of standardization cost, network effects, and network topology. MIS Q 30(Special Issue):489–514

Willcocks LP, Hindle J, Feeny DF, Lacity MC (2004) IT and business process outsourcing: the knowledge potential. Inf Syst Manag 21(4):7–15

Wüllenweber, K, Beimborn D, Weitzel T, König W (2008) The impact of process standardization on BPO success. Inf Syst Front 10(2):211–224

Yoon T, Carter PE (2007) Investigating the antecedents and benefits of SOA Implementation: a multi-case study approach. Proceedings of the 13th Americas Conference on Information Systems (AMCIS). Keystone, CO, USA, pp 1–11

Young-Ybarra C, Wiersema M (1999) Strategic flexibility in information technology alliances: the influence of transaction cost economics and social exchange theory. Organ Sci 10(4):439–459

Zhao J, Tanniru M, Zhang L-J (2007) Services computing as the foundation of enterprise agility: overview of recent advances and introduction to the special issue. Inf Syst Front 9(1):1–8

ZfB-SPECIAL ISSUE 4/2012

Vertrauensunterstützung für sozio-technische ubiquitäre Systeme

Matthias Söllner · Axel Hoffmann · Holger Hoffmann · Jan Marco Leimeister

Zusammenfassung: Vertrauensaufbau und Vertrauensunterstützung sind erfolgskritisch für die Adoption neuer IT-Systeme. Umso erstaunlicher ist, dass in der Literatur kaum etwas zur systematischen Integration der Vielzahl an verhaltensorientierten Erkenntnissen zu Vertrauen in und um IT-Systeme in deren Entwicklung zu finden ist. Das Ziel dieses Artikels ist die Entwicklung einer Methode zur Ableitung vertrauensunterstützender Komponenten für sozio-technische ubiquitäre Systeme. Die Methode wird exemplarisch auf die Entwicklung einer ubiquitären Restaurantempfehlungsanwendung angewandt. Die Anwendung wird hierdurch um vier vertrauensunterstützende Komponenten angereichert. Die so entwickelte Anwendung wird anschließend im Rahmen eines Laborexperiments mit 166 Probanden evaluiert. Hierbei wird gezeigt, dass sowohl das Vertrauen in das sozio-technische ubiquitäre System, als auch die Absicht es zu nutzen signifikant erhöht werden konnten. Soweit es den Autoren bekannt ist, beschreibt dieser Artikel als Erster, wie Vertrauen in systematischer Art und Weise in die Entwicklung sozio-technischer ubiquitärer Systeme einbezogen werden und welchen Nutzen dies stiften kann.

© Gabler-Verlag 2012

Dipl.-Kfm. M. Söllner (✉) · Dipl.-Wirt.-Inf. A. Hoffmann ·
Dr. H. Hoffmann · Prof. Dr. J. M. Leimeister
Fachgebiet Wirtschaftsinformatik, Universität Kassel,
Nora-Platiel-Str. 4, 34127 Kassel, Deutschland
E-Mail: soellner@uni-kassel.de

Dipl.-Wirt.-Inf. A. Hoffmann
E-Mail: axel.hoffmann@uni-kassel.de

Dr. H. Hoffmann
E-Mail: holger.hoffmann@uni-kassel.de

Prof. Dr. J. M. Leimeister
E-Mail: leimeister@uni-kassel.de

Schlüsselwörter: Vertrauen · Vertrauensunterstützung · Methode · Gestaltung sozio-technischer ubiquitärer Systeme · Laborexperiment

JEL Classification: M15 · O33

1 Einleitung

Zahlreiche Forschungsarbeiten haben die Bedeutung von Vertrauen für die erfolgreiche Nutzung von IT und durch IT vermittelte menschliche Austauschbeziehungen gezeigt. Betriebswirtschaftliche Forschungsfelder, bei denen Vertrauen von besonderer Relevanz ist, sind neben digitalen Produkten zum Beispiel E-Commerce (Gefen und Straub 2004; Gefen et al. 2003), Supply Chain Management (Bharadwaj und Matsuno 2006) und Kundenbeziehungsmanagement (Doney und Cannon 1997; Ganesan 1994). Viele Forscher betonen hierbei die besondere Bedeutung des Vertrauensaufbaus (Gefen et al. 2003; Resatsch et al. 2008) und der Identifikation von Faktoren, die Vertrauen erzeugen (Bart et al. 2005).

Trotz der Vielzahl an insbesondere verhaltensorientierten Arbeiten zu Vertrauen mangelt es in der Literatur an Erkenntnissen darüber, wie Vertrauen im Einzelfall konkret aufgebaut bzw. unterstützt werden kann (Söllner und Leimeister 2010). Dies deutet auf Probleme bei der Nutzung des beispielsweise von Spann (2010) beschriebenen Ergänzungspotentials zwischen verhaltensorientierter und gestaltungsorientierter Forschung hin. Hiernach dienen Erkenntnisse verhaltensorientierter Forschung im Idealfall auch als Input für den gestaltungsorientieren Erkenntnisprozess (vgl. Abb. 1). Das Ergebnis dieses Erkenntnisprozesses sind unter anderem neuartige Informationssysteme, die Daten und Erkenntnisse schaffen, die wiederum für eine verhaltensorientierte Überprüfung genutzt werden können (Spann 2010). Dieses Zusammenspiel ist im Bereich des Vertrauens noch sehr gering. Das Ziel dieses Beitrags ist daher, eine Methode zur Entwicklung vertrauensunterstützender Komponenten für sozio-technische ubiquitäre Systeme zu entwickeln, in deren Rahmen Erkenntnisse verhaltensorientierter Forschung dazu genutzt werden, konkrete Designelemente abzuleiten um erfolgreichere Lösungen zu gestalten. Dadurch liegt ein Fokus des Artikels auf der Aufarbeitung verhaltensorientierter Erkenntnisse als systematisch aufbereiteter Input für die gestaltungsorientierte Forschung. Der Taxonomie von Gregor (2006) folgend stellt die Methode einen Beitrag in Form einer *Theory of Design and Action* dar.

Konkret werden existierende Erkenntnisse aus der Vertrauensforschung genutzt, um Designelemente – in diesem Fall vertrauensunterstützende Komponenten (VUK) – für sozio-technische ubiquitäre Systeme abzuleiten, die das Vertrauen der menschlichen Nutzer in das System und somit, als Folge von gesteigertem vertrauen? (Gefen et al. 2003; Wang und Benbasat 2005), die Nutzungsabsicht steigern. Unter einer VUK verstehen wir hierbei ein Designelement des sozio-technischen ubiquitären Systems, welches das Vertrauen der Nutzer in das System erhöht.

Abbildung 1 ordnet den Fokus des Beitrags in das zuvor beschriebene Zusammenspiel zwischen verhaltensorientierter und gestaltungsorientierter Forschung ein.

Der Beitrag ist wie folgt gegliedert: In Abschn. 2 werden die begrifflichen und in Abschn. 3 die theoretischen Grundlagen des Beitrags dargelegt. In Abschn. 4 wird eine

Abb. 1: Fokus des Beitrags. (Quelle: Eigene Darstellung in Anlehnung an Hevner et al. (2004), Spann (2010) und Gehlert et al. (2009))

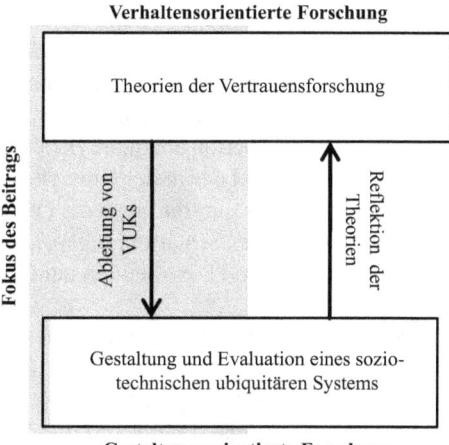

Methode zur Entwicklung vertrauensunterstützender Komponenten für sozio-technische ubiquitäre Systeme hergeleitet und in Abschn. 5 am Beispiel einer ubiquitären Restaurantempfehlungsanwendung angewandt. In Abschn. 6 werden die Wirkung der abgeleiteten Komponenten in einem Laborexperiment evaluiert sowie die Limitationen und Implikationen diskutiert. Die Arbeit schließt mit einem Fazit und einem Ausblick auf zukünftige Forschungsbedarfe (Abschn. 7).

2 Begriffliche Grundlagen

2.1 Ubiquitäre Systeme

Der Begriff Ubiquitous Computing geht auf Marc Weiser zurück (Bell und Dourish 2007). Er beschrieb ubiquitäre Systeme folgendermaßen:

> The most profound technologies are those that disappear. They weave themselves into the fabric of everyday life until they are indistinguishable from it (Weiser 1991, S. 94).

Dieser Beschreibung zufolge verflechten sich ubiquitäre Systeme so eng mit dem täglichen Leben, dass beides nicht mehr voneinander unterschieden werden kann (Weiser 1991), also dass Technologie oftmals von den Anwendern nicht mehr als solche wahrgenommen wird (Demers 1994).

Ubiquitäre Systeme können in Maschine-Maschine oder in Mensch-Maschine Form vorliegen. Ein ubiquitäres Maschine-Maschine System wäre zum Beispiel eine vollautomatisierte Fertigungshalle, in der mehrere Roboter selbständig miteinander interagieren, ohne dass ein menschlicher Nutzer anwesend sein oder in den Prozess eingreifen muss. Diese Systeme stehen nicht im Fokus des Beitrags, sondern ubiquitäre Mensch-Maschine Systeme, oder anders ausgedrückt: Ubiquitäre Systeme, die von Menschen direkt genutzt werden. Das Ziel hierbei ist, ubiquitäre Systeme in einer Form zu gestalten, dass sie für den menschlichen Nutzer vertrauenswürdiger erscheinen.

Durch das Verschmelzen der ubiquitären Systeme mit dem Alltag der Nutzer besteht die Herausforderung bei deren Entwicklung in der Erschaffung einer Beziehung zwischen

Mensch und ubiquitärem System, so dass die Erledigung menschlicher realweltlicher Aufgaben im Vordergrund steht und das ubiquitäre System den Nutzer nach Bedarf dabei unterstützt. Das kann beispielsweise dadurch erreicht werden, dass viele kleine und verteilte IT-Artefakte (Sensoren, Aktuatoren, etc.) in der Umgebung des Nutzers zusammenarbeiten und je nach Situation adäquate Hilfestellung bereitstellen (Rekimoto und Nagao 1995). Das Zusammenspiel der in der Umwelt integrierten IT-Artefakte bildet zusammenfassend den Kern eines ubiquitären Systems (Weiser 1993). Es stellt dem Nutzer bei Bedarf und abhängig von seiner Situation angepasste Dienste zur Verfügung, wobei die Interaktion des Nutzers mit den IT-Artefakten zum Teil implizit stattfindet (Hoffmann et al. 2011).

2.2 Sozio-technisches Systemdesign

> If a technical system is created at the expense of a social system, the results obtained will be sub-optimal. (Mumford und Weir 1979)

Sozio-technisches Systemdesign betrachtet die Gestaltung eines technischen Systems, das in einem sozialen System genutzt werden soll. Bei der Entwicklung eines technischen Systems ist hiernach immer dessen Einfluss auf das soziale System, in dem es eingesetzt werden soll zu beachten. Die Gestaltungsparameter des sozio-technischen Systemdesigns gehen über die technischen Komponenten hinaus, so werden bspw. Verwendungsprozesse, Anreizstrukturen, u. v. m. berücksichtigt und mit gestaltet. Zielsetzung sozio-technischen Systemdesigns ist ein genutztes technisches System, das in seiner Verwendung sozial akzeptabel, technisch stabil und ökonomisch sinnvoll sein soll (Leimeister und Krcmar 2006).

Der Zusammenhang zwischen sozialem und technischem System ist bei der Entwicklung von sogenannten sozio-technischen ubiquitären Systemen, also von Menschen genutzten ubiquitären Systemen, zentral. Folglich gilt es, prognostizierbare Ursache-Wirkungs-Zusammenhänge zwischen technischem und sozialem System in der späteren Nutzung möglichst im Entwicklungsprozess bereits zu berücksichtigen.

Da es das Ziel des sozio-technischen Systemdesigns ist, ein genutztes System zu entwickeln, gewinnen Aspekte, welche die Akzeptanz sozio-technischer ubiquitärer Systeme beim Nutzer unterstützen, z. B. Vertrauen in das System, bei der Entwicklung solcher Systeme an Bedeutung. Durch die Beachtung dieser Aspekte entsteht eine höhere Chance, dass das entwickelte sozio-technische ubiquitäre System auch von einer Vielzahl von Anwendern genutzt wird und der Einsatz sowohl die gewünschten Vorteile für den Nutzer mit sich bringt, als auch keine ungewünschten, möglicherweise negativen Auswirkungen auf das soziale System, in dem es eingesetzt wird, nach sich zieht.

Für die in diesem Artikel vorgestellte Methode zur Entwicklung vertrauensunterstützender Komponenten für sozio-technische ubiquitäre Systeme bedeutet dies, dass sowohl technische als auch nutzungsbezogene Komponenten betrachtet und gestaltet werden müssen. Vertrauensunterstützende Komponenten für ubiquitäre IT-Systeme können daher zum einen Komponenten des technischen Systems nach dem klassischen Verständnis der Systementwicklung sein (Szyperski 2002; Pree 1997). Zum anderen können aber auch gezielte Veränderungen der Rahmenbedingungen der Nutzung eines sozio-technischen ubiquitären Systems vertrauensunterstützende Komponenten darstellen, die dazu führen, dass der Nutzer Vertrauen in das System fasst und somit seine Bereitschaft, das System zu nutzen,

Vertrauensunterstützung für sozio-technische ubiquitäre Systeme 113

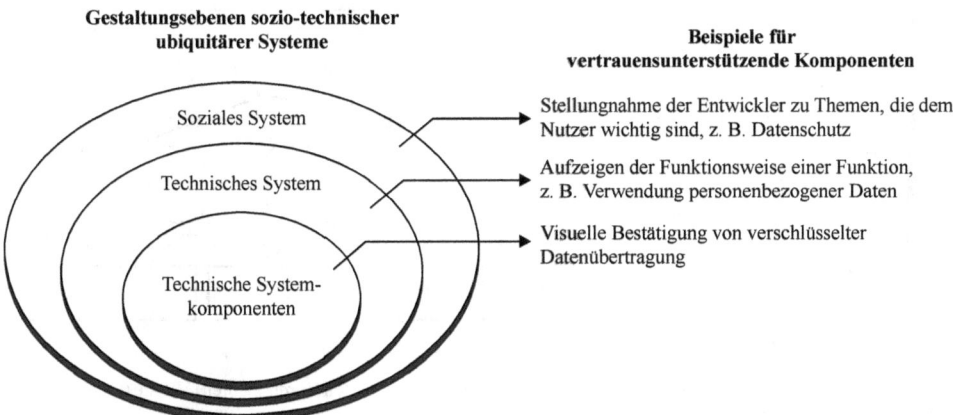

Abb. 2: Gestaltungsebenen sozio-technischer ubiquitärer Systeme. (Quelle: Eigene Darstellung)

steigt. Abbildung 2 zeigt verschiedene Gestaltungsebenen sozio-technischer ubiquitärer Systeme und gibt je Ebene ein Beispiel für eine vertrauensunterstützende Komponente.

3 Theoretischer Hintergrund

3.1 Vertrauensunterstützung

Der in diesem Beitrag verfolgte Ansatz, Erkenntnisse aus der Theorie zur Ableitung konkreter Designkomponenten zu nutzen, ist nicht neu. So existieren zum Beispiel Arbeiten, die Komponenten zur Teilnehmeraktivierung in Ideencommunities (Leimeister et al. 2009) oder explizit vertrauensunterstützende Komponenten für virtuelle Gemeinschaften entwickeln (Leimeister et al. 2005). Ziel dieses Abschnitts ist es, auf diesen Erkenntnissen aufzubauen und zu erläutern, wie die zuvor dargestellten theoretischen Erkenntnisse dazu verwendet werden können, das Vertrauen des Nutzers in sozio-technische ubiquitäre Systeme systematisch durch vertrauensunterstützende Komponenten positiv zu beeinflussen.

Grundlage der Entwicklung vertrauensunterstützender Komponenten für soziotechnische ubiquitäre Systeme ist, dass Vertrauen in der Literatur als latente Variable interpretiert wird (Söllner und Leimeister 2010). Das bedeutet, dass Vertrauen nicht direkt messbar ist, sondern sich aus vielen unterschiedlichen, direkt messbaren Variablen zusammensetzt (Backhaus et al. 2006). Genauer genommen wird Vertrauen als sogenanntes multidimensionales Konstrukt angesehen (Jarvis et al. 2003). Das bedeutet, dass sich das latente Konstrukt aus mehreren Dimensionen zusammensetzt, die wiederum selbst latente Konstrukte darstellen. Erst die Determinanten der unterschiedlichen Dimensionen können dann direkt gemessen werden (Christophersen und Grape 2007).

Um Vertrauen daher systematisch zu beeinflussen, gilt es, die verschiedenen direkt messbaren Determinanten zu identifizieren und zu versuchen, diese Determinanten gezielt durch vertrauensunterstützende Komponenten (VUK) zu beeinflussen. Dieser Logik folgend führt dann eine empfundene Erhöhung der Determinante zu einer empfundenen

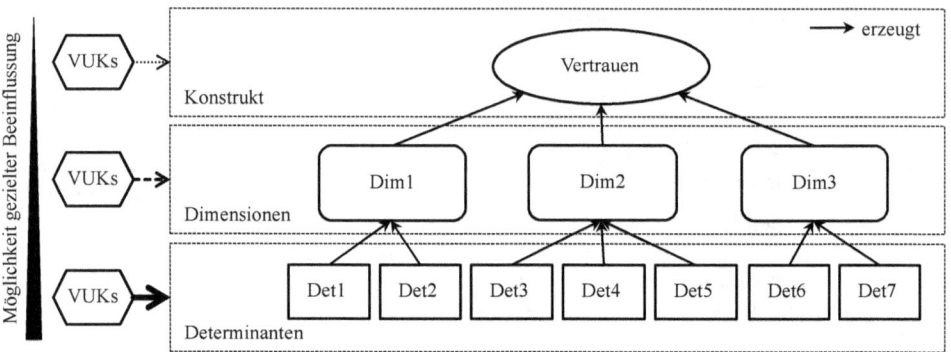

Abb. 3: Vertrauensunterstützung mit Hilfe von vertrauensunterstützenden Komponenten (VUK). (Quelle: Eigene Darstellung in Anlehnung an (Leimeister et al. 2005; Abdul-Rahman und Hailes 2000)

Erhöhung der zugehörigen Dimension und somit zu einer empfundenen Erhöhung von Vertrauen. Diese Argumentation bedeutet nicht, dass eine Vertrauensunterstützung auf Ebene der Dimensionen oder sogar Vertrauen selbst grundsätzlich nicht möglich ist. Jedoch ist das Ableiten von VUKs für latente Konstrukte weniger systematisch als das Ableiten von VUKs für eine greifbare und direkt messbare Determinante. Abbildung 3 fasst die Implikationen dieser Diskussion noch einmal zusammen.

3.2 Vertrauen

Vertrauen ist ein Konzept, das in vielen verschiedenen Disziplinen in unterschiedlichsten Kontexten verwendet wird und dabei vielseitige Bedeutungen hat (Ebert 2009; Eberl 2003). Morgan und Hunt (1994) bezeichnen es als einen Schlüsselfaktor, um zu verstehen, wie zwischenmenschliche Beziehungen funktionieren, Singh und Sirdeshmukh (2000) sehen in Vertrauen den Klebstoff, der eine Beziehung zusammenhält. Aufgrund des facettenreichen Charakters von Vertrauen (Abdul-Rahman und Hailes 2000) existieren je nach Betrachtungswinkel unterschiedliche Definitionen, welche aber einen gemeinsamen Kern aufweisen (Rousseau et al. 1998). Sie basieren auf *positiven Erwartungen* und *Verwundbarkeit*. Diese Kernelemente verdeutlichen, dass Vertrauen nur in Situationen relevant ist, in denen ein Vertrauensgeber mit einer Unsicherheit konfrontiert wird, denn nur so ergeben sich positive Erwartungen und eine Verwundbarkeit auf Seiten des Vertrauensgebers. In Situationen vollkommener Sicherheit und einem bekannten Ergebnis existieren weder positive Erwartungen noch Verwundbarkeit und demnach ist in solchen Situationen auch kein Vertrauen notwendig. In diesem Beitrag definieren wir Vertrauen daher als den Eindruck des Vertrauensgebers, dass ein bestimmter Vertrauensnehmer ihm in einer Situation, die von Unsicherheit und Verwundbarkeit des Vertrauensgebers charakterisiert ist, dabei behilflich sein wird, seine Ziele zu erreichen.

Diese Definition ist eine Adaption der Definition von Lee und See (2004, S. 51). Die Adaption ist dadurch bedingt, dass Lee und See (2004) zwar, wie die Vielzahl an anderen wissenschaftlichen Beiträgen zu Vertrauen, der *Theory of Reasoned Action* (Fishbein und Ajzen 1975; Ajzen und Fishbein 1980) folgen, Vertrauen jedoch als Einstellung (attitude) und nicht als Eindruck (belief) interpretieren. So wird Vertrauen jedoch z. B. von Gefen et al. (2003), Wang und Benbasat (2005) und Gefen et al. (2008) interpretiert. Dieses Detail ist von zentraler Bedeutung, da die Theory of Reasoned Action als Grundlage für eine Vielzahl an Arbeiten zu Vertrauen dient und dabei häufig auftretende strukturelle Zusammenhänge, die in diesen Arbeiten untersucht werden (z. B. Vertrauen als Determinante von empfundener Nützlichkeit (Gefen et al. 2003)) die Logik der Theory of Reasoned Action verletzen würden: So könnte Vertrauen, wenn es als Einstellung (attitude) interpretiert würde, logisch gesehen keinem Eindruck (belief), wie empfundener Nützlichkeit, vorausgehen. Entsprechende strukturelle Zusammenhänge werden jedoch in der Vielzahl der wissenschaftlichen Beiträge empirisch aufgezeigt (Gefen et al. 2003; Wang und Benbasat 2005). Die beiden Kernelemente der Vertrauensdefinition – positive Erwartungen und Verwundbarkeit – sind von der Anpassung nicht betroffen. Nach der Definition von Vertrauen gilt es zu beleuchten, worauf eine Vertrauensentscheidung basiert.

Die Entscheidung, einer anderen Partei zu vertrauen, beruht zum einen auf Persönlichkeitsmerkmalen des Vertrauensgebers (seiner grundsätzlichen Bereitschaft, anderen zu vertrauen) und auf seiner Einschätzung bezüglich verschiedener Eigenschaften des Vertrauensnehmers, welche auch als Dimensionen von Vertrauen bezeichnet werden (Mayer et al. 1995). Zu diesen Eigenschaften zählen:

- *Fähigkeit* (bei der Zielerreichung behilflich zu sein),
- *Wohlwollen* (Bereitschaft, die Interessen des Vertrauensgebers zu schätzen und zu berücksichtigen) und
- *Integrität* (Orientierung an gewissen Prinzipien und Normen, die der Vertrauensgeber als gut erachtet) (Mayer et al. 1995).

Da die Vertrauensentscheidung auf den genannten Einschätzungen bezüglich verschiedener Eigenschaften des Vertrauensnehmers beruht, ist Vertrauen parteien- und situationsabhängig. Ein Beispiel hierfür ist, dass eine Mutter ihrem Automechaniker dahingehend vertraut, dass er eine Reparatur am Familienwagen korrekt durchführen kann, da sie ihn in dieser Situation für fähig hält. Dies bedeutet jedoch nicht, dass sie ihn gleichzeitig auch als Babysitter engagieren würde (Abdul-Rahman und Hailes 2000).

Die Folge einer Vertrauensentscheidung ist gemäß Mayer et al. (1995) die Bereitschaft, Risiken einzugehen. Ein Vertrauensgeber geht in einer Vielzahl verschiedener Aktionen Risiken ein: z. B. beim Delegieren einer wichtigen Aufgabe an einen Mitarbeiter (Mayer et al. 1995) oder beim Handeln mit einem Internethändler (Gefen et al. 2003). Die notwendige Menge an Vertrauen in der jeweiligen Situation hängt von der Höhe des Risikos ab (Mayer et al. 1995). Beispielsweise benötigt ein Nutzer relativ wenig Vertrauen in einen Webseitenbetreiber, wenn er zusätzliche Produktinformationen abrufen möchte. Wird er jedoch von einem Internethändler aufgefordert, seine Kreditkartendaten zu übermitteln, benötigt er ein höheres Maß an Vertrauen, wissend, dass der Missbrauch dieser Daten einen größeren Schaden verursachen kann als fehlerhafte Produktinformationen.

Mayer et al. (1995) entwickelten ihr Verständnis von Vertrauen und dessen Dimensionen (*Fähigkeit, Wohlwollen* und *Integrität*) zur Beschreibung von zwischenmenschlichen Vertrauensbeziehungen im organisationalen Zusammenhang. Dieses Verständnis wurde später auch zur Untersuchung IT-gestützter zwischenmenschlicher Vertrauensbeziehungen aufgegriffen (McKnight et al. 2002). Da diese Art von Forschung sich ebenfalls mit zwischenmenschlichem Vertrauen befasst, wurden auch die zuvor eingesetzten Dimensionen von zwischenmenschlichem Vertrauen wie *Fähigkeit, Wohlwollen* und *Integrität* verwendet (Ebert 2009). Jedoch dient IT nicht nur dazu, den Aufbau oder die Pflege zwischenmenschlicher Vertrauensbeziehungen zu unterstützen. In vielen Situationen wird IT mittlerweile als Werkzeug eingesetzt, um ein bestimmtes Ziel zu erreichen. So wird z. B. ein Navigationssystem verwendet, um schnell von einem Ort zum anderen zu gelangen. Konsequenterweise wurde auch diese Art von Vertrauensbeziehungen zwischen Menschen und IT in der Folgezeit untersucht (z. B. Vance et al. 2008; Wang und Benbasat 2005). Auch hier wurden die etablierten Dimensionen zwischenmenschlicher Vertrauensbeziehungen als Grundlage für die Untersuchungen eingesetzt.

Für die Eignung dieses Konzepts spricht, dass Studien gezeigt haben, dass Menschen vergleichbare Emotionen gegenüber technischen Geräten wie gegenüber anderen Menschen zeigen (Nass et al. 1996; Nass et al. 1995; Nass et al. 1994; Reeves und Nass 1996) und eine Übertragung daher zulässig scheint (Wang und Benbasat 2005). Diese Argumentation ist jedoch fragwürdig, denn alleine die Tatsache, dass Menschen Emotionen gegenüber technischen Geräten zeigen bedeutet noch nicht, dass gleichzeitig auch die gleichen Dimensionen (welche für Eigenschaften des Vertrauensnehmers stehen) für die Vertrauensbildung relevant sind. So ist offen, ob bei einer Vertrauensbeziehung zwischen Mensch und IT Eigenschaften wie Wohlwollen oder Integrität geeignet sind, da z. B. die Entscheidung, ob die Interessen des Vertrauensgebers beachtet werden oder nicht – so wird die Eigenschaft Wohlwollen verstanden (Mayer et al. 1995) – nur von einem Menschen getroffen werden kann. Da IT vorgefertigten Algorithmen oder Logiken folgt, kann kein adäquater Vergleich zur menschlichen Entscheidungsfindung gezogen werden. Demzufolge wäre eine Übertragung der Eigenschaft Wohlwollen auf IT nicht zulässig (Söllner et al. 2011).

Das Konzept des Vertrauens in Automation greift diese Problematik auf und betont, dass bei der Vertrauensbeziehung zwischen Menschen und automatisierter Technik andere Dimensionen notwendig sind (Lee und See 2004; Muir 1994; Muir und Moray 1996). Die Definition von Automation lautet nach Lee und See (2004, S. 50):

> Automation is technology that actively selects data, transforms information, makes decisions, or controls processes.

Demnach spricht man von Automation, wenn ein System aktiv Daten auswählt, Informationen transformiert, Entscheidungen trifft oder Prozesse kontrolliert. Bei der Forschung im Bereich des Vertrauens in Automation erfüllten anfangs nur sehr komplexe Systeme wie Kontrollsysteme von Atomkraftwerken (Muir 1994) oder Autopiloten (Lee und See 2004) diese Definitionskriterien. Mittlerweile treffen die Eigenschaften von Automation jedoch auf viele – auch für eine breite Kundengruppe verfügbare – IT-Systeme zu. Da davon auszugehen ist, dass zukünftige Anwendungen oftmals einen noch höheren Grad an Automatisierung aufweisen werden (Lee und See 2004), stellt die Theorie zum Vertrauen in Automation eine wichtige Grundlage für die Untersuchung von Vertrauen in zukünftige – z. B. sozio-technische ubiquitäre – Systeme dar.

Bei der Betrachtung von Vertrauensbeziehungen zwischen Menschen und automatisierter Technik sind nach Lee und See (Lee und See 2004) drei Dimensionen relevant:

- *Performanz* (im englischen Original: Performance),
- *Prozessnachvollziehbarkeit* (Process) und
- *Zweckklarheit* (Purpose).

Die Dimension *Performanz* umfasst die Einschätzungen des Nutzers dahingehend, wie gut ein System dazu in der Lage ist, ihn bei der Erreichung seiner Ziele zu unterstützen. Die Dimension *Prozessnachvollziehbarkeit* beschreibt die Einschätzungen des Nutzers dahingehend, wie das System funktioniert und welche grundlegenden Prinzipien beachtet werden. Im Gegensatz zur *Performanz*-Dimension bezieht sich diese Art des Vertrauens stärker auf Eigenschaften des Systems, anstatt auf die Aufgaben, die damit durchgeführt werden sollen. Die dritte Dimension, *Zweckklarheit* beinhaltet die Einschätzungen des Nutzers dahingehend, warum das System entwickelt wurde. Wenn sich dieser Zweck mit dem Ziel des Nutzers deckt, so entsteht das Gefühl, dass das System die Anliegen des Nutzers in den Vordergrund stellt und beachtet. Im Vergleich zur *Prozessnachvollziehbarkeits*-Dimension bezieht sich diese Art des Vertrauens zusätzlich auf grundlegendere Eigenschaften des Systems oder der Entwickler (Lee und See 2004).

Zu diesen drei Dimensionen können auf Basis der Arbeiten von Lee und See (2004) und Muir (1994) verschiedene Determinanten abgeleitet werden, aus denen sich die Dimensionen zusammensetzen.

Für die Dimension *Performanz* sind dies die vier Determinanten *Eignung* (competence; die Einschätzung des Nutzers, wie gut das System grundsätzlich dazu geeignet ist, ihn bei der Erreichung des Ziels zu unterstützen (Muir 1994)), *Informationsgenauigkeit* (information accuracy; die Einschätzung des Nutzers, wie präzise die bereitgestellten Informationen sind (Muir und Moray 1996)), *Verlässlichkeit* (reliability over time; die Einschätzung des Nutzers, wie verlässlich das System über die Zeit hinweg ist) und *Komplettheit* (responsibility; die Einschätzung des Nutzers, dass das System sämtliche Funktionen beinhaltet, um das gewünschte Ziel zu erreichen). Für die Dimension *Prozessnachvollziehbarkeit* können ebenfalls vier Determinanten identifiziert werden: *Konsistenz* (dependability; die Einschätzung des Nutzers, inwieweit sich das System konsistent verhält (Muir und Moray 1996)), *Verständlichkeit* (understandability; die Einschätzung des Nutzers, inwieweit für ihn zu verstehen ist, wie das System funktioniert (Zuboff 1988)), *Kontrolle* (control; die Einschätzung des Nutzers bzgl. seiner Kontrolle über das System (Shankar et al. 2002)) und *Vorhersagbarkeit* (predictability; die Einschätzung des Nutzers, inwieweit das zukünftige Verhalten des Systems antizipiert werden kann). Der Dimension *Zweckklarheit* können die folgenden drei Determinanten zugeordnet werden: *Kommunikation des Einsatzzweckes* (motives; die Einschätzung des Nutzers, ob der gedachte Einsatzzweck des Systems von den Entwicklern kommuniziert wurde), *Wohlwollen der Entwickler* (benevolence of designers; die Einschätzung des Nutzers, ob die Entwickler seine Interessen beachten) und *Glaube* (faith; die Einschätzung des Nutzers, dass er sich auch in Zukunft auf das System verlassen kann).

Letztendlich kann somit festgehalten werden, dass sich das Vertrauen des Nutzers in ubiquitäre Systeme aus drei Dimensionen zusammensetzt, die jeweils wieder durch verschiedene Determinanten gebildet werden. Diese Erkenntnis kann anschließend genutzt werden, um das Vertrauen des Nutzers in ubiquitäre IT-Systeme nach dem Vorbild der Vertrauensunterstützung systematisch zu beeinflussen (siehe beispielhaft Abb. 4).

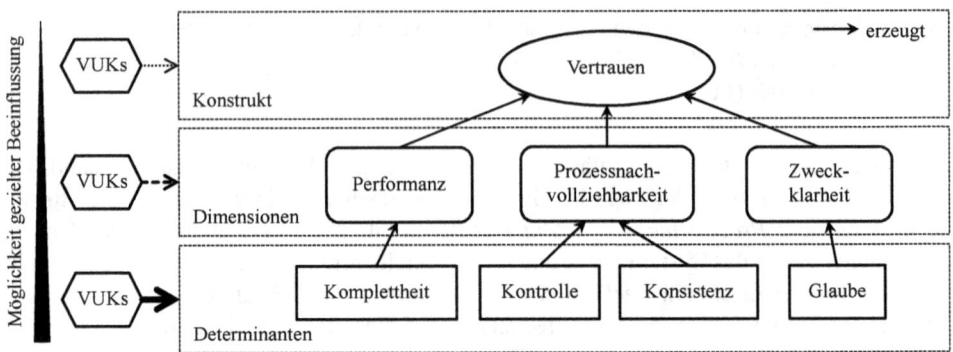

Abb. 4: Determinanten und Dimensionen zur Vertrauensunterstützung sozio-technischer ubiquitärer Systeme. (Quelle: Eigene Darstellung)

Aufbauend auf den in den Abschn. 3.1 und 3.2 dargelegten Grundlagen zur Vertrauensunterstützung und Vertrauen wird nun in Abschn. 4 eine Methode zur Vertrauensunterstützung sozio-technischer ubiquitärer IT-Systeme entwickelt.

4 Eine Methode zur Entwicklung vertrauensunterstützender Komponenten für sozio-technische ubiquitäre Systeme

Der Beitrag folgt der Methodendefinition von Brinkkemper (1996, S. 275–276):

> A method is an approach to perform a systems development project, based on a specific way of thinking, consisting of directions and rules, structured in a systematic way in development activities with corresponding development products.

Demnach wird eine Methode angewandt, um ein Systementwicklungsprojekt durchzuführen. Eine Methode gibt eine spezielle Denkrichtung und Regeln vor und ist in systematischer Weise in Entwicklungsaktivitäten untergliedert, denen Ergebnisse zugeordnet sind.

Trotz der Vielzahl an Arbeiten in Betriebswirtschaftslehre und Wirtschaftsinformatik (Söllner und Leimeister 2010; Ebert 2009) gibt es bislang keine Methode, die beschreibt, wie existierende (meist verhaltensorientierte) Erkenntnisse zu Vertrauen systematisch in konkrete Gestaltungsempfehlungen für Systeme transferiert werden können. Zwar existieren Vorarbeiten in diesem Bereich (z. B. Patrick et al. (2005) und Leimeister et al. (2005)), diese stellen jedoch weder konkrete Regeln, noch Entwicklungsaktivitäten mit definierten Ergebnissen bereit. Da systematische Vorgehensweisen für die erfolgreiche Systementwicklung jedoch von essentieller Bedeutung sind (Leimeister 2012), wird in diesem Abschnitt eine Methode zur Entwicklung vertrauensunterstützender Komponenten vorgestellt. Die Methode umfasst fünf Entwicklungsaktivitäten mit Hilfe derer, ausgehend vom Einsatzzweck, den der Nutzer mit dem System verfolgt, konkrete vertrauensunterstützende Komponenten abgeleitet werden können. Basierend auf der erwarteten Nutzungssituation werden hierbei zuerst Unsicherheiten, mit denen der Nutzer im Verwendungsprozess konfrontiert wird identifiziert und priorisiert, um anschließend Vertrauensdimensionen zu identifizieren auf Basis derer den priorisierten Unsicherheiten entgegengewirkt werden kann. Auf den Dimensionen aufbauend werden im nächsten Schritt konkrete Determinanten identifiziert, die den Unsicherheiten entgegenwirken und die dazu geeignet sind, im vierten Schritt als Basis für die Ableitung vertrauensbezogener funktionaler Anforderungen an das sozio-technische ubiquitäre System zu dienen. Im fünften und letzten Schritt der Methode werden mit Hilfe der aufgestellten Anforderungen schlussendlich vertrauensunterstützende Komponenten für das sozio-technische ubiquitäre System abgeleitet, die den Unsicherheiten entgegenwirken und somit das Vertrauen erhöhen.

4.1 Strukturierung der Ausgangssituation

Vertrauen wird durch positive Erwartungen in unsicheren Situationen charakterisiert (Rousseau 1998) und ist zudem situationsabhängig (Abdul-Rahman und Hailes 2000). Aufgrund der Situationsabhängigkeit müssen in der ersten Entwicklungsaktivität der Methode die Ausgangssituation des späteren Vertrauensgebers und alle relevanten Rahmenbedingungen erfasst und strukturiert werden, um die benutzerspezifischen Erwartungen und Unsicherheiten zu erkennen.

Dabei gilt es zu beachten, dass ein sozio-technisches ubiquitäres System (als Vertrauensnehmer) vom Nutzer als Werkzeug angesehen wird, von dessen Nutzung er sich Unterstützung beim Erreichen eines bestimmten Ziels erwartet (Muir 1994; Lee und See 2004). Das bedeutet, dass der Nutzer einen zur Situation passenden Unterstützungsbedarf einfordert. Demnach gilt es im ersten Schritt der Methode, den Verwendungszweck möglichst genau zu definieren, um in den folgenden Schritten Maßnahmen gezielt auf dessen Unterstützung auszurichten.

Ist der Verwendungszweck definiert, gilt es Zeitpunkte im Verwendungsprozess zwischen dem Nutzer und dem Dienst zu identifizieren, in denen eine Vertrauensunterstützung sinnvoll erscheint. Aus der Vertrauenstheorie ist bekannt, dass Vertrauen nur in Situationen von Bedeutung ist, in denen Unsicherheit herrscht (Luhmann 1979). Eine Vertrauensunterstützung ist daher genau zu den Zeitpunkten des Verwendungsprozesses sinnvoll, in denen der Nutzer mit Unsicherheiten konfrontiert wird. Von daher gilt es nun, den Verwendungsprozess aus Nutzersicht zu durchlaufen und zu analysieren, wann der Nutzer mit welchen Unsicherheiten konfrontiert wird. Diese Analyse kann, abhängig von Faktoren wie Vorlaufzeit oder Expertise, vom Entwickler selbst aus der Perspektive der Nutzer (Kotonya und Sommerville 1996) oder mit potentiellen Nutzern zusammen, z. B. unter Verwendung geeigneter Methoden (z. B. eines Interviews (Bortz und Döring 2005) oder mit Hilfe der Think Aloud Methode (Nielsen 1993)) geschehen.

Wenn die Unsicherheiten, mit denen der Nutzer während der Verwendung konfrontiert wird identifiziert wurden, folgt deren Priorisierung. Dies ist wichtig, da in den meisten Projekten ein gewisser Zeitdruck und begrenzte Ressourcen vorherrschen und zu erwarten ist, dass nicht alle identifizierten Unsicherheiten adressiert werden können. Demnach gilt es, sich zuerst mit den Unsicherheiten zu befassen, die für den Erfolg des Dienstes am kritischsten sind. Kritisch ist hierbei wieder stark im Kontext des Einsatzzweckes zu sehen. Eine Unsicherheit bzgl. der Richtigkeit einer vorgeschlagenen Route wäre bei einem Navigationsdienst z. B. als deutlich kritischer anzusehen, als eine Unsicherheit bzgl. der Richtigkeit der Berechnung des zu erwartenden Benzinverbrauchs. Dies lässt sich damit begründen, dass das Finden der richtigen Route beim Navigationssystem Hauptzweck der Nutzung ist.

Die Ergebnisse der ersten Entwicklungsaktivität sind eine strukturierte Beschreibung des Verwendungsprozesses, durch die später nachvollzogen werden kann, wann der Nutzer mit welchen Unsicherheiten konfrontiert wird und eine priorisierte Liste der Unsicherheiten. Zusätzlich sollte vor dem Hintergrund der vorliegenden Rahmenbedingungen – z. B. verfügbaren Ressourcen – definiert werden, für wie viele der Unsicherheiten vertrauensunterstützende Komponenten entwickelt werden sollen.

4.2 Identifikation relevanter Vertrauensdimensionen

Mit Hilfe der in der ersten Entwicklungsaktivität ermittelten und priorisierten Liste der Unsicherheiten im Verwendungsprozess werden in der zweiten Entwicklungsaktivität der Methode die entsprechenden Vertrauensdimensionen identifiziert, um den wichtigsten Unsicherheiten entgegenzuwirken. Dieser Schritt ist notwendig, da Vertrauen in der Literatur als mehrdimensionales Konzept und sehr facettenreich angesehen wird (Mayer et al. 1995; Lee und See 2004; Abdul-Rahman und Hailes 2000) und da eine Vertrauensunterstützung – wie in Abschn. 3.1 dargestellt – auf Ebene der einzelnen Determinanten am systematischsten möglich ist.

Vertrauen tritt, wie in Abschn. 2 gezeigt, in unterschiedlichen Kontexten auf (Ebert 2009). Daraus ergeben sich die unterschiedlichen Arten von Vertrauensbeziehungen (z. B. zwischenmenschlich und zwischen Mensch und IT). Diese Tatsache macht es notwendig, dass die Identifikation möglicherweise relevanter Vertrauensdimensionen vor dem Hintergrund der vorliegenden Vertrauensbeziehung geschieht. Liegt eine zwischenmenschliche Vertrauensbeziehung vor, so sind z. B. die Vertrauensdimensionen von Mayer et al. (1995) oder vergleichbare – für eine Übersicht siehe Ebert (2009) – grundsätzlich geeignet, um auftretenden Unsicherheiten entgegenzuwirken. Liegt hingegen eine Vertrauensbeziehung zwischen Mensch und IT vor, so sind z. B. die Vertrauensdimensionen von Lee und See (2004) heranzuziehen, um den identifizierten Unsicherheiten im Verwendungsprozess entgegenzuwirken.

Wenn die in Betracht kommenden Vertrauensdimensionen identifiziert wurden, gilt es für die priorisierten Unsicherheiten jeweils die Vertrauensdimension zu identifizieren, die sich am besten zur Vermeidung der jeweiligen Unsicherheiten eignet. Im oben genannten Beispiel des Navigationsdienstes kann der Unsicherheit bzgl. der Richtigkeit der vorgeschlagenen Route am besten mit der Vertrauensdimension Prozessnachvollziehbarkeit entgegengewirkt werden. Es ist anzunehmen, dass der Nutzer sich über einen bestimmten Routenvorschlag wundert – z. B. weil er im betreffenden Fall über Ortskenntnisse verfügt – daher ist es wichtig, dem Nutzer in diesem Fall verständlich zu machen, warum genau diese Route vorgeschlagen wurde, was unter die Vertrauensdimension Prozessnachvollziehbarkeit fällt.

Ergebnis der zweiten Entwicklungsaktivität der Methode ist eine um die relevanten Vertrauensdimensionen erweiterte, priorisierte Liste der Unsicherheiten im Verwendungsprozess.

4.3 Identifikation relevanter Vertrauensdeterminanten

Wie in Abschn. 2 erläutert wurde, ist Vertrauen ein multidimensionales Konstrukt (Mayer et al. 1995; Lee und See 2004), wobei die einzelnen Dimensionen wieder durch unterschiedliche Determinanten gebildet werden (siehe Abb. 3). Aus diesem Grund werden in der dritten Entwicklungsaktivität der Methode relevante Vertrauensdeterminanten identifiziert, indem die um relevante Vertrauensdimensionen angereicherte Unsicherheitsliste noch weiter konkretisiert wird. Ziel ist es, den einzelnen Unsicherheiten möglichst genau eine Vertrauensdeterminante zuzuweisen, mit deren Hilfe derer dieser Unsicherheit entgegengewirkt werden kann, um somit das volle Potential der Vertrauensunterstützung auszuschöpfen.

Zur Identifikation geeigneter Determinanten kann bei einer zwischenmenschlichen Vertrauensbeziehung die Arbeit von Mayer et al. (1995) als Ausgangspunkt herangezogen werden. Wenn es sich um eine Vertrauensbeziehung zwischen Mensch und IT handelt, enthalten die Arbeiten von Lee und See (2004) und Muir (1994) Sammlungen entsprechender Determinanten.

Im oben genannten Beispiel des Navigationsdienstes wurde die Vertrauensdimension Prozessnachvollziehbarkeit als relevante Vertrauensdimension identifiziert, um der Unsicherheit bzgl. der Richtigkeit der vorgeschlagenen Route entgegenzuwirken. In Abschn. 3.2 wurden mit den drei Determinanten *Verlässlichkeit* (Muir und Moray 1996), *Verständlichkeit* (Zuboff 1988) und *Kontrolle* (Shankar et al. 2002) drei Konkretisierungsoptionen der Dimension genannt. Hier erscheint die Determinante *Verständlichkeit* am besten geeignet, um der Unsicherheit entgegenzuwirken. Dies ist damit zu begründen, dass der Nutzer nicht blind auf das System vertrauen möchte, sondern die Möglichkeit haben möchte nachzuvollziehen, warum genau diese Route vom Navigationssystem vorgeschlagen wurde (Zuboff 1988).

Hierbei gilt es jedoch anzumerken, dass oftmals mehrere Determinanten in Frage kommen, um einzelnen Unsicherheiten entgegenzuwirken. Obwohl es theoretisch möglich ist, einer Unsicherheit mit mehreren Determinanten entgegenzuwirken, sollte dies nur dann geschehen, wenn diese Unsicherheit als höchst kritisch identifiziert wurde. Das ist damit zu begründen, dass jede zu adressierende Determinante Auswirkungen auf die Anzahl der abgeleiteten funktionalen Anforderungen im folgenden Methodenschritt hat und somit einen Einfluss auf den Umfang des späteren Design- und Implementierungsaufwands ausübt. Daher empfehlen die Autoren auf Basis eigener Erfahrungen, beim Vorliegen verschiedener Optionen, z. B. auf Basis empirischer Erkenntnisse oder theoretischer Überlegungen, die Determinante mit dem höchsten Einfluss auszuwählen.

Ergebnis der dritten Entwicklungsaktivität der Methode ist eine um die zu adressierenden Determinanten erweiterte Liste der priorisierten Unsicherheiten im Verwendungsprozess.

4.4 Ableitung vertrauensbezogener funktionaler Anforderungen

In der nächsten Entwicklungsaktivität der Methode werden aus den einzelnen identifizierten Determinanten konkrete funktionale Anforderungen an das zu entwickelnde System abgeleitet. Aktuell publizierte Arbeiten zu Vertrauen können auf Grund ihres verhaltensorientierten Fokus jedoch lediglich bis zur im vorigen Abschnitt beschriebenen Identifikation relevanter Vertrauensdeterminanten herangezogen werden, da diese Arbeiten genau mit der Untersuchung von Wirkungszusammenhängen schließen, ohne konkrete Designimplikationen für den Einzelfall abzuleiten. Um zu konkreten funktionalen Vorgaben zur Vertrauensunterstützung zu gelangen, liegt in den folgenden Methodenschritten der Schwerpunkt mehr auf technischen Orientierungspunkten, wie Ansätzen des Requirements Engineering – auf Deutsch Anforderungsmanagement – als auf Arbeiten zu Vertrauen.

Im Anforderungsmanagement wird zwischen funktionalen und nichtfunktionalen Anforderungen unterschieden. Die funktionalen Anforderungen definieren die einzelnen vom IT-System bereitzustellenden Funktionen und sind die Grundlage des weiteren Entwicklungsprozesses (Pohl 2008). Nichtfunktionale Anforderungen sind nicht direkt mit Systemfunktionen verbunden. Sie spezifizieren oder beschränken Systemeigenschaften des IT-Systems wie Verfügbarkeit, Sicherheit oder Rechtmäßigkeit (Sommerville 2007). Bei den im vorangegangenen Schritt identifizierten Vertrauensdeterminanten handelt es sich um unterspezifizierte funktionale Anforderungen. Unterspezifizierte funktionale Anforderungen sind eine Teilmenge der nichtfunktionalen Anforderungen, die zur Verwendung in der weiteren Entwicklung durch eine entsprechende Detaillierung in funktionale Anforderungen überführt werden müssen (Pohl 2008). Die für die konkrete Umsetzung eines IT-Systems benötigten funktionalen Anforderungen beschreiben die einzelnen Funktionen des zu entwickelnden IT-Systems und stellen die Grundlage in jedem Entwicklungsprozess dar. Zur Überführung nichtfunktionaler Anforderungen in funktionale Anforderungen gibt es mehrere Ansätze im Anforderungsmanagement (Pohl 2008; Chung 2000; Gross und Yu 2001; Cleland-Huang et al. 2005; Cysneiros et al. 2001).

Unser Beispiel folgt der von Pohl (2008) vorgeschlagenen Detaillierung. Wichtig bei der Ableitung vertrauensbezogener funktionaler Anforderungen ist es, dass die Situationsabhängigkeit von Vertrauen berücksichtigt wird. Das bedeutet, dass nicht nur die in Entwicklungsaktivität drei abgeleitete Determinante mit einbezogen werden muss, sondern auch der Zeitpunkt im Verwendungsprozess, in dem die zugehörige Unsicherheit auftritt. Für die Determinante *Verständlichkeit* im Beispiel des Navigationsdienstes ergeben sich dabei folgende funktionale Anforderungen: Der Nutzer sollte im Zeitpunkt der Präsentation der Route bei Bedarf Zusatzinformationen abrufen können, die darlegen, warum das System angibt, dass dies aktuell die für ihn beste Route ist. Zu den Zusatzinformationen gehören Baustellen, Staus, Benzinverbrauch und voraussichtlich benötigte Zeit für die vorgeschlagene und andere mögliche Routen.

Ergebnis der vierten Entwicklungsaktivität der Methode ist eine Liste funktionaler Anforderungen an das zu entwickelnde sozio-technische ubiquitäre System. Diese sind durch die Detaillierung der identifizierten Vertrauensdeterminanten im Hinblick auf den Verwendungsprozess entstanden. Die Detaillierung führt zu mindestens einer funktionalen Anforderung je Vertrauensdeterminante. Da die Vertrauensdeterminanten so ermittelt wurden, dass sie direkt auf die beim Nutzer ermittelten Unsicherheiten wirken, verlangen jetzt die funktionalen Anforderungen Funktionen vom sozio-technischen ubiquitären System, die die Unsicherheiten reduzieren werden.

4.5 Ableitung vertrauensunterstützender Komponenten

Um die in der vorangegangenen Entwicklungsaktivität ermittelten, vertrauensbezogenen funktionalen Anforderungen bei der Entwicklung des Dienstes mit berücksichtigen und umsetzen zu können, werden sie im folgenden Prozessschritt konkretisiert. Wie bei der Ausgestaltung im Systemdesign üblich, werden dabei über mehrere Stufen verschiedene Lösungsmöglichkeiten erarbeitet, gegeneinander abgewogen und Entscheidungen getroffen (Sommerville 2007). Aus den vertrauensbezogenen funktionalen Anforderungen werden somit im letzten Schritt Funktionen des soziotechnischen Systems abgeleitet, die wiederum durch Komponenten umgesetzt werden (Berkovich et al. 2011). Diese Komponenten werden als vertrauensunterstützende Komponenten bezeichnet, da sie direkt Anforderungen zur Erhöhung des Vertrauens in einem sozio-technischen ubiquitären System adressieren. Die Entwicklung der passenden vertrauensunterstützenden Komponenten, welche die gestellten Anforderungen bestmöglich erfüllen, ist ein kreativer Prozess. Kreative Prozesse lassen sich nur begrenzt methodisch unterstützen (Sommerville 2007). Das Ableiten vertrauensunterstützender Komponenten ist somit kaum ohne Erfahrung auf dem Gebiet des Systemdesigns machbar, wird aber mit Hilfe der Entwicklungsaktivitäten 1–4 durch die systematische Ableitung konkreter Anforderungen so weit wie möglich unterstützt.

Die in der vierten Entwicklungsaktivität verwendeten Beispielanforderungen, dass Zusatzinformationen abrufbar sein müssen, kann durch folgende vertrauensunterstützende Komponenten gelöst werden. Nach der Generierung der Route wird im unteren linken Eck der Navigationskarte eine Schaltfläche eingeblendet, mit deren Hilfe der Nutzer nach der Berechnung der Route die Zusatzinformationen zu Baustellen, Staus, Benzinverbrauch und voraussichtlich benötigter Zeit für die vorgeschlagene und andere mögliche Routen abrufen kann.

Das Ergebnis der Methode zur Entwicklung vertrauensunterstützender Komponenten für sozio-technische ubiquitäre Systeme sind konkrete vertrauensunterstützende Komponenten, mit denen den im initialen Schritt identifizierten Unsicherheiten der Benutzer begegnet werden kann. In Abb. 5 ist die Methode inklusive der Entwicklungsaktivitäten, deren Ergebnissen und den Leitfragen, die in jeder Entwicklungsaktivität zu beantworten sind, dargestellt.

5 Anwendung der Methode am Beispiel einer sozio-technischen ubiquitären Restaurantempfehlungsanwendung

Die Anwendbarkeit der entwickelten Methode wird im folgenden Abschnitt am Beispiel einer sozio-technischen ubiquitären Restaurantempfehlungsanwendung („*Dinner Now*") zur Nutzung auf Smartphones demonstriert.

Dinner Now ermöglicht dem Nutzer, das passende Restaurant für sich und seine Begleiter, basierend auf den jeweiligen Vorlieben und dem aktuellen Ort, zu finden. Der Nutzer hat hierbei die Möglichkeit, sowohl seine persönlichen Vorlieben, als auch die Vorlieben seiner Begleitung bezüglich der Art des Essens (Nationalität), des Ambientes und Vorerfahrungen mit in die Empfehlung einzubeziehen. Ebenso lassen sich Nutzermeinungen aus Webportalen für die Generierung der Empfehlung berücksichtigen. Vorlieben von Nutzer und Begleitern sowie die Nutzermeinungen werden laut Spezifikation der Anwendung aus den Profilen der Nutzer in sozialen Netzwerken ausgelesen, werden allerdings im Rahmen der aktuellen Version des Prototypen simuliert. Hat der Nutzer die Einstellungen getätigt, wird ihm das am besten passende Restaurant, inklusive einiger Details, angezeigt. Zusätzlich hat er die Möglichkeit, im Restaurant anzurufen oder sich die Route zum Restaurant anzeigen zu lassen. Ist er mit der von Dinner Now vorgeschlagenen Empfehlung nicht

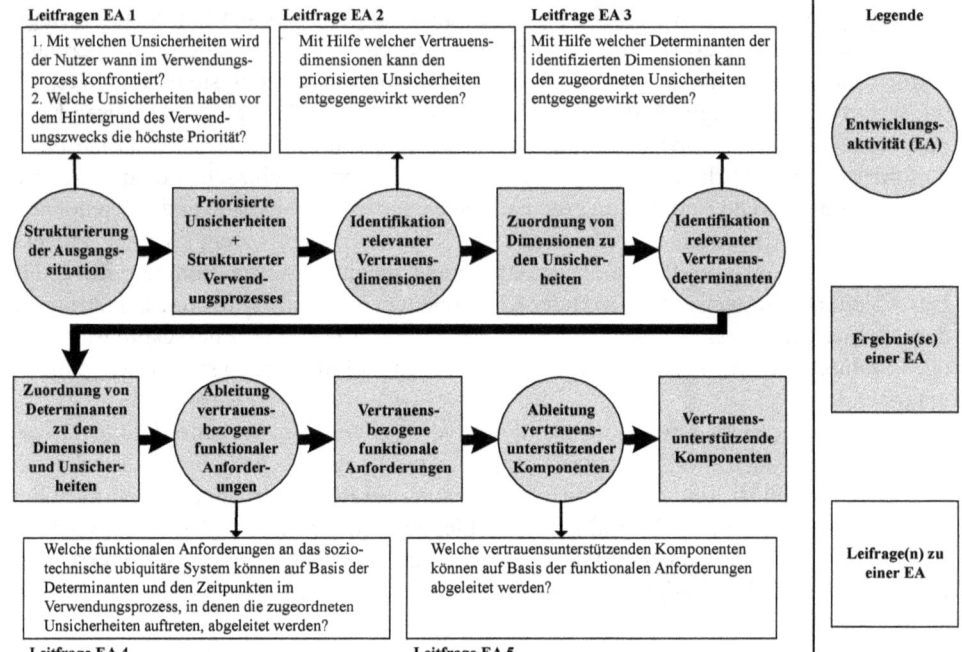

Abb. 5: Methode zur Entwicklung vertrauensunterstützender Komponenten für sozio-technische ubiquitäre Systeme. (Quelle: Eigene Darstellung)

zufrieden, kann sich der Benutzer einen neuen Vorschlag generieren lassen. Zusätzlich hat er zu jeder Zeit die Möglichkeit, wieder von vorne zu beginnen und zum Start der Anwendung zurückzukehren.

5.1 Strukturierung der Ausgangssituation

Wie in Abschn. 4.1 beschrieben, gilt es in der ersten Entwicklungsaktivität der Methode die Unsicherheiten, mit denen der Nutzer während des prozesses konfrontiert wird, zu identifizieren und anschließend zu priorisieren, wozu der Einsatzzweck bekannt sein muss.

Der ubiquitäre Dienst Dinner Now ist für den Einsatz in Situationen gedacht, in denen die Präferenzen mehrerer Personen mit dem aktuellen Ort zusammengebracht werden sollen, um die Gruppe dabei zu unterstützen, das bestmögliche Restaurant zu finden.

Vor dem Hintergrund dieses Einsatzzweckes können nun die Unsicherheiten während des Verwendungsprozesses identifiziert werden. Hierzu wurde die Thinking Aloud Methode (Nielsen 1993) mit drei Testnutzern angewandt. Das Ergebnis ist folgende Beschreibung des Verwendungsprozesses und der identifizierten Unsicherheiten.

Die erste Unsicherheit besteht darin, ob der Dienst verfügbar ist, wenn der Nutzer diesen benötigt. Im positiven Fall startet der Dienst mit der Auswahl der Präferenzen, die in die Generierung der Empfehlung mit einbezogen werden sollen und dem Anfordern der Empfehlung (Abb. 6, links). Hierbei wird der Nutzer mit zwei Unsicherheiten konfrontiert. So besteht Unsicherheit darüber, ob Dinner Now wirklich Zugriff auf die gewünschten

Vertrauensunterstützung für sozio-technische ubiquitäre Systeme 125

Abb. 6: Oberflächen von Dinner Now ohne VUKs. (Quelle: Eigene Darstellung)

Informationen hat und ob die ausgewählten Präferenzen tatsächlich mit in die Auswahl einbezogen werden.

Im nächsten Screen wird dem Nutzer dann der generierte Vorschlag mitsamt einigen Informationen zum Restaurant sowie den Meinungen anderer Nutzer, die über diverse Internetportale wie Qype (http://www.qype.com) o. ä. abgegeben wurden, angezeigt (Abb. 6, rechts). Zu den beiden bisher identifizierten Unsicherheiten kommen nun noch folgende weitere Unsicherheiten dazu. So herrscht Unsicherheit darüber, ob der Dienst wirklich den besten Vorschlag basierend auf den Einstellungen auswählt, oder ob z. B. der Anbieter des Dienstes die Empfehlungen beeinflusst, um eigene Ziele (z. B. Gewinnmaximierung durch hohe Provisionen einiger Restaurantbesitzer) zu verfolgen. Hinzu kommt die Unsicherheit, ob den Nutzermeinungen Glauben geschenkt werden kann, denn die anderen Nutzer könnten komplett andere Vorlieben haben als der Nutzer selbst. Beispielsweise könnte bei einem Asienurlaub der Großteil der Bewertungen der Restaurants von Einheimischen vorgenommen worden sein, deren Vorlieben sich z. B. kaum mit denen eines Mitteleuropäers decken.

Zum Abschluss kann der Nutzer entscheiden, ob er eine neue Empfehlung möchte oder ob er sich den Weg und die benötigte Zeit zum Restaurant ansehen möchte. Entscheidet er sich für ersteres, wird ihm Dinner Now einen neuen Vorschlag generieren. Hierbei wird der Nutzer mit der Unsicherheit des Kontrollverlusts über Dinner Now konfrontiert, da er immer mit neuen, automatisch generierten Vorschlägen konfrontiert wird, ohne dass er die Möglichkeit hat, in den Prozess einzugreifen, wenn er das wünscht. Entscheidet er sich für die Anzeige des Weges und der benötigten Zeit zum Restaurant, bekommt er die Adressinformationen des Restaurants, eine Karte mit seinem aktuellen Standort und dem besten Weg zum Restaurant, Informationen über die Wegstrecke sowie die voraussichtliche Laufzeit angezeigt. Unsicherheiten, mit denen der Nutzer konfrontiert wird, sind, ob der aktuelle Standort richtig erfasst wurde, ob wirklich der beste Weg zum Restaurant ausgewählt wurde und ob die Informationen bzgl. der Laufstrecke und –zeit korrekt ermittelt wurden.

Durch das Durchlaufen der Anwendung aus Sicht des Nutzers konnten somit die folgenden neun Unsicherheiten identifiziert werden:

- Unsicherheit bzgl. des Zugriffs auf die gewünschten Informationen
- Unsicherheit bzgl. des tatsächlichen Einbezugs der ausgewählten Präferenzen in die Generierung der Empfehlung
- Unsicherheit bzgl. der Qualität der Empfehlung
- Unsicherheit bzgl. der Verlässlichkeit der Nutzermeinungen
- Unsicherheit bzgl. des Kontrollverlusts über Dinner Now
- Unsicherheit bzgl. der korrekten Erfassung des eigenen Standorts
- Unsicherheit bzgl. des Findens des besten Weges zum Restaurant
- Unsicherheit bzgl. der Korrektheit der Angaben zu Laufzeit und –strecke
- Unsicherheit bzgl. der Verfügbarkeit, wenn Dinner Now benötigt wird

Nachdem die Unsicherheiten bei der Nutzung der Anwendung identifiziert wurden, gilt es diese zu priorisieren, um darauf basierend die effektivsten Maßnahmen für die Vertrauensunterstützung abzuleiten.

Im Rahmen einer moderierten Diskussion mit den drei Testnutzern wurden die Unsicherheiten im Hinblick auf die Wichtigkeit in eine Reihenfolge gebracht (Pohl 2008). Diese befanden, dass die Unsicherheit bzgl. der Qualität der Empfehlung am wichtigsten war. Aus theoretischer Sicht kann diese Entscheidung damit begründet werden, dass Dinner Now von den Testnutzern als Werkzeug zur Erfüllung des Einsatzzweckes angesehen wird. Somit ist die Erwartung, dass Dinner Now das Erreichen des gewünschten Ziels bestmöglich unterstützt (Muir 1994; Muir und Moray 1996). Da die Empfehlung des für die aktuelle Situation am besten geeigneten Restaurants die zentrale, nutzenstiftende Komponente von Dinner Now darstellt, sehen die Nutzer jegliche Unsicherheit bzgl. der Qualität dieser Empfehlung als kritisch für den Erfolg von Dinner Now an.

Als zweitwichtigste wurde die Unsicherheit bzgl. des Kontrollverlusts über Dinner Now genannt. Diese hohe Bewertung kann mit aktuellen Forschungsergebnissen zur Akzeptanz neuer Technologien begründet werden. Hier wurde festgestellt, dass die Nutzer auf keinen Fall durch Technik bevormundet werden möchten (Beier et al. 2006; Spiekermann 2007).

Anschließend wurde die Unsicherheit bzgl. der Verlässlichkeit der Nutzermeinungen genannt. Aus theoretischer Sicht kann hier nah an der wichtigsten Unsicherheit argumentiert werden. Die Nutzermeinungen können in die Generierung der Empfehlung einbezogen werden und dienen bei Anzeige der Vorschau nochmals als Anhaltspunkt für die endgültige Entscheidung. Somit sind die Nutzerempfehlungen ein zentraler Aspekt von Dinner Now und die Nutzer sehen eine Unsicherheit bzgl. der Verlässlichkeit der Nutzermeinungen als kritisch an.

An vierter Stelle wurde die Unsicherheit bzgl. des tatsächlichen Einbezugs der ausgewählten Präferenzen in die Generierung der Empfehlung genannt. Aus theoretischer Sicht kann hier mit der steigenden Verwundbarkeit des Nutzers durch die zunehmende Automatisierung der Technik argumentiert werden, wodurch ein höheres Maß an Vertrauen notwendig wird (Lee und See 2004; Luhmann 1979). Durch die steigende Automatisierung fällt es den Nutzern immer schwerer, die Aktionen der Technik nachzuvollziehen. Dieser Punkt bezieht sich auch auf das „blinde Verlassen" auf Technik, welches der Nutzer auf keinen Fall wünscht (Beier et al. 2006; Spiekermann 2007).

Als fünftwichtigste wurde die Unsicherheit des Zugriffs auf die gewünschten Informationen genannt. Diese niedrige Anordnung ist auf Grund der Tatsache, dass bisher noch keine Datenbasis existiert, die solche Informationen bündelt, etwas verwunderlich. Nichtsdestotrotz kann auch argumentiert werden, dass es in den letzten Jahren einige Entwicklungen gab, welche die Nutzung des Internets und die verfügbaren Informationen stark beeinflusst hat – z. B. das starke Aufkommen sozialer Netzwerke wie Facebook. Auch sind vielen Nutzern Portale wie Qype bekannt, in denen schon konkrete Informationen und Nutzerbewertungen zu einzelnen Restaurants gebündelt werden. So scheint es für die Nutzer gut vorstellbar, dass ein relativ gut zur aktuellen Situation passender Restaurantvorschlag möglich ist.

Die drei Unsicherheiten bzgl. der korrekten Anzeige des eigenen Standortes, des Findens des besten Weges und der Korrektheit der Angaben zur Laufstrecke und -zeit sowie die Unsicherheit bzgl. der Verfügbarkeit, wenn Dinner Now benötigt wird wurden von den Nutzern als kaum relevant eingeschätzt, ohne dass sie hier nochmals eine Rangfolge bilden wollten. Bei den drei erstgenannten Unsicherheiten kann dies durch das Einbinden von Google Maps als Navigationslösung und durch die Bekanntheit von Navigationslösungen im Allgemeinen begründet werden. Entsprechende Lösungen werden z. B. in Autos schon seit Jahren erfolgreich eingesetzt, so dass die Korrektheit der angezeigten Informationen kaum noch angezweifelt wird. Als Erklärung für die niedrige Priorisierung der letztgenannten Unsicherheit seitens der Testnutzer kann herangezogen werden, dass sowohl der Ausbau der mobilen Datennetze und auch die Stabilität der verfügbaren Dienste – zumindest in Deutschland – mittlerweile so weit vorangeschritten sind, dass die Nutzer andere Problematiken als bedeutender ansehen.

Somit wurden die gewünschten Ergebnisse der ersten Entwicklungsaktivität – Beschreibung des Verwendungsprozesses, durch die später nachvollzogen werden kann, wann der Nutzer mit welchen Unsicherheiten konfrontiert wird und eine priorisierte Liste der Unsicherheiten – erreicht. Um Redundanzen zu vermeiden wird an dieser Stelle auf die Darstellung der priorisierten Liste verzichtet. Die priorisierten Unsicherheiten können in Tab. 1 gefunden werden, die sich am Ende der dritten Entwicklungsaktivität befindet.

Vor dem Hintergrund der zur Verfügung stehenden Ressourcen wurde entschieden, in Dinner Now den drei folgenden Unsicherheiten durch VU-vertrauensunterstützenden Komponenten entgegenzuwirken:

1. Unsicherheit bzgl. der Qualität der Empfehlung
2. Unsicherheit bzgl. des Kontrollverlusts über Dinner Now
3. Unsicherheit bzgl. der Verlässlichkeit der Nutzermeinungen

5.2 Identifikation relevanter Vertrauensdimensionen

Nachdem in der vorherigen Entwicklungsaktivität die zu adressierenden Unsicherheiten festgelegt wurden, gilt es, wie in Abschn. 3.2 beschrieben, in der zweiten Entwicklungsaktivität der Methode die Vertrauensdimensionen zu identifizieren, mit denen den Unsicherheiten entgegengewirkt werden kann.

Die am höchsten priorisierte Unsicherheit bzgl. der Qualität der Empfehlung ähnelt stark der in Abschn. 3 verwendeten Beispielunsicherheit bzgl. der Qualität des vorgeschlagenen Weges eines Navigationsdienstes. In beiden Fällen besteht eine Unsicherheit bzgl. der Qualität des zentralen nutzenstiftenden Elements. Daher kann der Unsicherheit bzgl. der Qualität der Empfehlung, analog zum Beispiel in Abschn. 3, am ehesten mit der Vertrauensdimension Prozessnachvollziehbarkeit entgegengewirkt werden.

Bei der Unsicherheit bzgl. des Kontrollverlusts über Dinner Now ist die Identifikation der zugehörigen Dimension vergleichsweise trivial. In Abschn. 2 wurde die Kontrolle als Determinante der Dimension Prozessnachvollziehbarkeit identifiziert. Von daher ist diese Dimension am besten geeignet, um dieser Unsicherheit entgegen zu wirken.

Bei der Unsicherheit bzgl. der Verlässlichkeit der Nutzermeinungen ist die Identifikation wieder etwas komplizierter. Im ersten Schritt wurde argumentiert, dass diese Unsicherheit daraus resultiert, dass dem Nutzer unklar ist, inwieweit die Präferenzen der Bewertenden mit seinen eigenen Präferenzen übereinstimmen. Hier stellt sich also die Frage, inwieweit diese Informationen überhaupt geeignet sind, in die Suche mit einbezogen zu werden. Wie in Abschn. 2 dargestellt wurde, fallen Eindrücke, die sich auf die Unterstützung bei der Zielerreichung beziehen, unter die Dimension Performanz. Von daher gilt es, dieser Unsicherheit mit Hilfe dieser Dimension entgegenzuwirken.

Somit wurde jeder zu adressierenden Unsicherheit eine entgegenwirkende Vertrauensdimension zugeordnet. Den Erläuterungen aus Abschn. 3.2 folgend wurde somit das gewünschte Endergebnis der zweiten Entwicklungsaktivität der Methode erreicht.

5.3 Identifikation relevanter Vertrauensdeterminanten

Wie in Abschn. 3.3 beschrieben, dienen die in der vorherigen Entwicklungsaktivität identifizierten Vertrauensdimensionen zur Adressierung der Unsicherheiten in der dritten Entwicklungsaktivität der Methode als Ausgangsbasis zur Identifikation der konkreten Vertrauensdeterminanten, mit denen der Unsicherheit entgegengewirkt werden kann.

Bei der Unsicherheit bzgl. der Qualität der Empfehlung wurde die Dimension Prozessnachvollziehbarkeit als Ansatzpunkt identifiziert. Bei einer Betrachtung der in Abschn. 2 eingeführten Determinanten dieser Dimension erscheint die Determinante Verständlichkeit als am besten geeignet, dieser Unsicherheit entgegenzuwirken. Dies ist damit zu begründen, dass diese Determinante darauf abzielt, dem Nutzer zu vermitteln, warum eine bestimmte Entscheidung des Dienstes zu Stande kam. Eine Art der Qualitätssicherung und eine Möglichkeit des Vertrauensaufbaus ist es demnach, Informationen über die Art und Weise, wie die Empfehlung generiert wurde, zur Verfügung zu stellen. Dies signalisiert dem Nutzer, dass die Anwendung (oder vielmehr der Betreiber), von der Qualität der Empfehlung überzeugt ist, ansonsten würden diese Informationen nicht zur Verfügung gestellt werden.

Bei der Unsicherheit bzgl. des Kontrollverlusts über Dinner Now wurde schon im Schritt zuvor die Zuordnung der relevanten Dimension über die zugehörige Determinante

Tab. 1: Liste der priorisierten Unsicherheiten mit relevanten Vertrauensdimensionen und Determinanten (Ergebnis der dritten Entwicklungsaktivität). (Quelle: Eigene Darstellung)

Priorität	Unsicherheit bzgl...	Dimension	Determinante
1	... der Qualität der Empfehlung	Prozessnachvollziehbarkeit	Verständlichkeit
2	... des Kontrollverlusts über Dinner Now	Prozessnachvollziebarkeit	Kontrolle
3	... der Verlässlichkeit der Nutzermeinungen	Performanz	Informationsgenauigkeit
4	... des tatsächlichen Einbezugs der ausgewählten Präferenzen in die Generierung der Empfehlung		
5	... des Zugriffs auf die gewünschten Informationen		
Niedrigste Priorität	... der Korrektheit der Angaben zu Laufzeit und -strecke		
	... der Verfügbarkeit, wenn Dinner Now benötigt wird		
	... des Findens des besten Weges zum Restaurant		
	... der korrekten Erfassung des eigenen Standorts		

vorgenommen. In diesem Fall ist es daher offensichtlich, dass die Determinante Kontrolle für die Unsicherheit relevant ist, denn wenn der Nutzer das Gefühl hat, dass er noch die Kontrolle über Dinner Now hat, dann wird er gleichermaßen nicht das Gefühl haben, dass ihn die Anwendung bevormundet, sondern sich an seinen Wünschen orientiert.

Bei der Unsicherheit bzgl. der Verlässlichkeit der Nutzermeinungen wurde die Dimension Performanz als relevant identifiziert. Bei der Betrachtung der in Abschn. 2 eingeführten Determinanten dieser Dimension erscheint die Determinante Informationsgenauigkeit als am besten geeignet, dieser Unsicherheit entgegenzuwirken. Das kann damit begründet werden, dass diese Determinante damit verbunden ist, dem Nutzer zu vermitteln, wie gut die präsentierten Informationen zu ihm passen. Demnach müsste sich die Unsicherheit bzgl. der Verlässlichkeit der Nutzermeinungen verringern, wenn dem Nutzer vermittelt werden kann, dass diese Informationen wirklich als Entscheidungshilfe geeignet sind. Bei der Dimension Performanz ist die Sonderrolle der Determinante Eignung zu beachten. Diese Determinante erscheint auf den ersten Blick fast immer als geeignet, auf den zweiten Blick ist sie jedoch generell ungeeignet zur Adressierung konkreter Unsicherheiten, da es offensichtlich ist, dass eine höhere Eignung des Dienstes auch Unsicherheiten entgegenwirkt. Jedoch ist diese Determinante sehr generell und kann daher kaum zur Ableitung einzelner Designelemente dienen. Es ist dennoch davon auszugehen, dass die Implementierung der vertrauensunterstützenden Komponenten im Allgemeinen dazu führen wird, dass der Dienst vom Nutzer als geeigneter empfunden wird und sich auch dieser Wert erhöhen müsste (diese Vermutung wird später im Abschn. 5 zusätzlich zu den aufgestellten Ursache-Wirkungsbeziehungen empirisch überprüft).

Somit wurde in dieser Entwicklungsaktivität jeder zu adressierenden Unsicherheit eine konkrete Determinante zugewiesen, deren Erhöhung der Unsicherheit entgegenwirken müsste. Den Ausführungen in Abschn. 3.3 folgend ist somit das gewünscht Endergebnis der dritten Entwicklungsaktivität erreicht. Tabelle 1 zeigt die fertige Liste mitsamt der Unsicherheiten, relevanten Vertrauensdimensionen sowie Determinanten.

5.4 Ableitung vertrauensbezogener funktionaler Anforderungen

Wie in Abschn. 3.4 beschrieben, dienen die in der dritten Entwicklungsaktivität der Methode Vertrauensdeterminanten zur Adressierung der Unsicherheiten als Ausgangsbasis zur Formulierung funktionaler Anforderungen, mit denen den Unsicherheiten entgegengewirkt werden kann.

Im vorherigen Abschnitt wurde unterstellt, dass eine Erhöhung der Determinanten Verständlichkeit der Unsicherheit bzgl. der Qualität der Empfehlung entgegenwirkt und somit das Vertrauen des Nutzers in Dinner Now erhöht. Um eine oder mehrere konkrete funktionale Anforderungen ableiten zu können, gilt es, wie in Abschn. 4.5 beschrieben, diese Determinante zu detaillieren. Bei der Analyse in Abschn. 5.1 wurde festgestellt, dass diese Unsicherheit direkt nach der Generierung und dem Anzeigen der Empfehlung auftritt. Daraus ergibt sich die Anforderung an die Anwendung, dass der Nutzer direkt nach der Anzeige der Empfehlung die Möglichkeit haben sollte, Details, inwieweit die persönlichen Einstellungen bei der Generierung der Empfehlung berücksichtigen wurden, anzeigen zu lassen.

Als zweites gilt es nun eine oder mehrere funktionale Anforderungen zu formulieren, welche die Determinante Kontrolle erhöhen und somit der Unsicherheit bzgl. des Kontrollverlusts über Dinner Now entgegenwirken. Der Nutzer wird mit der Unsicherheit bzgl. des Kontrollverlustes konfrontiert, wenn er mit einer Empfehlung des Dienstes nicht zufrieden ist und lediglich die Möglichkeit hat, eine neue Empfehlung generieren zu lassen. Eine Anforderung zur Erhöhung der Kontrolle des Nutzers ist, dass er die Möglichkeit haben sollte, über die Vorschläge hinaus auf die verfügbaren Restaurants zugreifen und diese mit Hilfe gängiger Such- und Sortieroption ordnen zu können.

Als drittes gilt es noch, der Unsicherheit bzgl. der Verlässlichkeit der Nutzermeinungen entgegen zu wirken. Dafür ist die Determinante Informationsgenauigkeit zu detaillieren. In Abschn. 5.1 wurde festgestellt, dass diese Unsicherheit dann eintritt, wenn Nutzermeinungen zur generierten Empfehlung präsentiert werden. Verbunden mit der Erkenntnis, dass Menschen ihren Freunden und Bekannten das größte Vertrauen entgegenbringen (Forrester Research 2009; Nielsen 2009), kann die Anforderung abgeleitet werden, dass bei der Berücksichtigung von Nutzerbewertungen für die Generierung der Empfehlung und beim Anzeigen der Empfehlung nur die Bewertungen von Freunden aus dem sozialen Netzwerk genutzt werden. Diese Anforderung erhöht die empfundene Informationsgenauigkeit bei den Nutzern.

In der vierten Entwicklungsaktivität der Methode werden funktionale Anforderungen in Bezug auf Vertrauen abgeleitet. Für Dinner Now ergeben sich zusammenfassend folgende funktionale Anforderungen:

- Verständlichkeit
    R0 Details, inwieweit die persönlichen Einstellungen bei der Generierung der Empfehlung berücksichtigt wurden, sollten nach dem Anzeigen der Empfehlung eingesehen werden können.
- Kontrolle
    R1 Nach dem Anzeigen der Empfehlung sollten die verfügbaren von Restaurants eingesehen und nach Bewertungskriterien sortiert werden können.

- Informationsgenauigkeit
  R2 Zur Generierung der Empfehlungen sollte explizit auf die Bewertungen von Freunden zurückgegriffen werden können.
  R3 Nach der Generierung der Empfehlung sollte explizit auf die Bewertungen von Freunden angezeigt werden.

5.5 Ableitung vertrauensunterstützender Komponenten

Auf Basis der funktionalen Anforderungen können in der fünften Entwicklungsaktivität der Methode vertrauensunterstützende Komponenten abgeleitet werden, die in Dinner Now einfließen.

Die Anforderung R0 wurde durch eine zusätzliche Schaltfläche (*Fit*) umgesetzt, mit Hilfe derer der Nutzer direkt nach dem Anzeigen der Empfehlung die Möglichkeit hat, auf einem weiteren Bildschirm Informationen einzusehen, die ihm anzeigen, wie gut die generierte Empfehlung zu den zuvor eingestellten Präferenzen passt (siehe Abb. 7, VUK 1 rechts). Hier wurde eine Schaltfläche gewählt, die bei Bedarf aktiv betätigt werden muss, da der Nutzer die Möglichkeit haben soll selbst zu entscheiden, ob er die Informationen einsehen möchte oder nicht. Die Schaltfläche wurde direkt unter den Informationen zur Empfehlung platziert, da der Nutzer nach Ansicht dieser Informationen das Bedürfnis haben könnte, die Übereinstimmung der Empfehlung mit den eigenstellten Präferenzen zu überprüfen.

Die Anforderung R1 wurde durch eine zusätzliche Schaltfläche (*Self Selection*) umgesetzt (siehe Abb. 7, VUK 2 rechts), mit Hilfe derer der Nutzer sich sämtliche verfügbaren Restaurants anzeigen lassen und diese mit Hilfe der Bewertungskriterien sortieren kann. Diese Liste kann er dazu nutzen, auf Basis verschiedener Kriterien selbst das aus seiner Sicht passendste Restaurant auszuwählen. Die Schaltfläche wurde – wie auch die Schaltflächen *Route* und *Nächstes*- am Ende des Screens (und damit unterhalb der Schaltfläche *Fit*) platziert, da diese Schaltfläche erst zum Einsatz kommt, wenn der Nutzer mit der Empfehlung unzufrieden ist und diese ablehnt.

Die Anforderung R2 wurde durch die Möglichkeit umgesetzt, die Bewertungen der Freunde explizit in die Generierung der Empfehlung mit einzubeziehen. Hier wurde analog zu den anderen Auswahlmöglichkeiten ein zusätzliches Auswahlfeld implementiert (siehe Abb. 7, VUK3 links).

Die Anforderung R3 wurde umgesetzt, indem nicht mehr alle Nutzerbewertungen angezeigt werden, sondern nur Bewertungen der eigenen Freunde (siehe Abb. 7, VUK4 rechts). Durch eine eindeutige Beschriftung wird explizit darauf hingewiesen, dass diese Bewertungen von Freunden und nicht von Unbekannten abgegeben wurden.

Somit wurde das Ergebnis der fünften Entwicklungsaktivität erreicht, da vertrauensunterstützende Komponenten für sämtliche vertrauensbezogenen funktionalen Anforderungen abgeleitet wurden.

6 Evaluation der vertrauensunterstützenden Komponenten

Nachdem im vergangenen Abschnitt gezeigt wurde, dass die in Abschn. 4 entwickelte Methode grundsätzlich dazu geeignet ist, ein sozio-technisches ubiquitäres System um

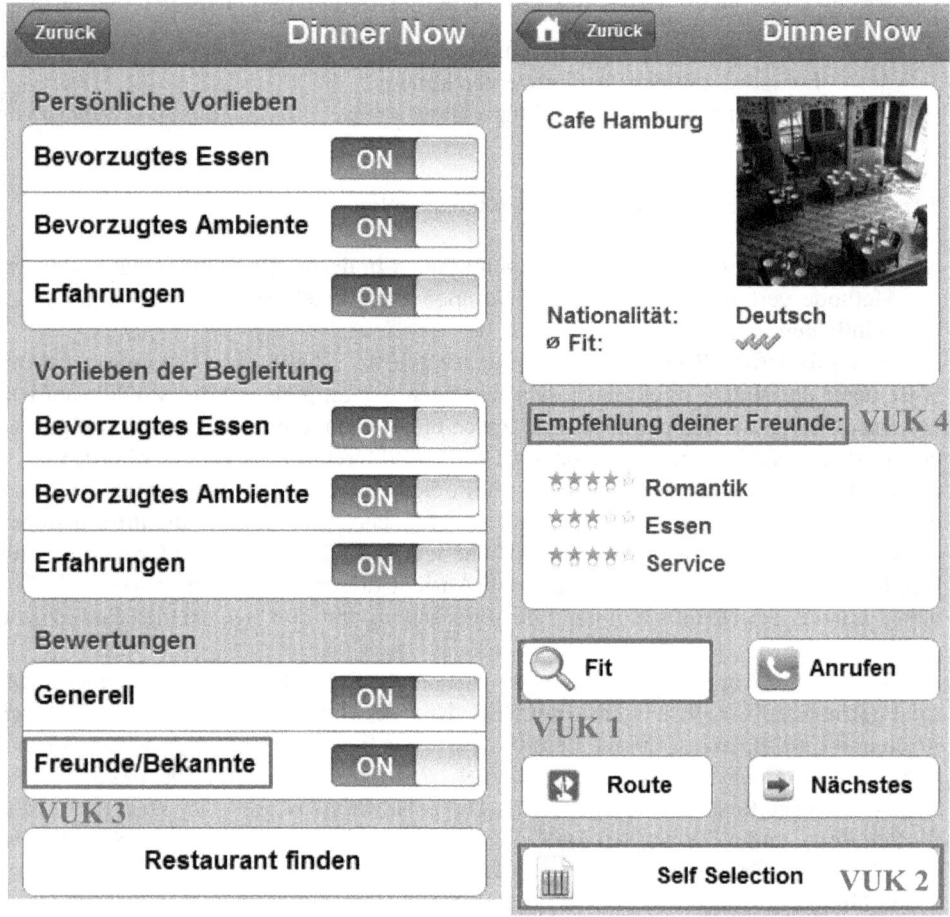

Abb. 7: Oberfläche des Dinner Now Prototypen mit den vier VUKs. (Quelle: Eigene Darstellung)

vertrauensunterstützende Komponenten zu erweitern, gilt es nun zu evaluieren, ob die Komponenten auch ihren intendierten Zweck erfüllen und sowohl das Vertrauen in das sozio-technische ubiquitäre System als auch die Nutzungsabsicht erhöht werden konnten. Zusätzlich wird evaluiert, ob durch den Einsatz der vertrauensunterstützenden Komponenten auch die zugehörige Determinante erhöht werden konnte. Falls dies der Fall ist, so kann davon ausgegangen werden, dass die Erhöhung des Vertrauens auf die Anwendung der Methode zurückzuführen ist.

6.1 Ergebnisse des Laborexperiments

Zur Evaluation wurden die beiden Versionen von Dinner Now von Studierenden (n = 166) in zwei Gruppen getestet und anschließend anhand eines Fragebogens (7er Likert-Skalen, 1 = stimme überhaupt nicht zu, 7 = stimme voll und ganz zu) bewertet. Während der Nut-

Tab. 2: Mittelwertabweichung zwischen dem Low und High Trust Prototypen. (Quelle: Eigene Darstellung)

Variable	MW Low Trust	MW High Trust	t-Wert
Eignung	4,97	5,60	3,109
Verständlichkeit	4,76	5,24	1,946
Kontrolle	5,79	5,80	0,056
Informationsgenauigkeit	4,49	5,06	2,640
Vertrauen	4,81	5,11	1,455
Nutzungsabsicht	4,88	5,39	2,004

Grenzwerte für die Signifikanz beim einseitigen t-Test: $p < 0,1$: $t \geq 1,289$; $p < 0,05$: $t \geq 1,658$; $p < 0,01$: $t \geq 1,980$

zung von Dinner Now sollten die Probanden vordefinierte Aufgaben lösen und ihre Ergebnisse dokumentieren.

Von den 166 Fragebögen konnten 143 (85 von weiblichen und 58 von männlichen Probanden) in die Evaluation eingehen. Das Durchschnittsalter lag bei 24 Jahren; der jüngste Teilnehmer war 19, der älteste 46 Jahre alt. Der Prototyp ohne VUKs (Low Trust) wurde von 75 Probanden evaluiert, der Prototyp mit VUKs (High Trust) von 68.

Auf Grund der Tatsache, dass der Schwerpunkt des Beitrags auf der Methode zur Vertrauensunterstützung sozio-technischer ubiquitärer Systeme liegt, wird im Folgenden auf eine umfangreiche Darstellung sämtlicher Qualitätskriterien für quantitativ empirische Ergebnisse verzichtet. Es sei nur kurz angemerkt, dass die Determinanten Eignung, Verständlichkeit, Kontrolle und Informationsgenauigkeit direkt abgefragt wurden, wohingegen Vertrauen und Nutzungsabsicht als latente Konstrukte interpretiert und der Logik von Söllner und Leimeister (2010) folgend, reflektiv gemessen wurden. Die weitere Evaluation der Designentscheidungen beschränkt sich nun auf die Kennzahlen, welche die Stärke des Einflusses der einzelnen VUKs zeigen. Tabelle 2 zeigt für beide Prototypen die Mittelwerte der Determinanten, des Vertrauens und der Nutzungsabsicht mitsamt der Signifikanz der Abweichungen an.

Die Evaluationsergebnisse zeigen, dass sich die Mittelwerte sämtlicher Variablen erhöhen. Fünf der sechs Verbesserungen sind zudem mindestens auf dem 90 %-Niveau signifikant und daher nicht zufällig. Einzig der Anstieg der Determinante Kontrolle von 5,79 auf 5,80 ist nicht signifikant. Somit können wir zu diesem Zeitpunkt festhalten, dass zwei der drei direkt adressierten Determinanten durch die Implementierung der vertrauensunterstützenden Komponenten signifikant gesteigert werden konnten. Zudem konnten, wie erwartet, die Determinante Eignung und auch die Werte für Vertrauen und Nutzungsabsicht signifikant gesteigert werden. Als nächstes gilt es nun zu überprüfen, wie stark die Auswirkung der einzelnen Determinanten auf die Veränderung des Vertrauens des Nutzer sind. Tabelle 3 zeigt hierzu die Stärke und den t-Wert (Grenzwerte für Signifikanzen siehe Tab. 2) der Zusammenhänge zwischen den einzelnen Determinanten und der abhängigen Variablen Vertrauen dar.

Diese Ergebnisse zeigen, dass drei der vier aus der Theorie abgeleiteten Determinanten auch einen statistisch signifikanten Einfluss auf Vertrauen haben. Lediglich beim Zusammenhang zwischen der Determinante Verständlichkeit und Vertrauen wurde keine Signifikanz auf dem 90 %-Niveau festgestellt. Abschließend gilt es noch den unterstellten

Tab. 3: Ergebnisse der Regressionsanalyse. (Quelle: Eigene Darstellung)

Determinante	β-Wert	t-Wert
Eignung	0,495	6,170
Verständlichkeit	0,069	0,976
Kontrolle	0,152	2,087
Informationsgenauigkeit	0,155	1,897

Zusammenhang zwischen Vertrauen und Nutzungsabsicht zu untersuchen. Hier wurde ein β-Wert von 0,793 mit einem t-Wert von 15,315 ermittelt, was die hohe Bedeutung von Vertrauen bei der Verwendung automatisierter Systeme bestätigt (Muir 1994; Muir und Moray 1996).

Die Ergebnisse bestätigen zudem die Forschung von Muir (1994) und Muir und Moray (1996) in dem Sinne, dass auch hier die Determinante Eignung einen sehr hohen Einfluss auf das Vertrauen der Nutzer hat. Entgegen der theoretischen Vermutung hat die Determinante Verständlichkeit in unserem Experiment keinen signifikanten Einfluss auf Vertrauen. Dies kann mit den Bedingungen des Experiments begründet werden, da die Studenten dazu aufgefordert wurden, davon auszugehen, dass der Dienst Zugriff auf sämtliche notwendigen Informationen hat und funktioniert. Dadurch könnte ein Anreiz gesetzt worden sein, die inneren Abläufe des Dienstes nicht in Frage zu stellen. Ebenso wurde festgestellt, dass VUK 2 keinen signifikanten Einfluss auf die gefühlte Kontrolle der Probanden hatte. Außergewöhnlich ist hier jedoch, dass der Mittelwert für die Determinante Kontrolle bei allen Probanden sehr hoch ist (MW = 5,79 bzw. 5,80; bei einem Maximum von 7). Diese Beobachtung lässt zwei Erklärungsansätze zu. Zum einen kann argumentiert werden, dass ein geschlossenes Experimentalsetting wenig geeignet ist, um die gefühlte Kontrolle eines Nutzers adäquat zu erfassen. Zum anderen kann argumentiert werden, dass die Nutzer sich grundsätzlich selbst überschätzen, was die Kontrolle über ein Anwendung wie Dinner Now angeht. Diese Erklärung wird durch die Erkenntnis bestärkt, dass viele Nutzer sehr unbedarft z. B. mit persönlichen Informationen umgehen, ohne sich bewusst zu sein, was dies für Auswirkungen haben kann. Ein Beispiel – wenn auch eher scherzhaft – hierfür ist die Seite PleaseRobMe (www.pleaserobme.com), die auf Basis von Twittermeldungen Prognosen abgibt, zu welcher Zeit in bestimmten Häusern niemand zu Hause ist und somit Einbrecher eine bessere Erfolgschance haben.

Grundsätzlich kann festgehalten werden, dass die Ergebnisse der Evaluation den Schluss zulassen, dass die Methode zur Entwicklung vertrauensunterstützender Komponenten für sozio-technische ubiquitäre Systeme dazu geeignet ist, Designkomponenten abzuleiten, die das Vertrauen der Nutzer in sozio-technische ubiquitäre Systeme und damit die Nutzungsabsicht erhöhen.

6.2 Limitationen

Auch wenn einige Einschränkungen des Experiments bereits angesprochen oder diskutiert wurden, gilt es in diesem Abschnitt nochmals systematisch darzulegen, was das Laborexperiment leisten kann und was nicht.

Das verwendete Experimentalsetting bringt immer einige Vor- und Nachteile mit sich. So ist es fraglich, ob die Probanden im Experiment sich wirklich so verhalten, wie Nutzer eines solchen mobilen Dienstes unter realen Bedingungen. Diese Problematik ist bei der Determinanten Verständlichkeit zu beobachten. Ebenso waren alle Probanden Studenten, was die Gültigkeit der Ergebnisse zumindest auf diese Gruppe einschränkt. Auf Grund der Tatsache, dass Studenten wegen ihres jungen Alters und relativ hoher Technologieaffinität jedoch direkt zur Zielgruppe solcher Anwendungen gehören, wiegt diese Einschränkung nicht so stark.

Die verwendete Methode hat jedoch auch gewisse Vorteile. So ist es durch die starke Beeinflussbarkeit und Planbarkeit der einzelnen Ereignisse sehr gut möglich, die zu untersuchenden Effekte zu erforschen. Die hohe Kontrolle über das Experiment ermöglicht es zudem, frühe Prototypen zu testen, da eventuelle Funktionalitätsmängel durch gezielte Manipulation überspielt werden können, ohne den eigentlichen Erkenntnisgewinn zunichte zu machen.

Außerdem gilt es anzumerken, dass im Rahmen der hier beschriebenen Evaluation nicht die komplette in Abschn. 3 dargestellte Logik evaluiert werden kann, da zur Vereinfachung der direkte Einfluss der Determinanten auf das Vertrauen untersucht wurde, ohne Berücksichtigung der Dimensionen. Eine genauere Evaluation des strukturellen Zusammenhangs der gewählten Vertrauenstheorie wäre mit Hilfe der Strukturgleichungsmodellierung (Backhaus et al. 2006) möglich gewesen. Da das Ziel des Artikels jedoch die Herleitung einer Methode zur Entwicklung vertrauensunterstützender Komponenten für sozio-technische ubiquitäre Systeme war, wurde auf diese sehr detaillierte und umfangreiche Evaluation der strukturellen Zusammenhänge verzichtet.

6.3 Implikationen

Die Evaluation in Abschn. 6.1. hat gezeigt, dass die Methode grundsätzlich geeignet ist, um ein sozio-technisches ubiquitäres System um vertrauensunterstützende Komponenten zu erweitern. Nichtsdestotrotz konnten auch verschiedene Probleme beobachtet werden.

So zeigen die Ergebnisse, dass die Determinante Kontrolle durch die zugehörige VUK nicht erhöht werden konnte. Des Weiteren wurde die Determinante Verständlichkeit durch die zugehörige VUK zwar signifikant erhöht, jedoch konnte der aus der Theorie entnommene Zusammenhang zwischen Verständlichkeit und Vertrauen nicht empirisch bestätigt werden. Aus diesen Beobachtungen können mehrere Schlüsse gezogen werden.

Erstens gilt es zu hinterfragen, ob zusätzlich zu der Existenz eines theoretischen strukturellen Zusammenhangs zwischen einer Determinante und Vertrauen noch stärker analysiert werden sollte, inwieweit die Determinante zur Ableitung konkreter VUKs geeignet ist. Dies wurde bereits bei der Determinante Eignung diskutiert, die grundsätzlich durch jede Verbesserung des sozio-technischen ubiquitären Systems steigen sollte. Während hier die Problematik jedoch bei der Möglichkeit der Ableitung konkreter Designempfehlungen bzw. vertrauensbezogener funktionaler Anforderungen liegt, ist das Problem bei der Determinante Kontrolle darauf zurückzuführen, dass die Nutzer anscheinend ihre Kontrolle über ein sozio-technisches ubiquitäres System grundsätzlich als sehr hoch einschätzen. Dadurch ist es schwer, diese Einschätzung noch gezielt zu steigern. Hier gilt es zu überprüfen, ob diese Beobachtung allgemein für sozio-technische ubiquitäre Systeme gültig ist oder nur auf das für die Evaluation verwendete sozio-technische ubiquitäre System oder das Evaluationssetting zurückzuführen ist.

Zweitens gilt es zu hinterfragen, ob jeder in der relevanten Vertrauenstheorie zu findende strukturelle Zusammenhang automatisch für alle sozio-technischen ubiquitären Systeme gültig ist. Denn im vorliegenden Fall konnte der strukturelle Zusammenhang zwischen der Determinante Verständlichkeit und Vertrauen nicht empirisch bestätigt werden. Dies könnte durch die Situationsabhängigkeit von Vertrauen erklärt werden. So wäre es denkbar, dass verschiedene Determinanten für verschiedene Klassen von sozio-technischen ubiquitären Systemen eine unterschiedliche Bedeutung haben. Um dies zu überprüfen, sollte die Methode angewendet werden, um vertrauensunterstützende Komponenten für weitere sozio-technische ubiquitäre Systeme abzuleiten. Wenn in diesen Fällen der strukturelle Zusammenhang zwischen Verständlichkeit und Vertrauen empirisch bestätigt werden kann oder andere Zusammenhänge nicht signifikant sind, dann würde dies für die Vermutung sprechen. Des Weiteren sollten bei der Evaluation der Wirksamkeit der vertrauensunterstützenden Komponenten auch die strukturellen Zusammenhänge rigoros mit Hilfe der Strukturgleichungsmodellierung überprüft werden, um empirische Rückschlüsse über die Gültigkeit struktureller Zusammenhänge aus der Theorie ziehen zu können. Dadurch wäre eine tiefere Reflektion der verwendeten Theorien möglich (siehe Abb. 1), als sie auf Grund des Fokus des Beitrags hier diskutiert wurden.

Der letzte angesprochene Punkt zeigt aber auch den Wert der Methode für die Reflektion der verwendeten Theorien. Auch wenn dies nicht Fokus dieses Beitrags war, zeigt sich, dass die systematische Vorgehensweise der Methode, bei geeigneter Wahl des Evaluationswerkzeuges, eine detaillierte Reflektion der verwendeten Theorien ermöglicht, da sowohl die Zusammenhänge zwischen Determinanten und Dimensionen als auch zwischen Dimensionen und Vertrauen im Rahmen der Methode verwendet werden, um am Ende vertrauensunterstützende Komponenten abzuleiten und durch diese detaillierte Anwendung der Theorie wird auch eine ebenso detaillierte Evaluation und Reflektion ermöglicht.

7 Fazit und zukünftiger Forschungsbedarf

In diesem Beitrag wurde eine Methode zur Entwicklung vertrauensunterstützender Komponenten für sozio-technische ubiquitäre Systeme entwickelt und evaluiert. Die Evaluationsergebnisse zeigen, dass die Methode dazu geeignet ist Designelemente abzuleiten, die das Vertrauen der Nutzer in solche Systeme und die Nutzungsabsicht signifikant steigern. Somit leistet die Methode einen Beitrag zur Umsetzung des von Spann (2010) beschriebenen Ergänzungspotentials zwischen verhaltensorientierter und gestaltungsorientierter Forschung und stellt, der Taxonomie von Gregor (2006) folgend, eine Theory of Design and Action dar. Nichtsdestotrotz ist die in diesem Artikel präsentierte Methode und vor allem deren Evaluation nur als Zwischenschritt zu sehen, dem eine weitere Verfeinerung der Methode und eine ausführlichere Evaluierung folgen müssen.

So gilt es in zukünftigen Arbeiten, die Methode mit Hilfe weiterer Laborexperimente aber auch Feldtests detaillierter zu evaluieren und zu verbessern. So sollte die Methode im Rahmen weiterer Experimente dafür verwendet werden, weitere ubiquitäre Systeme um vertrauensunterstützende Komponenten anzureichen, damit eventuell existierende anwendungsbezogene Besonderheiten beobachtet werden können, welche die Wirksamkeit der Methode begünstigen oder behindern. In Feldtests gilt es zudem zu untersuchen, inwieweit die Ergebnisse aus dem Labor für die Realität zutreffen und welche Veränderungen gegebenenfalls beachtet werden müssen. Des Weiteren wäre es interessant, neben dem reinen Effekt auf das Vertrauen des Nutzers (in unserem Fall der Nutzen einer VUK) auch noch die Kostenseite zu betrachten (z. B. Implementierungszeit). Im Idealfall sollte daher nicht nur der absolute Nutzen (Steigerung des Vertrauens) der einzelnen Komponente betrachtet werden, sondern vor allem der Nettonutzen (Steigerung des Vertrauens/Implementierungsaufwand).

Vor dem Hintergrund der hohen Bedeutung, die Vertrauen zugeschrieben wird und der Tatsache, dass dies nach einer Vielzahl rein verhaltensorientierter Arbeiten zu Vertrauen der erste Ansatz zum systematischen Brückenschlag zwischen verhaltensorientierter und gestaltungsorientierter Forschung im Vertrauensbereich ist, sind die Ergebnisse dieses Beitrags als vielversprechend anzusehen. Insofern ist es lohnend, weiteren Forschungsaufwand in die Konkretisierung und weitere Systematisierung der entwickelten Methode zu investieren.

Danksagung: Die in diesem Beitrag vorgestellte Methode ist im Rahmen des Forschungsprojekts VENUS entstanden. VENUS ist ein Forschungsprojekt des interdisziplinären Forschungszentrums für Informationstechnik-Gestaltung (ITeG) der Universität Kassel. Wir danken dem hessischen Ministerium für Wissenschaft und Kunst für die Finanzierung des Projekts im Rahmen der Landes-Offensive zur Entwicklung Wissenschaftlich-ökonomischer Exzellenz (LOEWE). Weiterführende Informationen erhalten Sie unter: http://www.iteg.uni-kassel.de/venus.

Literatur

Abdul-Rahman A, Hailes S (2000) Supporting trust in virtual communities. In: Proceedings of the 33rd Hawai'i International Conference on System Sciences (HICSS 33), Maui, Hawai'i, 4–7 Januar 2000
Ajzen I, Fishbein M (1980) Understanding attitudes and predicting social behavior. Prentice-Hall, Englewood Cliffs
Backhaus K, Erichson B, Plinke W, Weiber R (2006) Multivariate Analysemethoden, 11. Aufl. Springer, Berlin
Bart Y, Shankar V, Sultan F, Urban GL (2005) Are the drivers and role of online trust the same for all web sites and consumers? J Marketing 69(4):133–152
Beier G, Spiekermann S, Rothensee M (2006) Die Akzeptanz zukünftiger Ubiquitous Computing Anwendungen. In: Heinecke AM, Paul H (Hrsg) Mensch & Computer 2006: Mensch und Computer im Strukturwandel. Oldenbourg, München, S 145
Bell G, Dourish P (2007) Yesterday's tomorrows: notes on ubiquitous computing's dominant vision. Pers Ubiquit Comput 11(2):133–143
Berkovich M, Esch S, Mauro C, Leimeister JM, Krcmar H (2011) Towards an artifact model for requirements to IT-enabled product service systems. In: Proceedings of Wirtschaftsinformatik 2011, Zürich, 16–18 Februar 2011
Bharadwaj N, Matsuno K (2006) Investigating the antecedents and outcomes of customer firm transaction cost savings in a supply chain relationship. J Bus Res 59(1):62–72
Bortz J, Döring N (2005) Forschungsmethoden und Evaluation: für Human- und Sozialwissenschaftler, 3. Aufl. Springer, Berlin
Brinkkemper S (1996) Method engineering: engineering of information systems development methods and tools. Inf Softw Technol 38(4):275–280. doi:10.1016/0950-5849(95)01059-9

Christophersen T, Grape C (2007) Die Erfassung latenter Konstrukte mit Hilfe formativer und reflektiver Messmodelle. In: Alberts S et al. (Hrsg) Methodik der empirischen Forschung. Gabler, Wiesbaden, S 103–118

Chung L (2000) Non-functional requirements in software engineering. Kluwer, Bosten

Cleland-Huang J, Settimi R, BenKhadra O, Berezhanskaya E, Christina S (2005) Goal-centric traceability for managing non-functional requirements. ACM, New York, S 362–371

Cysneiros LM, do Prado Leite JCS, de Melo Sabat Neto J (2001) A framework for integrating non-functional requirements into conceptual models. Requirements Eng 6(2):97–115

Demers AJ (1994) Research issues in ubiquitous computing. Paper presented at the Symposium on Principles of Distributed Computing 1994, Los Angeles, California, United States

Doney PM, Cannon JP (1997) An examination of the nature of trust in buyer-seller relationships. J Marketing 61:35–51

Eberl P (2003) Vertrauen und Management. Schäffer-Poeschel, Stuttgart

Ebert TAE (2009) Facets of trust in relationships – a literature synthesis of highly ranked trust articles. J Bus Mark Manage 3(1):65–84

Fishbein M, Ajzen I (1975) Belief, attitude, intention, and behavior: an introduction to theory and research. Addison-Wesley, Reading, Mass

Forrester Research (2009) North American technographics media and marketing online survey. Forrester Research, Inc

Ganesan S (1994) Determinants of long-term orientation in buyer-seller relationships. J Marketing 58(2):1

Gefen D, Benbasat I, Pavlou PA (2008) A research agenda for trust in online environments. J Manage Info Syst 24:275–286

Gefen D, Karahanna E, Straub DW (2003) Trust and TAM in online shopping: an integrated model. MIS Q 27(1):51–90

Gefen D, Straub DW (2004) Consumer trust in B2C e-Commerce and the importance of social presence: experiments in e-Products and e-Services. Omega 32(6):407–424

Gehlert A, Schermann M, Pohl K, Krcmar H (2009) Towards a research method for theory-driven design research. In: Hansen HR, Karagiannis D, Fill H-G (Hrsg) 9. Internationale Tagung Wirtschaftsinformatik. Österreichische Computer Gesellschaft, Wien, S 441–450

Gregor S (2006) The nature of theory in information systems. MIS Q 30(3):611–642

Gross D, Yu E (2001) From non-functional requirements to design through patterns. Requirements Eng 6(1):18–36

Hevner AR, March ST, Jinsoo P, Ram S (2004) Design science in information systems research. MIS Q 28(1):75–105

Hoffmann A, Söllner M, Fehr A, Hoffmann H, Leimeister JM (2011) Towards an approach for developing socio-technical ubiquitous computing applications. Paper presented at the 41. Jahrestagung der Gesellschaft für Informatik, Berlin, Germany

Jarvis CB, Mackenzie SB, Podsakoff PM (2003) A critical review of construct indicators and measurement model misspecification in marketing and consumer research. J Cons Res 30(2):199–218

Kotonya G, Sommerville I (1996) Requirements engineering with viewpoints. Softw Eng J 11(1): 5–18

Lee JD, See KA (2004) Trust in automation: designing for appropriate reliance. Hum Factors 46(1):50–80

Leimeister J, Krcmar H (2006) Community-Engineering Systematischer Aufbau und Betrieb Virtueller Communitys im Gesundheitswesen. Wirtschaftsinformatik 48(6):418–429. doi:10.1007/s11576-006-0094-y

Leimeister JM (2012) Dienstleistungsengineering & -management. Springer Gabler, Heidelberg

Leimeister JM, Ebner W, Krcmar H (2005) Design, implementation and evaluation of trust-supporting components in virtual communities for patients. J Manage Info Syst 21(4):101–135

Leimeister JM, Huber M, Bretschneider U, Krcmar H (2009) Leveraging crowdsourcing: activation-supporting components for IT-based ideas competition. J Manage Info Syst 26(1):197–224
Luhmann N (1979) Trust and power. Wiley, Chichester
Mayer RC, Davis JH, Schoorman FD (1995) An integrative model of organizational trust. Acad Manag Rev 20(3):709–734
McKnight DH, Choudhury V, Kacmar C (2002) Developing and validating trust measures for e-Commerce: an integrative typology. Info Syst Res 13(3):334–359
Morgan RM, Hunt SD (1994) The commitment-trust theory of relationship marketing. J Marketing 58(3):20
Muir BM (1994) Trust in automation: part I. Ergonomics 37(11):1905–1922
Muir BM, Moray N (1996) Trust in automation. Part II. Experimental studies of trust and human intervention in a process control simulation. Ergonomics 39(3):429–460
Mumford E, Weir M (1979) Computer systems in work design – the ETHICS method. Wiley, New York
Nass C, Fogg BJ, Moon Y (1996) Can computers be teammates? Int J Hum-Comp Stud 45(6): 669–678. doi:10.1006/ijhc.1996.0073
Nass C, Moon Y, Fogg BJ, Reeves B, Dryer DC (1995) Can computer personalities be human personalities? Int J Hum-Comp Stud 43(2):223–239. doi:10.1006/ijhc.1995.1042
Nass C, Steuer J, Tauber ER (1994) Computers are social actors. In: Proceedings of the Conference on Human Factors in Computing Systems (CHI), Boston, Massachusetts, United States, April 1994
Nielsen (2009) Consumer confidence survey. The Nielson Company
Nielsen J (1993) Usability engineering. Morgan Kaufmann, Amsterdam
Patrick AS, Briggs P, Marsh S (2005) Designing systems that people will trust. In: Cranor L, Garfinkel S (Hrsg) Security and usability: designing secure systems that people can use. O'Reilly, Beijing
Pohl K (2008) Requirements Engineering. dpunkt. Verlag, Heidelberg
Pree W (1997) Komponentenbasierte Softwareentwicklung mit Frameworks. dpunkt. verlag, Heidelberg
Reeves B, Nass C (1996) The media equation: how people treat computers, television, and the new media like real people and places. Cambridge University Press, Stanford
Rekimoto J, Nagao K (1995) The world through the computer: computer augmented interaction with real world environments. Paper presented at the User interface and software technology 1995, Pittsburgh, Pennsylvania, United States
Resatsch F, Sandner U, Leimeister JM, Krcmar H (2008) Do point of sale RFID-based information services make a difference? Analyzing consumer perceptions for designing smart product information services in retail business. Electronic Mark 18(3):692–709
Rousseau DM (1998) Trust in organizations: frontiers of theory and research. Adm Sci Q 43(1): 186–188
Rousseau DM, Sitkin SB, Burt RS, Camerer C (1998) Not so different at all: a cross disziplinary view of trust. Acad Manag Rev 23(3):393–404
Shankar V, Urban GL, Sultan F (2002) Online trust: a stakeholder perspective, concepts, implications, and future directions. J Strateg Inf Syst 11(3–4):325–344
Singh J, Sirdeshmukh D (2000) Agency and trust mechanisms in consumer satisfaction and loyalty judgments. J Acad Mark Sci 28(1):150–167
Söllner M, Hoffmann A, Hoffmann H, Leimeister JM (2011) Towards a theory of explanation and prediction for the formation of trust in IT artifacts. In: Proceedings of the SIGHCI 2011, Paper 6
Söllner M, Leimeister JM (2010) Did they all get it wrong? Towards a better measurement model of trust. Paper presented at the Academy of Management Annual Meeting 2010, Montréal, Canada, 6–10 August 2010
Sommerville I (2007) Software engineering, 8 Aufl. Addison-Wesley, Harlow

Spann M (2010) Synergien zwischen gestaltungsorientierter und verhaltensorientierter Wirtschaftsinformatik. Z betriebswirtschaftliche Forsch 62(6):677–679
Spiekermann S (2007) Privacy enhancing technologies for RFID in retail – an empirical investigation. In: UbiComp 2007: Ubiquitous Computing. S 56–72
Szyperski C (2002) Component software – beyond object-oriented programming, 2. Aufl. ACM Press, New York
Vance A, Elie-Dit-Cosaque C, Straub DW (2008) Examining trust in information technology artifacts: the effects of system quality and culture. J Manage Info Syst 24(4):73–100
Wang W, Benbasat I (2005) Trust in and adoption of online recommendation agents. J Assoc Info Syst 6(3):72–101
Weiser M (1991) The computer for the 21st century. Sci Am 265(3):94–104
Weiser M (1993) Some computer science issues in ubiquitous computing. Commun ACM 36(7): 75–84. doi:http://doi.acm.org/10.1145/159544.159617
Zuboff S (1988) In the age of smart machines: the future of work technology and power. Basic Books, New York

Trust support for ubiquitous computing systems

Abstract: Trust has been shown as a crucial factor for the adoption of new technologies. Surprisingly, trust literature offers very little guidance for systematically integrating the vast amount of behavioral trust results into the development of computing systems. The aim of this article is to develop a method for deriving trust supporting components for ubiquitous computing systems. The method is used to derive four trust supporting components for a ubiquitous restaurant recommendation system. Afterwards, the system is evaluated using a laboratory experiment with 166 undergraduate students. The results show that the users' trust as well as their intention to use the system could be significantly increased. To the best of our knowledge, this is the first article developing and evaluating a method for systematically integrating the behavioral trust results into the development of a computing system and its value.

Keywords: Trust · Trust support · Method · Design of ubiquitous computing systems · Laboratory experiment

ZfB-SPECIAL ISSUE 4/2012

Kompatibilität von Softwareplattformen

Thomas Widjaja · Peter Buxmann

Zusammenfassung: In der Softwareindustrie sowie zahlreichen weiteren Technologiebranchen werden Produkte vermehrt in Form eines aus komplementären Komponenten zusammengesetzten Systems angeboten. Softwareplattformen bilden die Grundlage für Komplementärprodukte, die vom Plattformanbieter selbst, aber auch von Drittanbietern entwickelt werden können. Diese Entwicklung ist sowohl im Business-to-Consumer (z. B. Apple mit dem AppStore) als auch im Business-to-Business Umfeld (z. B. salesforce.com mit dem Marktplatz AppExchange) zu beobachten. In diesem Artikel wird auf Basis eines Simulationsmodells die Frage untersucht, welcher Grad der Offenheit einer Plattform aus der Perspektive der Anbieter optimal ist.

Die Ergebnisse sind insbesondere, dass eine Kompatibilitätserhöhung der eigenen Plattform zu den komplementären Produkten der Konkurrenten zu einer höheren Verbreitung der Plattform führt, jedoch gleichzeitig den Effekt einer beim Anwender implementierten Plattform auf die Wahl der komplementären Services reduziert. Die Simulationsexperimente zeigen auch, dass unter den getroffenen Annahmen eine leicht erhöhte – jedoch keine vollständige – Kompatibilität zu einer Maximierung des Standardisierungsgrades (d. h. des Verbreitungsgrades) des agierenden Anbieters führt.

Schlüsselwörter: Kompatibilität · Netzeffekte · Softwareindustrie · Softwareplattform · Standardisierung

JEL Classification: C63 · L15 · L86

© Gabler-Verlag 2012

Dr. T. Widjaja (✉) · Prof. Dr. P. Buxmann
Fachgebiet Wirtschaftsinformatik, Technische Universität Darmstadt,
Darmstadt, Deutschland
E-Mail: widjaja@is.tu-darmstadt.de

Prof. Dr. P. Buxmann
E-Mail: buxmann@is.tu-darmstadt.de

1 Einleitung

In der Softwareindustrie sowie zahlreichen weiteren Technologiebranchen werden Produkte vermehrt in Form eines aus komplementären Komponenten zusammengesetzten Systems angeboten (vgl. Gawer und Henderson 2007). Bestimmte Komponenten nehmen dabei die Rolle von Softwareplattformen ein, um die sich sogenannte Ökosysteme (Jansen et al. 2009) bilden. Evans et al. beschreiben eine Softwareplattform als: „a software program that makes services available to other software programs through Application Programming Interfaces (APIs)" (Evans et al. 2006). In diesem Artikel wird der Fokus auf Softwareplattformen gelegt, die Infrastruktur-Services anbieten (vgl. Boudreau 2010). Die Idee, Softwaresysteme auf Basis von Plattformen und in Kombination mit Komplementärprodukten aus einem „Ökosystem" anzubieten, wird in vielen Teilen der Softwareindustrie angewendet. Dies ist kein neues Phänomen: Bereits um die ersten Betriebssysteme entwickelten sich Ökosysteme von Applikationen. Aktuelle Beispiele sind sowohl Apple mit dem AppStore als auch im Kontext von Unternehmenssoftware zu finden. Im Kontext von service-orientierten Architekturen (SOA) können Anwender Services von unterschiedlichen Herstellern auf Basis von SOA-Plattformen kombinieren. Auch im Kontext von Software-as-a-Service (SaaS) ist die Nutzung von Software-Plattformen zu beobachten (vgl. Cusumano 2010a, b).

Existieren in einer Branche mehrere konkurrierende Softwareplattformen mit entsprechenden Ökosystemen, stellt das die Anwender vor die Entscheidung, auf welche dieser Plattformen sie setzen sollten – diese Frage ist insbesondere von großer Bedeutung, weil ein Wechsel der Plattform oftmals nur zu hohen Wechselkosten möglich ist.

Das Ziel des vorliegenden Artikels ist die Untersuchung des aus der Perspektive der Plattformanbieter optimalen Grades an Kompatibilität der Softwareplattform zu den Komponenten konkurrierender Ökosysteme. Erleichtert ein Anbieter die Integration von Anwendungen aus Ökosystemen der Konkurrenten mit seiner Plattform, erhöht dies zwar die Attraktivität seiner Plattform, führt jedoch auch dazu, dass die Komplementärprodukte aus dem eigenen Ökosystem keine Integrationsvorteile gegenüber denen aus den Ökosystemen der Konkurrenz haben.

In diesem Artikel wird nach einem kurzen Überblick der Literatur zur Offenheit von Softwareplattformen (Kap. 2) ein binäres lineares Optimierungsproblem vorgestellt, um die Abwägung der Anwender zwischen der höheren funktionalen Abdeckung und den Mehrkosten heterogener Lösungen aus dem Blickwinkel der Standardisierungsökonomie zu modellieren (Kap. 3). Unter der Annahme, dass die Anwender auf Basis der modellierten Aspekte entscheiden, kann dieses Modell genutzt werden, um die Wirkung von Kompatibilitätsveränderungen der Plattform durch die Anbieter zu antizipieren. Auf der Grundlage eines Simulationsexperiments, in dem der Effekt einer Kompatibilitätsveränderung auf die Struktur der optimalen Lösungen des Optimierungsproblems analysiert wird, können Handlungsempfehlungen für die Anbieter von Softwareplattformen abgeleitet werden (Kap. 4). Der Artikel schließt mit einer kurzen Zusammenfassung und dem Ausblick auf weitere Forschungsarbeiten (Kap. 5).

2 Offenheit von Softwareplattformen

In der Literatur zu Softwareökosystemen werden sowohl die Motive der Plattformanbieter als auch die der Komplementärgutanbieter zur Teilnahme an einem Ökosystem untersucht (vgl. z. B. Arndt et al. 2008a; Kude und Dibbern 2009; Hilkert et al. 2010; Arndt et al. 2008b). Vor diesem Hintergrund stehen konkurrierende Plattformanbieter vor spezifischen Gestaltungsentscheidungen; hierbei werden in der Literatur insbesondere Offenheit und Kontrolle, Preissetzung und Innovationsstrategie diskutiert (vgl. z. B. West 2003; Gawer und Henderson 2007; Rysman 2009). In diesem Artikel wird mit der Offenheit einer Plattform eine wesentliche Gestaltungsoption der Anbieter untersucht. Nach Eisenmann et al. ist eine Plattform zu dem Grad offen, zu dem a) keine Einschränkungen bezüglich der Teilnahme an der Entwicklung, Kommerzialisierung oder der Nutzung der Plattform existieren und b) alle vorhandenen Einschränkungen nachvollziehbar sind und für alle (ggf. auch potenziellen) Teilnehmer des Ökosystems gleichermaßen gelten (vgl. Eisenmann et al. 2009). Dieser Definition folgend wird in der Literatur unter dem Begriff „Offenheit einer Plattform" eine Vielzahl von Aspekten subsumiert (vgl. Schlagwein et al. 2010) – diese reichen von dem Vorhandensein einer technischen Dokumentation der Plattform bis zum Grad der Verfügbarkeit von Distributionskanälen (vgl. z. B. Hilkert et al. 2011).

Aus Perspektive des Plattformanbieters steht oftmals folgende Abwägung bei Frage nach dem optimalen Grad der Offenheit einer Plattform im Vordergrund: Offenheit führt zwar zu einem Verlust von Kontrolle über die Plattform, fördert jedoch auch die Mitwirkung von Dritten (vgl. West 2003). Boudreau untersucht zudem den Zusammenhang zwischen dem Grad der Offenheit einer Plattform und der Innovationsrate und stellt einen positiven Zusammenhang fest (die empirische Untersuchung basiert dabei auf Daten aus dem Umfeld von Betriebssystemen für Handheld Computer) (vgl. Boudreau 2010).

In diesem Artikel wird auf die Kompatibilität der Plattform zu den komplementären Komponenten der Konkurrenten – also einen Teilaspekt der Offenheit (vgl. Eisenmann et al. 2009) – eingegangen. Hierbei wird folgender Trade-Off betrachtet: Erleichtert ein Anbieter die Integration von Anwendungen aus Ökosystemen der Konkurrenten mit seiner Plattform, erhöht dies auf der einen Seite den Nutzen der Kunden bezüglich dieser Plattform, reduziert jedoch den Integrationsvorteil den die Komplementärprodukte aus dem eigenen Ökosystem gegenüber denen aus den Ökosystemen der Konkurrenz haben.

Um dies zu untersuchen, wird zunächst die Perspektive der Anwender eingenommen: Bei der Zusammenstellung eines auf einer Plattform basierenden Produkts ist aus Anwenderperspektive neben der Güte der einzelnen Komponenten zudem insbesondere entscheidungsrelevant, ob und inwieweit Einzelkomponenten verschiedener Anbieter kompatibel sind. Erhöhte Kompatibilität hat Vorteile für die Anwender: Sie erleichtert die Integration von Komplementärprodukten unterschiedlicher Ökosysteme – also die Realisierung von Best-of-Breed-Systemen. Unter Best-of-Breed-Systemen werden in diesem Artikel Softwaresysteme aus der Komponentenkombination verstanden, die dem jeweiligen Anwender die höchste funktionale Abdeckung für die einzelnen Funktionen stiftet – dies führt in der Regel (bezüglich der verwendeten Hersteller und Ökosysteme) zu heterogenen Systemen.[1] Hierbei ergibt sich für die Anwender folgendes Optimierungsproblem (vgl. Kap. 3): Auf der einen Seite vermögen es die Komponenten eines einzigen Ökosystems oftmals nicht, alle Anforderungen des Anwenders optimal abzudecken, auf der anderen Seite ist die Kombination von Komponenten aus unterschiedlichen Ökosystemen aufgrund von Inkompatibilität typischerweise mit erhöhten Kosten verbunden. Die Kompatibilitätsentscheidung der Anbieter hat also wesentlichen Einfluss auf die Auswahlentscheidung der potenziellen Anwender (vgl. z. B. Köster 1999). Besteht im Fall von Inkompatibilität zudem das Risiko, bei einem inferioren Hersteller (beziehungsweise Standard) zu „stranden", kann dies die Anwender sogar von der Adoption abhalten (vgl. z. B. Katz und Shapiro 1994). Diese Überlegungen verdeutlichen die besondere Rolle der Plattform – diese Infrastrukturkomponente wird oftmals bereits im Rahmen der ersten Projekte eingerichtet und wirkt dann bei (zukünftigen) Auswahlentscheidungen als dauerhafter Vorteil für den entsprechenden Anbieter. Der Grad der Kompatibilität der Plattform variiert stark zwischen den Ökosystemen: Während beispielsweise eine für ein Android-Mobiltelefon implementierte Anwendung auf einem Apple-iPhone nicht verwendet werden kann, ist es unter Zuhilfenahme von Zusatzsoftware durchaus möglich, für die Windows-Plattform entwickelte Programme auf einem Macintosh-Computer zu verwenden.

Die in diesem Artikel vorgestellte Untersuchung basiert auf der Perspektive der Standardisierungsökonomie. Farrell und Saloner beschreiben den Zusammenhang zwischen Kompatibilitätsstandards (bzw. Standardisierung) und Kompatibilität wie folgt: „Compatibility may be achieved through standardization" (Farrell und Saloner 1992). Entsprechend wird in diesem Aufsatz unter einem Kompatibilitätsstandard ein Standard verstanden, der als Ziel die Realisierung einer Interaktion zwischen Elementen eines Systems verfolgt. In diesem Kontext ist damit zum einen die Interaktion der Plattform mit den Komplementärprodukten gemeint, zum anderen existieren in zahlreichen dieser Systeme zwischen den komplementären Komponenten Informationsbeziehungen, d. h. während der Nutzung des Systems werden zwischen den Komponenten Informationen ausgetauscht. Auch der Informationsaustausch zwischen den Komponenten erfolgt auf der Grundlage von Kompatibilitätsstandards.

Eine wichtige ökonomische Eigenschaft von Kompatibilitätsstandards sind Netzeffekte. Katz und Shapiro beschreiben das Konzept der Netzeffekte folgendermaßen: „[T]he utility that a given user derives from the good depends upon the number of other users who are in the same 'network' as is he or she." (Katz und Shapiro 1985) In diesem Artikel werden insbesondere die „system-internen" Netzeffekte betrachtet, d. h., die Nutzung einer Komponente eines Anbieters in einem System wird (aus dieser Perspektive) umso sinnvoller, je mehr Komponenten dieses Anbieters bereits genutzt werden. Verschiedene methodische Ansätze stellen die Netzeffekttheorie auf eine vergleichsweise breite, allerdings bislang keineswegs einheitliche oder abgeschlossene Basis (vgl. z. B. für eine Übersicht David und Greenstein 1990; Gandal 2002; Koski und Kretschmer 2004; Matutes und Regibeau 1996; Weitzel et al. 2000). In der Literatur werden *positive* und *negative* Netzeffekte unterschieden. Im Fall von positiven / negativen Netzeffekten hat ein zusätzlicher Teilnehmer eines Netzwerks entsprechend einen positiven/negativen Einfluss auf den Nutzen der bisherigen Teilnehmer. Die Verwendung einer bestimmten Sprache ist beispielsweise mit positiven Netzeffekten verbunden – je mehr Menschen diese Sprache sprechen, desto mehr (potenzielle) Kommunikationspartner stehen zur Verfügung.

3 Modellierung der Auswahlentscheidung der Anwender

In diesem Abschnitt wird ein Modell aus der Anwenderperspektive vorgestellt, um die simultane Auswahl von Plattformen und Services vor dem Hintergrund positiver „systeminterner" Netzeffekte zu unterstützen. Abhängigkeiten zwischen Marktteilnehmern – wie sie z. B. in der Literatur zu mehrseitigen Märkten analysiert werden (vgl. Rysman 2009; Armstrong 2006) – stehen nicht im Vordergrund.

Hierbei wird im Folgenden unter einem Service eine Komponente verstanden, die eine fachliche Funktionalität durch Software implementiert. Die Granularität der Services kann dabei variieren – der hier verwendete Begriff umfasst sowohl ein CRM-Modul einer ERP-Standardsoftware als auch eine „App" für ein Mobiltelefon. Das vorgestellte Modell bildet den Trade-off zwischen der möglicherweise besseren funktionalen Abdeckung durch Softwaresysteme, die aus Komponenten unterschiedlicher Hersteller zusammengesetzt sind, und den typischerweise höheren Kosten für heterogene Systeme ab. Dies gilt sowohl für die Auswahl von Plattformen und Services im Business-to-Consumer-Umfeld als auch im Business-to-Business-Bereich. So stehen Unternehmen etwa vor der Entscheidung, welche Plattformanbieter sie im Bereich „Software as a Service" (SaaS) (vgl. z. B. Buxmann et al. 2008) wählen. Hier bieten Hersteller wie SAP und salesforce.com entsprechende Plattformen sowie ein Ökosystem aus dazugehörigen Services an. Eine ähnliche Konstellation existiert im Bereich serviceorientierter Architekturen (SOA): Dort können auf Basis von SOA-Plattformen SOA-Services unterschiedlicher Hersteller integriert werden. Das Grundprinzip ist somit vergleichbar mit dem AppStore und dem Android-Marketplace. Ein wesentlicher Unterschied besteht in den Informationsbeziehungen zwischen den Services. Während auf den letztgenannten Marktplätzen die Apps in der Regel unabhängig voneinander sind, ist im Business-to-Business-Bereich Informationsaustausch zwischen den entsprechenden Services notwendig – beispielsweise tauschen Services zum Projektmanagement sowie zur -abrechnung auf Grundlage einer CRM-Plattform Zahlungsdaten aus. Als Konsequenz sind nicht nur die Kosten möglicher Inkompatibilität im Rahmen der Integration von Services und Plattformen, sondern auch beim Informationsaustausch zwischen Services verschiedener Anbieter zu berücksichtigen. Im Folgenden konzentrieren wir uns bei der Modellformulierung auf das Business-to-Business-Umfeld. Diese Betrachtung stellt den allgemeinen Fall dar, d. h., die Auswahlentscheidung im Bereich der Business-to-Consumer-Plattformen kann als Spezialfall der modellierten Auswahlentscheidung behandelt werden. Auch der Sonderfall, in dem einzelne Services von anderen Service-Anbietern, beispielsweise als SaaS, bezogen werden und damit die Integration auf der unternehmenseigenen Plattform eine eher untergeordnete Rolle spielt, ist damit berücksichtigt.

Beim Aufbau eines auf einer Plattform basierenden Softwaresystems gilt es für Anwender zu entscheiden, welche Services von welchen Anbietern bezogen bzw. selbst entwickelt werden sollten, um die gewünschten Geschäftsprozesse abzubilden. In diesem Aufsatz wird, wie in Abb. 1 dargestellt, davon ausgegangen, dass sich auf einer Plattform basierende Softwaresysteme in zwei Schichten strukturieren lassen. Hierbei umfasst die Serviceschicht (Schicht 1) alle verwendeten Services, die IT-Funktionen zur direkten Abbildung des Geschäftsprozesses anbieten. Damit diese Services genutzt werden können, ist jedoch zusätzlich eine Infrastrukturkomponente (Plattform) auf Schicht 0 notwendig.

Abb. 1: Schematische Darstellung der Modellierung der Schichten

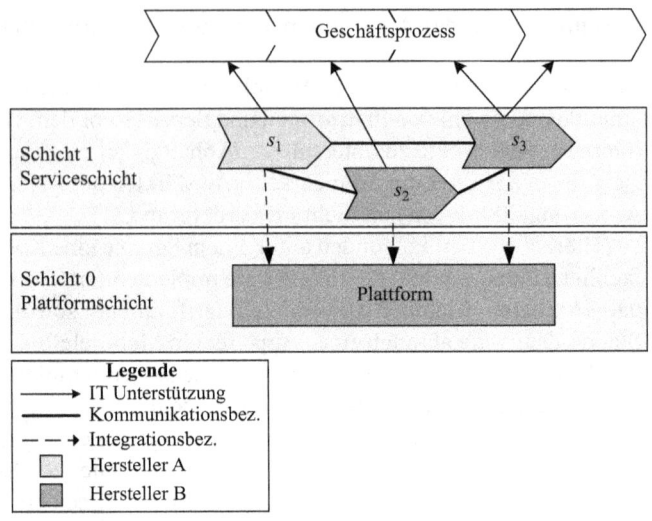

Solche Plattformen werden von großen Softwareanbietern, wie beispielsweise IBM, Oracle oder SAP, aber auch von kleineren Herstellern wie der Software AG entwickelt und angeboten.

Basierend auf den durch das System zu unterstützenden Geschäftsprozessen kann die Menge der zu modellierenden IT-Funktionen $i \in N^{Service}$ bestimmt werden. Bedingt durch den jeweils zu unterstützenden Geschäftsprozess ist es oftmals erforderlich, dass die IT-Funktionen $i, j \in N^{Service}$ mit $i \neq j$ Informationen austauschen (also Informationsbeziehungen existieren). Die Menge $E^{com} \subseteq \{(i, j) | i, j \in N^{Service}$ und $i < j\}^2$ der ungerichteten Kanten repräsentieren diese Informationsbeziehungen. Für ein analoges Vorgehen, siehe z. B. (Domschke et al. 2002). So lässt sich der Servicegraph als $G^{Service} := (N^{Service}, E^{com})$ definieren. Nicht jede IT-Funktion $i \in N^{Service}$ muss notwendigerweise Informationen mit allen anderen IT-Funktionen $j \in N^{Service}/\{i\}$ austauschen - der Servicegraph muss also nicht vollvermascht sein. Eine besondere IT-Funktion ist die der Plattform F_0, diese ist mit allen IT-Funktionen $i \in N^{Service}$ durch eine Integrationsbeziehung verbunden. Die Menge der IT-Funktionen ist als $N := N^{Service} \cup \{F_0\}$ definiert. Damit kann der IT-Funktionengraph als $G := (N, E)$ mit $E := E^{Com} \cup \{\{F_0\} \times N^{Service}\}$ definiert werden.

Es wird angenommen, dass jede IT-Funktion $i \in N^{Service}$ von Services $s \in R^{Service}$ und die IT-Funktion F_0 durch eine Plattform $p \in R^{Plattform}$ implementiert werden können.[3] Im Folgenden wird $R := R^{Service} \cup R^{Plattform}$ als Menge der Komponenten bezeichnet. In einer zulässigen Lösung wird jede IT-Funktion $i \in N$ durch genau eine Komponente $r \in R$ implementiert. Einige Hersteller bieten Komponenten für eine Vielzahl von IT-Funktionen an, während andere Hersteller sich auf fachliche Nischen spezialisiert haben.

Der Kauf (oder auch die Eigenimplementierung) einer Komponente $r \in R$ verursacht Kosten, beispielsweise durch Softwarelizenzen und Schulungen für die Mitarbeiter. Diese Kosten werden durch den Parameter $\tilde{a}^r \in \mathbb{R}_+$ abgebildet und im Folgenden als *Implementierungskosten* bezeichnet. Bei der Modellanwendung können die geringen Implementierungskosten bereits bestehender Komponenten durch einen sehr geringen Wert für $\tilde{a}^r$

berücksichtigt werden. Services, die beispielsweise lediglich als Fassade für ein bereits bestehendes Legacy-System realisiert werden, verursachen typischerweise geringere Implementierungskosten als Neuanschaffungen. Die Komponenten stiften, in Abhängigkeit ihrer Fähigkeit die Anforderungen der Anwender abzudecken, jedoch auch Nutzen, dieser wird im Folgenden mit $\tilde{b}^r \in \mathbb{R}$ bezeichnet. Der *Nettonutzen* $b^r \in \mathbb{R}$ kann folgendermaßen definiert werden:

$$b^r := \tilde{b}^r - \tilde{a}^r \ |\forall r \in R \tag{1}$$

In einigen Fällen ist es für Anwender möglich, alle IT-Funktionen durch Komponenten eines Anbieters zu implementieren. Mit einer solchen homogenen Lösung ist in der Regel der Vorteil verbunden, dass ein weitgehend problemloses Zusammenspiel der Komponenten gewährleistet ist. Allerdings gelingt es einem einzigen Anbieter selten, alle Anforderungen der Anwender vollständig (oder gar optimal) abzudecken. Offene Standards versprechen den Anwendern jedoch eine Vereinfachung der Integration von Services unterschiedlicher Hersteller, und damit werden Best-of-Breed-Systeme tendenziell attraktiver. Viele Hersteller erweitern allerdings offene Standards um proprietäre Zusätze. Daher ist davon auszugehen, dass heterogene Systeme in der Regel mit dem Problem der Inkompatibilität verbunden sind. Diese Inkompatibilität ist ein Grund für zum einen erhöhte Kosten für den Informationsaustausch zwischen den Services unterschiedlicher Hersteller und zum anderen die höheren Kosten für die Integration von Service und Plattformen unterschiedlicher Hersteller.

Um die höheren Kosten für den Informationsaustausch zwischen Services unterschiedlicher Anbieter zu modellieren, werden *Informationskosten* für jedes Knotenpaar mit $(i, j) \in E^{com}$ und jedes Paar (s, t) von Service-Kandidaten mit $s \in R_i^{Service}$ und $t \in R_j^{Service}$ berücksichtigt. Die Informationskosten sind als Summe aus einmaligen und diskontierten laufenden Kosten für die Informationsübermittlung zwischen zwei Services definiert, wobei sowohl die direkt mit dem Informationsaustausch verbundenen Kosten also auch die Opportunitätskosten suboptimaler Entscheidungen, die durch eine Informationswerterhöhung im Zuge einer Standardisierung vermieden werden könnten, berücksichtigt werden. Beispiele für Informationskosten sind die Kosten für die Vor- oder Nachbearbeitung der übertragenen Daten (die teilweise von der Inkompatibilität der Kommunikationsstandards verursacht werden). Im Kontext von service-orientierten Architekturen wird der Informationsaustausch oftmals über einen Enterprise Service Bus (ESB) realisiert; da jedoch typischerweise kein unternehmensweiter semantischer Standard existiert (und damit die Voraussetzungen für eine vollständige Hub-and-Spoke-Kommunikationsarchitektur fehlen) sind die direkten Kommunikationsbeziehungen zwischen den Services zu modellieren.

In dem Fall, in dem Services und Plattform von unterschiedlichen Herstellern in einem betrieblichen Softwaresystem verwendet werden, muss der Anwender mögliche Kompatibilitätsprobleme bei der Integration der Services mit der Plattform berücksichtigen. Ein möglicher Grund der Inkompatibilität ist, dass einige der Plattformanbieter offene Integrationsstandards um proprietäre Erweiterungen ergänzen. Solche Erweiterungen erlauben beispielsweise einen höheren Datendurchsatz oder ein erhöhtes Sicherheitsniveau. Die Services des Plattformanbieters nutzen diese Erweiterungen oft ohne weitere Anpassung und sind typischerweise leichter auf der „hauseigenen" Integrationsplattform lauffähig, da die Integration typischerweise vorbereitet, gut dokumentiert und teilweise auch durch

Werkzeuge unterstützt wird. Anbieter, die ausschließlich Services anbieten, zertifizieren diese Services oftmals für die Nutzung mit der Plattform eines bestimmten Herstellers und werden so Teil des entsprechenden Ökosystems. Im Folgenden wird dies berücksichtigt, indem die Integrationsbeziehungen zwischen dem Service $s \in R^{Service}$ und der Plattform $p \in R^{Plattform}$ durch *Integrationskosten* gewichtet sind. Die Integrationskosten sind einmalige und diskontierte laufende Kosten, die anfallen, um einen Service $s \in R^{Service}$ auf einer Plattform $p \in R^{Plattform}$ ausführbar zu machen, d. h. direkt mit der Integration verbundene Kosten. Beispiele sind Kosten für die Installation und Konfiguration des Services.

Zur Vereinfachung wird angenommen, dass jeder Anbieter genau einen Integrationsstandard sowie einen Kommunikationsstandard verwendet und dass jede Komponente genau einen Integrations- und Kommunikationsstandard erfüllt. Unter diesen Annahmen können Kommunikations- und Integrationsstandards für die Komponente $r \in R$ in dem Parameter $k^r \in K$ zusammengefasst werden. Damit kann $k^r \in K$ als Hersteller der Komponente $r \in R$ interpretiert werden. Unter der Annahme, dass jede Komponente ausschließlich eine IT-Funktion implementieren kann und dass jeder Hersteller für eine IT-Funktion maximal eine Komponente anbietet, identifiziert das Tupel (i, k) jede Komponente eindeutig.

Zur Vereinfachung des Modells ist der IT-Funktionengraph nicht gerichtet, da die wechselseitigen Informationskosten zwischen den Servicekandidaten zweier IT-Funktionen i und j mit $i < j$ in einem Parameter aggregiert werden können:[4]

$$c_{ij}^{kk'} \in \mathbb{R} | \forall (i, j) \in E \text{ und } k \in K^i \text{ und } k' \in K^j \qquad (2)$$

Hierbei sind diejenigen $c_{ij}^{kk'}$ für $(i, j) \in E^{com}$ die Informationskosten und diejenigen $c_{ij}^{kk'}$ für $(i, j) \in \{\{F_0\} \times N^{Service}\}$ die Integrationskosten. Im Folgenden wird angenommen, dass $c_{ij}^{kk} \leq c_{ij}^{kk'} | \forall (i, j) \in E$ gilt, d. h., die Informations- bzw. Integrationskosten zwischen Komponenten des gleichen Herstellers sind maximal genau so groß wie die entsprechenden Kosten zwischen Komponenten von zwei unterschiedlichen Herstellern. K^i bezeichnet die Menge der für die IT-Funktion verfügbaren Standards. Damit kann das hier vorgestellte Modell als Standardisierungsproblem (vgl. Domschke et al. 2002; Buxmann 2002) mit einer besonderen Graphenstruktur (die IT-Funktion F_0 ist in jedem Fall mit allen anderen IT-Funktionen durch eine Kante verbunden) verstanden werden. Mit der in Tab. 1 zusammengefassten Notation kann das Entscheidungsproblem folgendermaßen formuliert werden:

$$\textit{Maximiere } F(\mathbf{x}, \mathbf{y}) = \underbrace{\sum_{i \in N} \sum_{k \in K^i} b_i^k x_i^k}_{\text{Nettonutzen}} - \underbrace{\sum_{(i,j) \in E} \sum_{k \in K^i} \sum_{k' \in K^j} c_{ij}^{kk'} y_{ij}^{kk'}}_{\text{Informations- und Integrationskosten}} \qquad (3)$$

Tab. 1: Notation des Optimierungsmodells

	Symbol	Definition
Menge	$G(N, E)$	IT-Funktionengraph
	$i, j \in N$	Menge der IT-Funktionen
Parameter	$b_i^k \in \mathbb{R} \vert \forall i \in N$ und $k \in K^i$	Nettonutzen, den die Komponente mit Standard $k \in K^i$ stiftet, wenn sie von IT-Funktion $i \in N$ implementiert wird
	$c_{ij}^{kk'} \in \mathbb{R} \left\vert \begin{array}{l} \forall (i,j) \in E \text{ und} \\ k \in K^i \text{ und} \\ k' \in K^j \end{array}\right.$	Kombinierte Informations- und Integrationskosten für $(i, j) \in E$, die anfallen, wenn IT-Funktion $i \in N$ die Komponente mit Standard $k \in K^i$ und die IT-Funktion $j \in N$ die Komponente mit Standard $k' \in K^j$ implementiert
Variable	$x_i^k \in \{0, 1\} \vert i \in N$ und $k \in K^i$	Die Binärvariable wird genau dann 1, wenn die IT-Funktion $i \in N$ die Komponente mit Standard $k \in K$ implementiert, sonst den Wert 0
	$y_{ij}^{kk'} \in \{0, 1\} \left\vert \begin{array}{l} (i,j) \in E \\ \text{und } k \in K^i \\ \text{und } k' \in K^j \end{array}\right.$	Die Binärvariable nimmt genau dann den Wert 1 an, wenn die IT-Funktion $i \in N$ die Komponente mit Standard $k \in K$ und die IT-Funktion $j \in N$ die Komponente mit Standard $k' \in K$ implementiert, sonst den Wert 0. Diese Binärvariable ist nur für Paare von IT-Funktionen $(i, j) \in E$ definiert

unter den Nebenbedingungen

$$\sum_{k \in K^i} x_i^k = 1 \qquad \vert \forall i \in N \qquad (4)$$

$$y_{ij}^{kk'} - x_i^k \leq 0 \qquad \vert \forall (i, j) \in E \text{ und } k \in K^i \text{ und } k' \in K^j \qquad (5)$$

$$y_{ij}^{kk'} - x_j^{k'} \leq 0 \qquad \vert \forall (i, j) \in E \text{ und } k \in K^i \text{ und } k' \in K^j \qquad (6)$$

$$\sum_{k \in K^i} \sum_{k' \in K^j} y_{ij}^{kk'} = 1 \qquad \vert \forall (i, j) \in E \qquad (7)$$

$$x_i^k \in \{0, 1\} \qquad \vert \forall i \in N \text{ und } k \in K^i \qquad (8)$$

$$y_{ij}^{kk'} \in \{0, 1\} \qquad \vert \forall (i, j) \in E \text{ und } k \in K^i \text{ und } k' \in K^j \qquad (9)$$

Die Zielfunktion F maximiert den Nettonutzen unter Berücksichtigung der anfallenden Informations- und Integrationskosten. Hierbei repräsentiert der Ausdruck

$$\sum_{i \in N} \sum_{k \in K^i} b_i^k x_i^k \qquad (10)$$

der Zielfunktion den gesamten Nettonutzen der einzelnen Komponenten. Der zweite Term der Zielfunktion

$$\sum_{(i,j) \in E} \sum_{k \in K^i} \sum_{k' \in K^j} c_{ij}^{kk'} y_{ij}^{kk'} \qquad (11)$$

entspricht den in der zulässigen Lösung anfallenden Informations- und Integrationskosten.

Die Menge der Nebenbedingungen in (4) garantiert, dass jede Funktion genau einen Standard (und damit eine Komponente) implementiert. Die Menge der Nebenbedingungen (5) und (6) garantiert, dass die Informations- und Integrationskosten $c_{ij}^{kk'}$ nur dann anfallen, wenn Funktion i die Komponente mit Standard k und Funktion j die Komponente mit Standard k' implementieren. Die Menge der Nebenbedingungen in (7) ist notwendig, da in vielen Fällen von $c_{ij}^{kk'} > 0$ ausgegangen werden kann und daher garantiert werden muss, dass die entsprechenden Informations- und Integrationskosten in der Zielfunktion berücksichtigt werden. Die Nebenbedingungsgruppen (8) und (9) garantieren den binären Wertebereich der Entscheidungsvariablen x_i^k und $y_{ij}^{kk'}$.

4 Kompatibilität der Plattform aus der Perspektive der Anbieter

Das Ziel der im Folgenden vorgestellten Untersuchung ist, anhand von Simulationsexperimenten die Struktur der optimalen Lösung des vorgestellten Optimierungsproblems zu analysieren, um auf dieser Basis Handlungsempfehlungen für Anbieter von Plattformen und Services abzuleiten.

In dieser Untersuchung werden zwei Anbieter (A und B) betrachtet, die jeweils eine Komponente für jede IT-Funktion anbieten. In den im Folgenden beschriebenen Zufallsexperimenten werden für jeden der $\bar{m} \in \mathbb{N}$ Zufallsszenariotypen insgesamt $\bar{n} \in \mathbb{N}$ Zufallsszenarien generiert, bei denen jedem Parameter ein fester Wert zugewiesen wird. Im vorliegenden Fall wurden aufgrund der beschränkten Rechenkapazität jeweils 250 Zufallsszenarien betrachtet. Das sich ergebende deterministische lineare Optimierungsproblem wird anschließend gelöst und ausgewählte Kennzahlen der optimalen Lösungen für alle Zufallsszenarien eines Zufallsszenarientyps werden mithilfe des arithmetischen Mittels aggregiert. Somit wird die Wirkung der Variation der Parameterwerte zwischen den Zufallsszenarientypen auf die statistische Verteilung der Kennzahl für die optimale Lösung innerhalb eines Simulationsexperiments untersucht.

Das Simulationsexperiment wird nach dem in Abb. 2 dargestellten Schema durchgeführt: In einem ersten Schritt werden die Parameter eines Zufallsszenarios generiert. Zunächst werden die Graphenstruktur (Schritt 1.1) und die Parameter für die Informations- und Integrationskosten sowie den Nettonutzen (d. h. Schritte 1.2 und 1.3) generiert. Anschließend wird das Zufallsszenario gelöst (Schritt 2) und für die optimale Lösung werden die entsprechenden Kennzahlen ermittelt (Schritt 3). Im nächsten Schritt werden einzelne Parameter dieses Zufallsszenarios systematisch in $\bar{m}$ Stufen verändert (Schritt 4), das so generierte Zufallsszenario gelöst und die entsprechenden Kennzahlen ermittelt. Anschließend wird ein neues Zufallsszenario generiert (Schritt 5). Die Auswertung der über die Zufallsszenarientypen aggregierten Kennzahlen erfolgt abschließend (Schritt 6).

4.1 Generierung der betrachteten Graphen, der Informations- und Integrationskosten sowie des Nettonutzens

Im Folgenden werden drei Topologien für die $|N| - 1$ Knoten[5] des Servicegraphen E^{Com} betrachtet: A) Erdös, P. und A. Renyi Zufallsgraph (vgl. z. B. Erdös und Rényi 1959), Algorithmen von B) Albert, R. und A. Barabási (vgl. Albert und Barabási 2000) und von C)

Abb. 2: Schematischer Ablauf eines Simulationsexperiments. Basierend auf (Weitzel 2004)

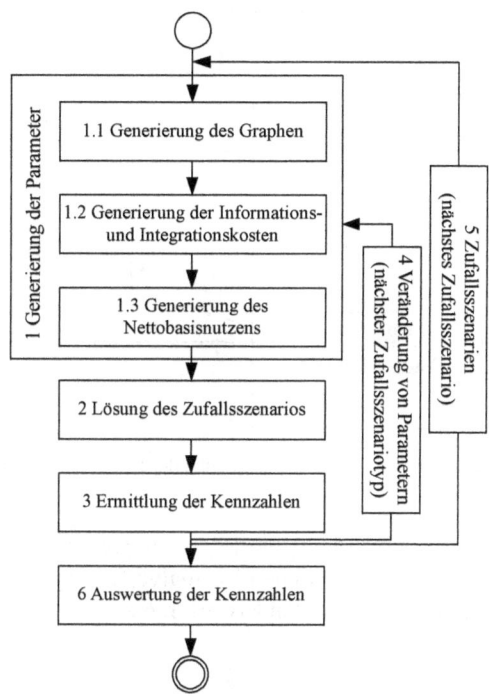

Watts und Strogatz (vgl. Watts und Strogatz 1998; Newman und Watts 1999). Es werden drei Zufallsgraphen, nämlich für $p^{ZG} = 0,1$, $p^{ZG} = 0,5$, bzw. $p^{ZG} = 1$ untersucht (der p-Wert entspricht hierbei der Wahrscheinlichkeit, mit der zwei Knoten durch eine Kante verbunden sind). Diese werden im Folgenden als „ZG01", „ZG05" bzw. „ZG10" bezeichnet. IT-Funktionengraphen, in denen der Servicegraph ein nach dem Algorithmus von Albert, R. und A. Barabási (mit $p^{ABG} = q^{ABG} = 0$ und $m_0^{ABG} = m^{ABG} = 2$) generierter Graph bzw. nach dem Algorithmus von Watts und Strogatz (mit $k^{WSG} = 4$, $p^{WSG} = 0,05$) generierter Graph ist, werden im Folgenden mit „ABG" bzw. „WSG" bezeichnet. Die Algorithmen und Parameter für die Generierung der Servicegraphen wurden gewählt, um Vergleichbarkeit mit ähnlichen Studien zu gewährleisten (vgl. z. B. Weitzel et al. 2006; Schade et al. 2007).

Um die Informations- und Integrationskosten $c_{ij}^{kk'}$ für die Paarungen von Standards in zwei IT-Funktionen zu generieren (vgl. Schritt 1.2 in Abb. 2), wird zunächst ein Basiswert c_{ij} für alle Paare von IT-Funktionen $(i, j) \in E$ ermittelt. Die Basiswerte $c_{ij} \mid \forall (i, j) \in E$ für die Informations- und Integrationskosten werden aus einer Normalverteilung $c_{ij} \sim N(\mu_c, \sigma_c^2) \mid \forall (i, j) \in E$ mit $\mu_c > 0$ gezogen. Es wird also angenommen, dass zwar Unterschiede in der Kommunikationsintensität existieren, aber die Verteilung des Basiswerts für jedes Paar von IT-Funktionen identisch ist. Diese oder ähnliche Verteilungsannahmen werden auch in vergleichbaren Simulationsexperimenten der Literatur verwendet (vgl. z. B. Weitzel et al. 2006).

Zur Vereinfachung wird in den Simulationsexperimenten angenommen, dass nur positive Basiswerte für die Informations- und Integrationskosten auftreten können. Die

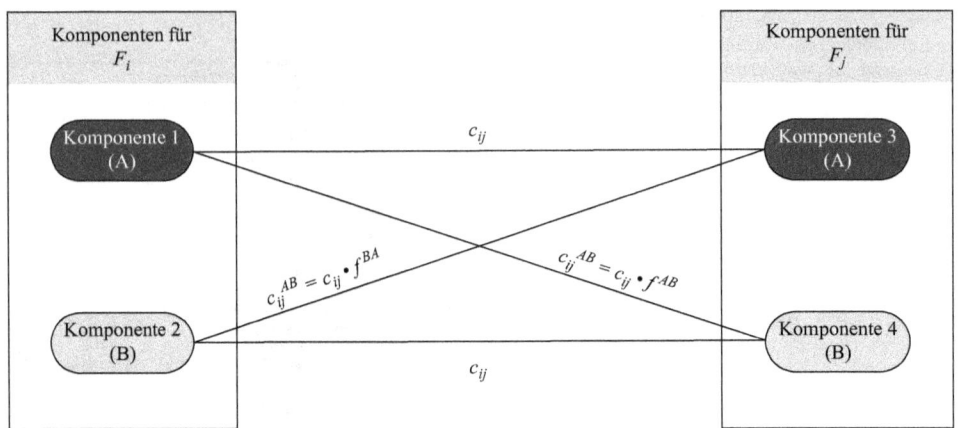

Abb. 3: Beispielhafte Berechnung der Informations- und Integrationskosten

Normalverteilung wird dementsprechend am Nullpunkt „abgeschnitten". Dies führt zu einer abgeschnittenen Normalverteilung (vgl. z. B. Johnson und Thomopoulos 2002) und für den angepassten Erwartungswert $\mu_{korr}(c_{ij})$ gilt (vgl. z. B. Arzideh 2008):

$$\mu_{korr}(c_{ij}) := \mu_c + \sigma_c \underbrace{\frac{\phi\left(-\frac{\mu_c}{\sigma_c}\right)}{1 - \Phi\left(-\frac{\mu_c}{\sigma_c}\right)}}_{\text{Korrekturterm}} \quad (12)$$

Hierbei sind ϕ die Dichtefunktion und Φ die kumulierte Verteilungsfunktion der Standard-Normalverteilung.

Um zu modellieren, dass zwischen unterschiedlichen Anbietern höhere Informations- und Integrationskosten auftreten, werden die Informations- und Integrationskosten dieser Paarungen mit einem prozentualen Aufschlag belegt (vgl. Abb. 3) – ansonsten entsprechen diese dem Basiswert. Der Aufschlag zwischen den beiden Standards k und k' wird mithilfe des Kompatibilitätsfaktors $1 \leq f^{kk'} < \infty$ modelliert. Der Kompatibilitätsfaktor gibt an, wie viel zusätzlicher Aufwand (im Verhältnis zum Basiswert) notwendig ist, um Kompatibilität zwischen den Komponenten herzustellen, und bestimmt damit die Höhe der Netzeffekte.

$$c_{ij}^{kk'} = c_{ij} \cdot f^{kk'} = c_{ij} + \underbrace{c_{ij} \cdot \left(f^{kk'} - 1\right)}_{\text{Aufschlag}} \quad (13)$$

Im Folgenden wird angenommen, dass $f^{kk'} = f^{k'k} \,|\, \forall k, k' \in K$ und $f^{kk} = 1 \,|\, \forall k, k' \in K$ mit $k \neq k'$ gilt. Hierbei entspricht $f^{kk'} = 1$ „vollständiger Kompatibilität", während $f^{kk'} = \infty$ „vollständige Inkompatibilität" ausdrückt. Bei einem Aufschlag von 0 (d. h. $f^{kk'} = 1$) führt dies zu der Nichtberücksichtigung der Informations- und Integrationsbeziehungen. Der Kompatibilitätsfaktor $f^{kk'}$ ist zwischen Standardkombinationen definiert,

d. h., der Kompatibilitätsfaktor ist für zwei Standards jeweils identisch und nicht abhängig von den IT-Funktionen, die implementiert werden.

Diese Annahmen implizieren, dass in der vorgestellten Version des Simulationsmodells die Integrations- und Informationskosten identisch gewichtet werden. Im Folgenden wird ein Kompatibilitätsfaktor von $f^{AB} = f^{BA} = 1,5$ angenommen.

Um den Nettonutzen b_i^k zu generieren (Schritt 1.3 in Abb. 2), wird dieser unabhängig vom Hersteller für jede Komponente aus der Normalverteilung $N(0, \sigma_b{}^2)$ gezogen. Damit weisen die beiden Anbieter A und B jeweils im Durchschnitt den gleichen Nettonutzen auf. Negative Werte können als „Untererfüllung" der Erwartungen der Anwender interpretiert werden. Da die Struktur der optimalen Lösung von der Nettonutzendifferenz der Komponenten von Anbieter A und B für eine IT-Funktion abhängt und es daher unerheblich ist, auf welchem „Niveau" diese Differenz existiert, kann durch eine „Verschiebung" der Werte vereinfachend $\mu_b = 0$ angenommen werden. Hierbei bleibt zwar die Struktur der optimalen Lösungen unverändert, der Zielfunktionswert wird jedoch verschoben. Ist der Gesamtnutzen, also die Differenz aus Zielfunktionswert und der konstanten Verschiebung, positiv, ist davon auszugehen, dass ein rationaler Entscheider die Einführung vorzieht. Im Folgenden wird vereinfachend angenommen, dass diese Konstante für alle initialen Zufallsszenarien (d. h. den Szenariotyp, bei dem keine Parameterveränderung durch den Hersteller vorgenommen wurde) so gewählt ist, dass der Gesamtnutzen positiv ist. Durch Maßnahmen der Hersteller kann es jedoch dazu kommen, dass die „Unterlassungsoption" attraktiver wird. Dementsprechend hat der Anbieter für jede Maßnahme die negativen/positiven Auswirkungen auf den zu erwartenden Zielfunktionswert und den zu erwartenden Effekt auf die Struktur der optimalen Lösungen abzuwägen. Ein steigender/fallender Zielfunktionswert impliziert einen höheren/niedrigeren Nutzen durch die Investition und deutet damit auf eine Vergrößerung/Verkleinerung des Absatzmarkts hin (vgl. dazu auch die Beobachtung von Matutes und Regibeau 1988).

Satz 1: Wird in der optimalen Lösung der Zielfunktionswert $F(\mathbf{x}^*)$[6] erreicht und erhöht/senkt ein Anbieter die Kompatibilität seiner Komponenten zu den Komponenten anderer Anbieter (d. h. sinken/steigen die Informations- und Integrationskosten), gilt für den Zielfunktionswert $F'(\mathbf{x}'^*)$ der (neuen) optimalen Lösung $\mathbf{x}^*$ $F(\mathbf{x}^*) \leq F'(\mathbf{x}'^*)$ bzw. $F(\mathbf{x}^*) \geq F'(\mathbf{x}'^*)$. (Beweis siehe Appendix I)

Bei den in den folgenden zwei Unterabschnitten vorgestellten Simulationsexperimenten werden jeweils, ausgehend von $f^{AB} = 1,5$ (als initialem Kompatibilitätsfaktor), alle Kompatibilitätsfaktoren zwischen 1 (einschließlich) und 2,5 (einschließlich) in Schritten von 0,125 sowie 3 und 4 untersucht.

4.2 Überlegungen zu den betrachteten Netzeffektstärken

In diesem Abschnitt werden *Vorteil (b)* und *Vorteil (c)* definiert, um damit die erwartete Höhe der Netzeffekte für jedes Zufallsszenario zu bestimmen. Der *Vorteil (b)* ist der Vorteil bezüglich des Nettonutzens, der in einem Zufallsszenario maximal durch eine vollständige „Best-of-Breed"-Lösung (d. h. eine zulässige Lösung, in der für jede IT-Funktion die Komponente mit dem höchsten Nettonutzen gewählt wird) erreicht werden kann, im Vergleich zu der zulässigen Lösung, bei der für jede IT-Funktion die Komponente mit dem niedrigsten Nettonutzen gewählt wird. Die Differenz zwischen den Nettonutzen der Komponenten von Anbieter A und B für eine IT-Funktion i beträgt $\left|b_i^A - b_i^B\right|$, damit ergibt sich:

$$Vorteil\ (b) := \sum_{i \in N} \left|b_i^A - b_i^B\right| \quad bzw.$$

$$\mu(Vorteil\ (b)) := \underbrace{\mu\left(\left|b_i^A - b_i^B\right|\right)}_{\substack{\text{Erwartete Nettonutzendifferenz} \\ \text{pro Knoten}}} \cdot \underbrace{|N|}_{\text{Anzahl Knoten}} \tag{14}$$

Da $(b_i^A - b_i^B) \sim N(0, 2\sigma_b^2)$, d. h., weil die Zufallsvariablen unabhängig voneinander sind, ist $\left|b_i^A - b_i^B\right|$ halbnormal verteilt, und für den Erwartungswert gilt (vgl. Leone et al. 1961):

$$\mu\left(\left|b_i^A - b_i^B\right|\right) = \sqrt{2} \cdot \sigma_b \cdot \sqrt{\frac{2}{\pi}} = 2 \cdot \sigma_b \cdot \frac{1}{\sqrt{\pi}} \tag{15}$$

Damit ergibt sich:

$$\mu(Vorteil\ (b)) = \mu\left(\left|b_i^A - b_i^B\right|\right) \cdot |N| = 2 \cdot \sigma_b \cdot \frac{1}{\sqrt{\pi}} \cdot |N| \tag{16}$$

Im Fall einer Implementierung durch Komponenten unterschiedlicher Hersteller fallen für jedes IT-Funktionenpaar $(i, j) \in E$ folgende zusätzliche Informations- und Integrationskosten an:

$$\left(c_{ij}^{AB} - c_{ij}^{AA}\right) = (c_{ij} \cdot f^{AB} - c_{ij} \cdot f^{AA}) = c_{ij} \cdot (f^{AB} - f^{AA}) = c_{ij} \cdot \lambda \tag{17}$$

mit $\lambda := f^{AB} - f^{AA} = f^{AB} - 1$.[7] Damit kann der *Vorteil (c)* definiert werden als:

$$Vorteil\ (c) := \sum_{(i,j) \in \hat{E}} c_{ij} \cdot \lambda \tag{18}$$

Der *Vorteil (c)* entspricht dem Vorteil bezüglich der Informations- und Integrationskosten einer vollständig homogenen zulässigen Lösung (d. h. einer „Vollstandardisierung") im Vergleich zu einer zulässigen Lösung, in der für jede Kante die maximal möglichen Informations- und Integrationskosten anfallen. Konfigurationen, in denen für jede Kante die maximalen Informations- und Integrationskosten anfallen, können aufgrund der besonderen Graphenstruktur (jede IT-Funktion ist mit dem Plattformknoten durch eine Kante verbunden) und der Annahme, dass nur zwei Anbieter existieren, nur genau dann auftreten, wenn der Servicegraph keine Kanten aufweist. (Ansonsten entsteht mindestens ein „Dreieck" aus drei Knoten und drei Kanten, das mit zwei Anbietern nicht so belegt werden kann, dass jede der Kanten zwei Knoten mit unterschiedlichen Anbietern verbindet). Mit $\overline{deg}$, also dem durchschnittlichen Knotengrad, kann die Anzahl der Kanten des Graphen berechnet und $\mu(Vorteil\ (c))$ definiert werden als:

$$\mu(Vorteil\ (c)) := \underbrace{\mu_{korr}(c_{ij}) \cdot \lambda}_{\substack{\text{Erwartete Differenz der Informations-} \\ \text{und Integrationskosten pro Kante}}} \cdot \underbrace{\frac{\overline{deg}}{2} \cdot |N|}_{\text{Anzahl Kanten}} \tag{19}$$

Die in (20)[8] definierte Kennzahl $\mu(Q)$ ist zwischen 0 % und 100 % normiert:

$$0 \leq \mu(Q) := \frac{\mu(\textit{Vorteil }(c))}{\mu(\textit{Vorteil }(c)) + \mu(\textit{Vorteil }(b))} \leq 1 \qquad (20)$$

Bei $\mu(Q) = 0$ % bzw. $\mu(Q) = 100$ % dominiert der *Vorteil (b)* bzw. *Vorteil (c)* und es ist davon auszugehen, dass es in nahezu allen Fällen zu einer vollständigen „Best-of-Breed"-Lösung bzw. „Ein-Anbieter-Lösung" kommt. Damit kann der Wert von Q als erste Entscheidungsregel verwendet werden, um abzuschätzen, ob sich der Aufwand „lohnt", das Modell anzuwenden, oder ob in einem Extremfall lediglich für jede IT-Funktion der höchste Nettonutzen zu wählen ist bzw. im anderen Extremfall nur die zwei vollstandardisierten zulässigen Lösungen zu vergleichen sind, um die optimale Lösung zu erhalten.

Im Folgenden werden gezielt Zufallsszenarien mit einem bestimmten Wert von $\mu(Q)$ generiert. So ist gewährleistet, dass sich die Parameterkonstellationen jeweils durchschnittlich im „interessanten" Wertebereich bewegen und die Extremfälle typischerweise vermieden werden.

Mit (16) und (19) wird (20) zu:

$$\mu(Q) = \frac{\left(\mu_c + \sigma_c \dfrac{\phi\left(-\dfrac{\mu_c}{\sigma_c}\right)}{1 - \Phi\left(-\dfrac{\mu_c}{\sigma_c}\right)}\right) \cdot \lambda \cdot \dfrac{\overline{\text{deg}}}{2} \cdot |N|}{\left(\left(\mu_c + \sigma_c \dfrac{\phi\left(-\dfrac{\mu_c}{\sigma_c}\right)}{1 - \Phi\left(-\dfrac{\mu_c}{\sigma_c}\right)}\right) \cdot \lambda \cdot \dfrac{\overline{\text{deg}}}{2} \cdot |N|\right) + \left(2 \cdot \sigma_b \cdot \dfrac{1}{\sqrt{\pi}} \cdot |N|\right)} \qquad (21)$$

In den folgenden Experimenten wird $\mu_c = 10$ und $\sigma_c = 2$ angenommen (vgl. z. B. für ähnliche Werte Weitzel et al. 2006), daher nimmt im vorliegenden Fall der Korrekturterm von μ_c (im Verhältnis) sehr geringe Werte (Für die gewählten Werte ergibt sich ein Korrekturterm von $2.9734 \cdot 10^{-6}$) an und die Gleichung kann durch Vernachlässigung des Korrekturterms vereinfacht werden zu:

$$\mu(Q) \approx \frac{\mu_c \cdot \lambda \cdot \dfrac{\overline{\text{deg}}}{2} \cdot |N|}{\left(\mu_c \cdot \lambda \cdot \dfrac{\overline{\text{deg}}}{2} \cdot |N|\right) + \left(2 \cdot \sigma_b \cdot \dfrac{1}{\sqrt{\pi}} \cdot |N|\right)} \qquad (22)$$

Der $\overline{\text{deg}}$ kann nach der Generierung der Graphen (vgl. Schritt 1.1 in Abb. 2) bestimmt werden. $|N|$ ist bekannt und für alle Experimente fix. Da $f^{AB} = f^{BA} = 1{,}5$ und damit $\lambda = 0{,}5$ gewählt sind, wird $\mu(Q)$ durch σ_b bestimmt. Damit ergibt sich für ein gewähltes $\mu(Q)$:

$$\sigma_b \approx \frac{(1 - \mu(Q)) \cdot \mu_c \cdot \lambda \cdot \dfrac{\overline{\text{deg}}}{4}}{\mu(Q) \cdot \dfrac{1}{\sqrt{\pi}}} \qquad (23)$$

Abb. 4: Durchschnittliche Differenz der Standardisierungsgrade der beiden Anbieter $\hat{\mu}(\kappa_{\Delta h})$ und durchschnittlicher Anteil des realisierten Nettonutzens $\hat{\mu}(\kappa_b)$ in Abhängigkeit von $\mu(Q)$ (ZG10)

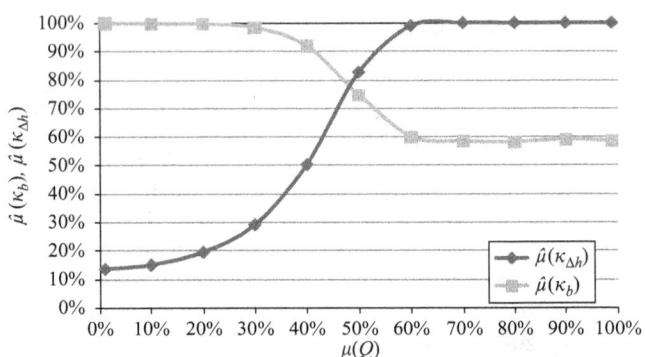

Ein $\mu(Q)$ nahe 0 % führt dazu, dass der *Vorteil* (c) typischerweise nicht entscheidungsrelevant ist und die einzelnen IT-Funktionen jeweils mit denjenigen Komponenten implementiert werden, die den höheren Nettonutzen stiften. Es kommt also tendenziell zu einer „Best-of-Breed"-Lösung. Analog dominiert bei einem $\mu(Q)$ nahe 100 % der *Vorteil* (c) und es kommt typischerweise zu einer „Ein-Anbieter-Lösung".

Dies wird im Folgenden mithilfe von zwei Kennzahlen, $\kappa_{\Delta h}$ und κ_b, untersucht. Abbildung 4 zeigt die arithmetischen Mittel der Kennzahlen $\hat{\mu}(\kappa_b)$ und $\hat{\mu}(\kappa_{\Delta h})$ in Abhängigkeit von $\mu(Q)$ (ZG10) – für die anderen untersuchten Topologien sind die Ergebnisse strukturgleich (Für diese Abbildung wurden $\hat{\mu}(\kappa_{\Delta h})$ und $\hat{\mu}(\kappa_b)$ für $\mu(Q) \in \{0,01; 0,1; 0,2; 0,3; 0,4; 0,5; 0,6; 0,7; 0,8; 0,9; 0,99\}$ berechnet). Falls mehr als eine Konfiguration mit dem maximalen Zielfunktionswert existiert, wird im Folgenden eine beliebige, aber feste dieser Konfigurationen ausgewählt.

Der Standardisierungsgrad für Anbieter A κ_h^A gibt für optimale Lösungen an, welcher Anteil der IT-Funktionen durch Komponenten des Anbieters A implementiert wird – und kann demnach auch als Verbreitungsgrad verstanden werden. Sei $\mathbf{x}^*$ die Menge der Binärvariablen x_i^k einer optimalen Lösung, dann ist κ_h^A definiert als:

$$\kappa_h^A := \frac{\sum_{i \in N \text{ und } x_i^A \in \mathbf{x}^*} x_i^A}{|N|} \qquad (24)$$

Da Komponenten des Anbieters A minimal keine der IT-Funktionen und maximal alle $|N|$ implementieren, gilt $0 \leq \kappa_h^A \in \mathbb{R} \leq 1$. Weil jede IT-Funktion durch eine Komponente eines Anbieters implementiert sein muss und in den folgenden Simulationsexperimenten jeweils genau zwei Anbieter A und B berücksichtigt werden, gilt weiterhin für den Standardisierungsgrad von Anbieter B in der optimalen Lösung $\mathbf{x}^*$ $0 \leq \kappa_h^B \in \mathbb{R} \leq 1$: $\kappa_h^B = 1 - \kappa_h^A$. In den Simulationsexperimenten wird angenommen, dass ein Anbieter durch die untersuchten Maßnahmen den eigenen Standardisierungsgrad, d. h. die Verbreitung, maximieren möchte. Ein hoher Standardisierungsgrad muss für den Anbieter jedoch nicht immer hohe Gewinne bedeuten – ein einfaches Beispiel ist eine extreme Preissenkung (z. B. auf null Geldeinheiten) für alle Komponenten. Die Kennzahl $\kappa_{\Delta h} = \left|\kappa_h^A - \kappa_h^B\right| = \left|\kappa_h^A - 1 + \kappa_h^A\right| = \left|2 \cdot \kappa_h^A - 1\right|$ entspricht der Differenz der Standardisierungsgrade von Anbieter A und B in einer optimalen Lösung $\mathbf{x}^*$ und es gilt $0 \leq \kappa_{\Delta h} \in \mathbb{R} \leq 1$. Für

Kompatibilität von Softwareplattformen

Tab. 2: Werte für σ_b für die Netzeffektstärke „schwach", „ausgewogen" und „stark"

Generierungsalgorithmen für $G^{Service}$		$\overline{deg}$	σ_b für Netzeffektstärke		
			Schwach	Ausgewogen	Stark
Erdös, P. und A. Renyi	$p^{ZG} = 0,1$	5,15	17,11	11,41	7,60
Zufallsgraph	$p^{ZG} = 0,5$	17,97	59,73	39,82	26,54
	$p^{ZG} = 1$	34,00	112,99	75,33	50,22
Albert, R. und A. Barabási		5,60	18,61	12,41	8,27
Algorithmus von Watts und Strogatz		5,83	19,37	12,91	8,61

$\mu(Q)$ nahe 100 % gilt $\hat{\mu}(\kappa_{\Delta h}) = 100\%$, d. h., einer der Anbieter implementiert 100 % der Komponenten und es kommt zu einer „Ein-Anbieter-Lösung". In Fällen, in denen $\mu(Q)$ nahe 0 % liegt, nähert sich $\hat{\mu}(\kappa_{\Delta h})$ zwar dem Wert 0 % an, erreicht ihn jedoch nicht (in Abb. 4 gilt $\hat{\mu}(\kappa_{\Delta h}) = 13,78\%$). Ein Wert von $\kappa_{\Delta h} = 0\%$ bedeutet, dass die beiden Anbieter einen identischen Standardisierungsgrad erreichen. Bei $\kappa_{\Delta h} \approx 14\%$ gilt: $\kappa_{\max h} \approx (\kappa_{\Delta h} + 1)/2 \approx (0,14 + 1)/2 \approx 0,57$. Wie bereits beschrieben, ist in diesen Fällen der *Vorteil* (c) nahezu nicht entscheidungsrelevant und die einzelnen IT-Funktionen werden jeweils mit denjenigen Komponenten implementiert, die den höheren Nettonutzen stiften (eine kombinatorische Herleitung für diesen Wert findet sich in Appendix II).

Die Kennzahl $0 \leq \kappa_b \in \mathbb{R} \leq 1$ setzt den in einer optimalen Lösung $\mathbf{x}^*$ realisierten Nettonutzenvorteil (gegenüber der schlechtesten Alternative) in das Verhältnis zu dem maximal realisierbaren Nettonutzenvorteil (gegenüber der schlechtesten Alternative):

$$0 \leq \kappa_b := \frac{\sum_{\substack{i \in N \text{ und} \\ x_i^A, x_i^B \in \mathbf{x}^*}} \left((b_i^A \cdot x_i^A + b_i^B \cdot x_i^B) - \min(b_i^A, b_i^B)\right)}{\sum_{i \in N} \left(\max(b_i^A, b_i^B) - \min(b_i^A, b_i^B)\right)} \leq 1 \qquad (25)$$

Für sehr kleine Werte von $\mu(Q)$, d. h., wenn typischerweise optimale Lösungen auftreten, in denen für jede IT-Funktion die Komponente mit dem höchsten Nettonutzen ausgewählt wird, erreicht $\hat{\mu}(\kappa_b)$ Werte nahe 100 %. Für Werte von $\mu(Q)$, die nahe 100 % liegen, sodass es typischerweise zu einer Vollstandisierung kommt, wird ein $\hat{\mu}(\kappa_b)$ von etwas mehr als 50 % erreicht. Dies kann unter anderen damit begründet werden, dass in solchen Situationen jeweils diejenige der beiden möglichen Vollstandisierungen optimal ist, die den höheren Gesamtnutzen stiftet. Da sich der Gesamtnutzen neben den Informations- und Integrationskosten (die ja für beide zulässigen Lösungen im Mittel gleich sind) auch aus dem Nettonutzen der einzelnen Komponenten zusammensetzt, wird diejenige zulässige Lösung ausgewählt, in der ein höherer aggregierter Nettonutzen realisiert wird.

Auf der Grundlage dieser Ergebnisse werden im Folgenden drei verschiedene Netzeffektstärken simuliert: „schwach", „ausgewogen" und „stark". Im Fall von „ausgewogenen Netzeffekten" soll im Durchschnitt für die in einem Simulationsexperiment betrachteten Zufallsszenarien gelten: $\mu(Vorteil\ (b)) = \mu(Vorteil\ (c))$, also $\mu(Q) = 0,5$. Die Werte für die geringen bzw. starken Netzeffekte sind als $\mu(Q) = 0,4$ bzw. $\mu(Q) = 0,6$ gewählt und werden jeweils durch σ_c bestimmt. Tabelle 2 fasst die verwendeten Werte für σ_b für die Graphentypen zusammen.

Die Entwicklung effizienter Lösungsverfahren für das vorgestellte Entscheidungsproblem stand nicht im Mittelpunkt dieser Untersuchung, daher wurde für die Untersuchung auf simulativem Weg die Standardimplementierung eines Branch-and-Bound-Algorithmus verwendet.

4.3 Ergebnisse der Simulationsexperimente: Verbreitung der Plattform versus Wirkung auf die Wahl der Services

Die Simulationsexperimente zeigen, dass insbesondere zwei Effekte zu berücksichtigen sind, wenn ein Anbieter die Kompatibilität der eigenen Plattform zu den Services des Konkurrenten verändert. Zum einen hat diese Kompatibilitätsveränderung Auswirkungen auf die zu erwartende Verbreitung der Plattform: Je mehr Services (und damit auch die jeweils besten Services beider Anbieter) gut mit der Plattform integriert werden können, desto häufiger wird die Plattform eingesetzt. Zum anderen verändert sich die Wirkung der Plattform auf die Wahl der Services: Je kompatibler eine Plattform zu den Services des Konkurrenten ist, desto geringer ist die positive Wirkung auf die Wahl der eigenen Services.

In diesem Abschnitt werden diese beiden Effekte zunächst isoliert analysiert. Hierbei wird o. B. d. A. die Perspektive von Anbieter A eingenommen. Aus Sicht des Anbieters A kann es zu einer Erhöhung des Kompatibilitätsgrads (d. h. zu einer Senkung der Informations- und Integrationskosten) kommen, wenn sich entweder Anbieter B dem Standard von Anbieter A „annähert" oder sich umgekehrt Anbieter A dem Standard von Anbieter B „annähert". Analoges gilt für eine Verringerung des Kompatibilitätsgrads. In diesem Simulationsexperiment wird der Kompatibilitätsfaktor $\tilde{f}^{kk'}$ verwendet und es gilt für die Informations- und Integrationskosten (vgl. auch Formel (13)):

$$c_{ij}^{kk'} = \begin{cases} c_{ij} \cdot \tilde{f}^{kk'} & |\forall (i,j) \in E \text{ mit } i \in N^{Service} \text{ und } i = F_0 \text{ und } k = A \text{ und } k' = B \\ c_{ij} \cdot f^{kk'} & |sonst \end{cases} \quad (26)$$

Hierbei gilt $1 \leq \tilde{f}^{kk'} \in \mathbb{R} < \infty \, |\forall (i,j) \in E \text{ mit } i \in N^{Service}$ und $j = F_0$. In dem Simulationsexperiment wird ausschließlich $\tilde{f}^{kk'}$ variiert – der Kompatibilitätsfaktor $f^{kk'} = 1{,}5$ bleibt konstant.

Im Folgenden wird zunächst der erste der beiden oben beschriebenen Effekte untersucht, d. h. die Wirkung der Kompatibilitätsveränderung der Plattform von Anbieter A zu den Services von Anbieter B auf die Verbreitung der Plattform von Anbieter A. Abbildung 5 (der Verlauf der Kurven ist für die anderen untersuchten Graphentypen strukturgleich) zeigt den durchschnittlichen Standardisierungsgrad der Plattform von Anbieter A (im Folgenden $0 \leq \kappa_{h(p)}^A \in \mathbb{R} \leq 1$ bzw. $\hat{\mu}(\kappa_{h(p)}^A)$) in Abhängigkeit vom Kompatibilitätsfaktor $\tilde{f}^{kk'}$.

Gilt $\tilde{f}^{kk'} = f^{kk'} = 1{,}5$, resultiert für alle Graphentypen und für $\mu(Q) \in \{0{,}4; 0{,}5; 0{,}6\}$ jeweils (da in diesem Fall beide Anbieter „identisch" sind) $\kappa_{h(p)}^A \approx 50\,\%$, d. h., die Plattformen der beiden Anbieter werden jeweils in der Hälfte der optimalen Lösungen implementiert. Ausgehend von $\tilde{f}^{kk'} = 1{,}5$ führt eine Reduktion von $\tilde{f}^{kk'}$ (d. h. eine Erhöhung des Kompatibilitätsgrades der Plattform von Anbieter A zu den Services von Anbieter B) dazu, dass die Plattform von Anbieter A „attraktiver" wird. Diese Kompatibilitätsveränderung kann als Vergrößerung des Ökosystems dieser Plattform (im Vergleich zur Plattform

Kompatibilität von Softwareplattformen 159

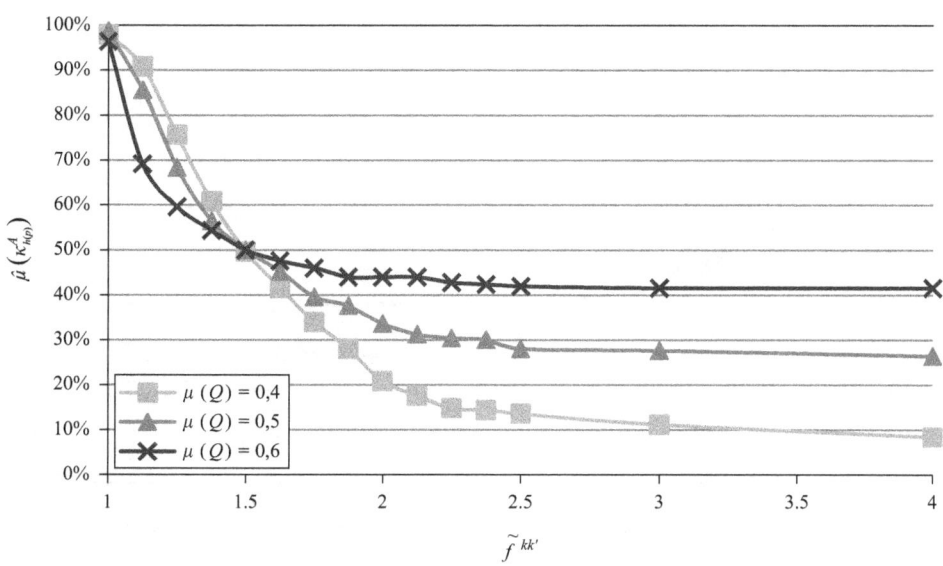

Abb. 5: Durchschnittlicher Standardisierungsgrad der Plattform von Anbieter A $\hat{\mu}(\kappa_{h(p)}^A)$ in Abhängigkeit von der Kompatibilität der Plattform von Anbieter A zu den Services von Anbieter B $\tilde{f}^{kk'}$ (ZG01)

des Konkurrenten) interpretiert werden. Ist die Plattform von Anbieter A vollständig kompatibel zu den Services von Anbieter B (d. h. $\tilde{f}^{kk'} = 1$), fallen für die Integration der Services von Anbieter A sowie Anbieter B mit dieser Plattform identische Informations- und Integrationskosten an (d. h. jeweils die Basiswerte). Die Verbreitung der Plattform von Anbieter A, d. h. die Kennzahl $\kappa_{h(p)}^A$, erreicht in diesen Fällen für ZG01, ABG und WSG Werte nahe 100 % – für Graphen (ZG05 und ZG10) mit höherem $\overline{deg}$ Werte von ca. 80 %. Ausgehend von $\tilde{f}^{kk'} = 1,5$ führt eine Anhebung von $\tilde{f}^{kk'}$ zu Werten von $\kappa_{h(p)}^A < 50$ %. Je geringer $\mu(Q)$ – also je geringer der Anteil des *Vorteil* (c) am Gesamtvorteil –, desto geringer die Verbreitung der Plattform von Anbieter A, d. h. $\kappa_{h(p)}^A$, bei hohen $\tilde{f}^{kk'}$. Je geringer $\mu(Q)$, desto seltener sind homogene Lösungen optimal (vgl. Abb. 4 und insbesondere den Verlauf der Kurve für $\hat{\mu}(\kappa_{\Delta h})$).[9] Bei einer Anhebung von $\tilde{f}^{kk'}$ werden Lösungen, in denen die Plattform von Anbieter A und Services von Anbieter B verwendet werden, mehr und mehr unwirtschaftlich. Die optimalen Lösungen, die vollständig durch Anbieter A angeboten werden, bleiben jedoch davon unberührt. Damit lässt sich begründen, warum im Zuge der Anhebung von $\tilde{f}^{kk'}$ der Wert von $\hat{\mu}(\kappa_h^A)$ für größere $\mu(Q)$ steigt.

Wie oben beschrieben, hat die Kompatibilitätsveränderung der Plattform von Anbieter A zu den Services von Anbieter B auch Auswirkungen auf die Serviceschicht. Abbildung 6 (der Verlauf der Kurven ist für die anderen untersuchten Graphentypen strukturgleich) zeigt die durchschnittlichen Standardisierungsgrade von Anbieter A für die Serviceschicht (im Folgenden $0 \leq \kappa_{h(s)}^A \in \mathbb{R} \leq 1$ bzw. $\hat{\mu}(\kappa_{h(s)}^A)$) in Abhängigkeit von $\tilde{f}^{kk'}$. Je höher der Standardisierungsgrad des Plattformknotens von Anbieter A, desto vorteilhafter ist es (bei gleich bleibenden Informations- und Integrationskosten), aus Anwenderperspektive Services von Anbieter A zu implementieren. Bei vollständiger Kompatibilität (d. h. $\tilde{f}^{kk'} = 1$)

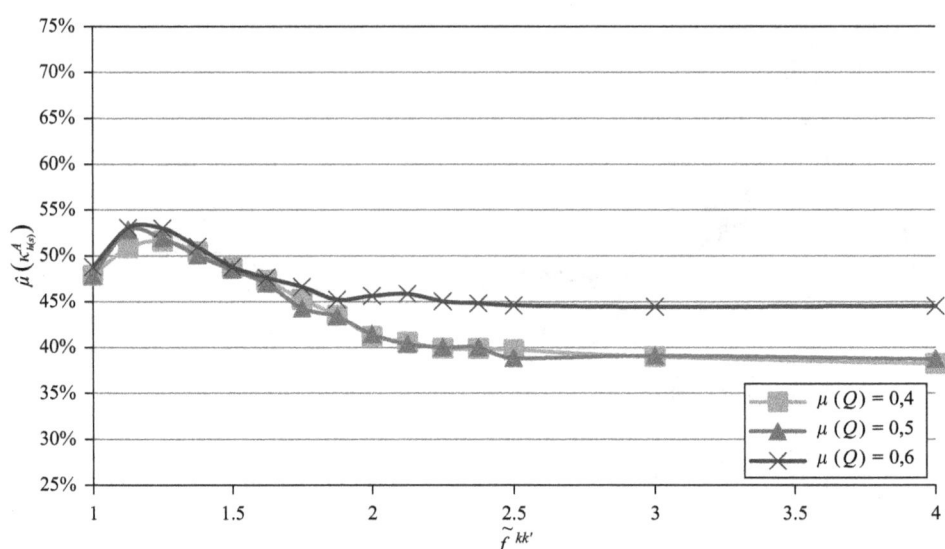

Abb. 6: Durchschnittlicher Standardisierungsgrad der Services von Anbieter A $\hat{\mu}(\kappa^A_{h(s)})$ in Abhängigkeit von der Kompatibilität der Plattform von Anbieter A zu den Services von Anbieter B $\tilde{f}^{kk'}$. (ZG01)

der Plattform von Anbieter A zu den Services von Anbieter B hat die Plattform A keinen Einfluss auf die Serviceschicht und $\hat{\mu}(\kappa^A_{h(s)})$ liegt also nahe bei 50 %. Bei zunehmender Inkompatibilität gilt jeweils $\hat{\mu}(\kappa^A_{h(s)}) < 50$ % (vgl. Abb. 6). Für höhere Werte von $\mu(Q)$ verliert dieser Effekt jedoch an Stärke – dies kann analog zu der Entwicklung von $\hat{\mu}(\kappa^A_{h(p)})$ für variierende $\mu(Q)$ begründet werden.

Im Folgenden wird der oben beschriebene Effekt der Plattformwahl auf die Auswahlentscheidung auf der Serviceschicht und damit auf $\hat{\mu}(\kappa^A_{h_s})$ untersucht. Hierzu wird $_{\Delta p}\kappa^A_{h(s)}$, d. h. die Differenz von $\kappa^A_{h(s)}$ für den Fall, dass die Plattform von Anbieter A implementiert wird, und $\kappa^A_{h(s)}$ für den Fall, dass die Plattform von Anbieter B implementiert wird, untersucht (vgl. Abb. 7). Hierbei ist zu beachten, dass der negative Effekt, den der „Wechsel" der Plattform auf $\hat{\mu}(\kappa^A_{h(s)})$ hat, aus zwei Effekten resultiert:

- Effekt 1: Wegfall der Begünstigung der Services von Anbieter A bei der Auswahlentscheidung durch geringere Integrationskosten. (Wenn $\tilde{f}^{kk'} > 0$)
- Effekt 2: Begünstigung der Services von Anbieter B bei der Auswahlentscheidung durch geringere Integrationskosten.

Durch die Kompatibilitätsvariation von $\tilde{f}^{kk'}$ wird ausschließlich Effekt 1 beeinflusst – dies ist eine Erklärung dafür, dass selbst bei vollständiger Kompatibilität und $\mu(Q) = 0,4$ der Wert von $_{\Delta p}\kappa^A_{h(s)}$ für ZG01 bei ca. 13 % liegt (vgl. Abb. 7). Bei steigenden Netzeffekten nimmt auch die Wirkung der Plattformwahl auf $\kappa^A_{h(s)}$ zu, da sowohl Effekt 1 (bei allen $\tilde{f}^{kk'} > 1$) als auch Effekt 2 verstärkt werden. Abbildung 7 zeigt, dass bei steigendem $\tilde{f}^{kk'}$ auch $\hat{\mu}(_{\Delta p}\kappa^A_{h(s)})$ größere Werte annimmt – dies ist insbesondere interessant, da die Wirkung von Effekt 2 konstant bleibt.

Kompatibilität von Softwareplattformen 161

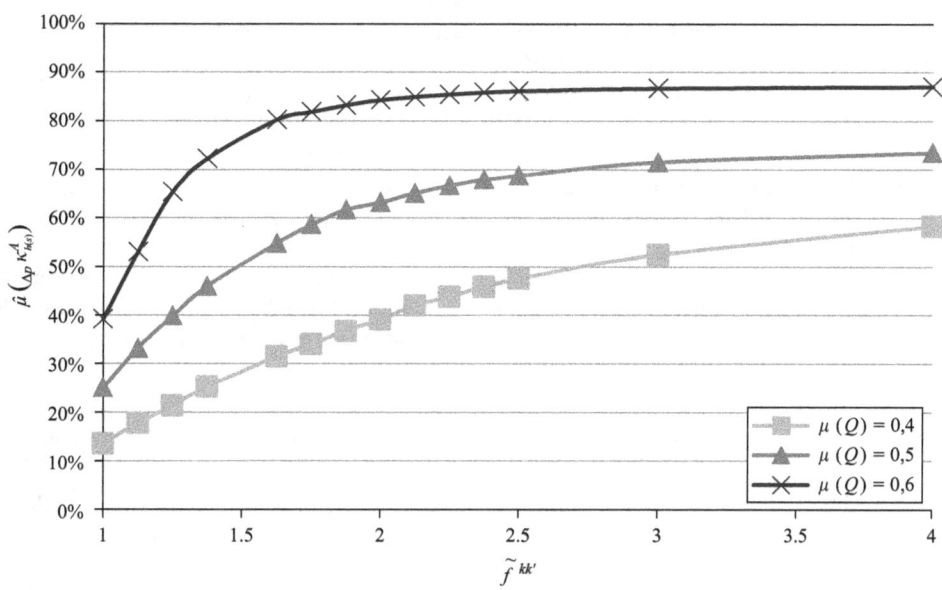

Abb. 7: Durchschnittliche Differenz des Standardisierungsgrads der Services von Anbieter A zwischen den Fällen „Plattform wird durch Anbieter A implementiert" und „Plattform wird durch Anbieter B implementiert" $\hat{\mu}(_{\Delta(p)}\kappa^A_{h(s)})$ in Abhängigkeit von der Kompatibilität der Plattform von Anbieter A zu den Services von Anbieter B $\tilde{f}^{kk'}$ (ZG01)

Für ZG05 und ZG10 ist sowohl bei vollständiger Kompatibilität als auch bei zunehmender Inkompatibilität der Wert von $\hat{\mu}(_{\Delta p}\kappa^A_{h(s)})$ nicht so hoch wie bei ZG01. Dies lässt sich damit begründen, dass für diese eng vermaschten Graphen der durchschnittliche Knotengrad nicht (wesentlich) kleiner ist als der Knotengrad der Plattform. Wird $\tilde{f}^{kk'}$ ausgehend vom initialen Wert 1.5 gesteigert, nimmt der $\kappa^A_{h(p)}$ für alle Graphentypen und Netzeffektstärken ab (vgl. Abb. 5); kann jedoch davon ausgegangen werden, dass ein Anbieter eine bestimmte Plattform vorgeben kann bzw. diese bereits implementiert ist, gilt für große $\tilde{f}^{kk'}$: Eine implementierte und inkompatible Plattform hat typischerweise große Auswirkungen auf $\kappa^A_{h(s)}$.

Im Zuge der Erhöhung der Kompatibilität der Plattform von Anbieter A ($\tilde{f}^{kk'}$) steigt $\hat{\mu}(\kappa^A_{h(p)})$ (vgl. Abb. 5). Die Wirkung auf die Serviceschicht (d. h. auf $\hat{\mu}(\kappa^A_{h(s)})$) einer implementierten Plattform nimmt jedoch ab (vgl. Abb. 7). Im Folgenden wird dieser Tradeoff (vgl. Tab. 3) untersucht, um zu ermitteln, welcher Wert für $\tilde{f}^{kk'}$ den κ^A_h maximiert.

Abbildung 8 zeigt $\hat{\mu}(\kappa^A_h)$ in Abhängigkeit von $\tilde{f}^{kk'}$. Für ZG01 gilt, dass $\hat{\mu}(\kappa^A_h)$ im Fall von $\tilde{f}^{kk'} > 1,5$ für alle untersuchten Netzeffektstärken unter 50 % (also dem Wert, der bei einem unveränderten $\tilde{f}^{kk'} = 1,5$ erreicht wird) liegt. Der positive Effekt (also die gestiegene Wirkung der Plattform auf die Wahl der Services) wird damit stets durch den negativen Effekt (die Verkleinerung des Ökosystems und den daraus resultierenden sinkenden $\hat{\mu}(\kappa^A_{h(p)})$) überkompensiert. Abbildung 8 für ZG01 lässt zudem darauf schließen, dass bei einer Kompatibilitätssteigerung (d. h. $\tilde{f}^{kk'} < 1,5$) zunächst der positive Effekt

Tab. 3: Schematische Darstellung der Wirkung einer Kompatibilitätsveränderung der Plattform von Anbieter A zu den Services von Anbieter B

Kompatibilität der Plattform von Anbieter A zu Services von Anbieter B ($\tilde{f}^{kk'}$) ...	
... erhöhen	... reduzieren
+ Das Ökosystem von Anbieter A wird größer (im Vergleich zu dem von Anbieter B) – d. h. ein positiver Effekt auf $\hat{\mu}(\kappa^A_{h(p)})$ – Die Wirkung der Plattform von Anbieter A auf die Wahl der Services nimmt ab – d. h. ein negativer Effekt auf $\hat{\mu}(_{\Delta p}\kappa^A_{h(s)})$	– Das Ökosystem von Anbieter A wird kleiner (im Vergleich zu dem von Anbieter B) – d. h. ein negativer Effekt auf $\hat{\mu}(\kappa^A_{h(p)})$ + Die Wirkung der Plattform von Anbieter A auf die Wahl der Services nimmt zu – d. h. ein positiver Effekt auf $\hat{\mu}(_{\Delta p}\kappa^A_{h(s)})$

(Vergrößerung des Ökosystems von Anbieter A) überwiegt – jedoch bald überkompensiert wird.

In Abb. 8 ist zudem die Standardabweichung $\hat{\sigma}(\kappa^A_h)$ angegeben. Damit lassen sich auf Basis der Risiko-Präferenzfunktion $\tau_\kappa(m)$ „risiko-optimale" $\tilde{f}^{kk'}$ ableiten.

$$\tau_\kappa(m) = \hat{\mu}_m\left(\kappa^A_h\right) + q_\kappa \cdot \hat{\sigma}_m\left(\kappa^A_h\right) \qquad |\forall m \in \{1...\overline{m}\} \qquad (27)$$

Der Parameter q_κ bildet die Risikoeinstellung des Entscheiders ab: Für $q_\kappa < 0$ bzw. $q_\kappa > 0$ ist der Entscheider risikoavers bzw. risikofreudig (hierbei wird angenommen, dass die Kennzahl κ zu maximieren ist). Für $q_\kappa = 0$ ist der Entscheider risikoneutral. Abbildung 8 zeigt, dass ein risikoneutraler Entscheider für $\tilde{f}^{kk'}$ einen Wert größer als 0 und kleiner als 1,5 wählen würde, d. h., die eigene Plattform sollte kompatibler zu den Services des Konkurrenten als die Plattform des Konkurrenten zu den eigenen Services sein.

5 Limitationen

Das vorgestellte mathematische Modell bildet die Entscheidung der Anwender von Softwareplattformen aus der Perspektive der Netzeffekttheorie und Standardisierungsökonomie ab – hierbei ist zu berücksichtigen, dass neben den abgebildeten, weitere relevante (jedoch oftmals schwer quantifizierbare) Aspekte dieser Entscheidung existieren. Ein Beispiel ist die Zurückhaltung einiger Entscheider bei der Wahl einer Lösung aus einer Hand, weil ein „Lock-in" befürchtet wird. Weiterhin ist das vorgestellte Modell statisch und erlaubt daher keine Untersuchung von dynamischen Aspekten. Die im Simulationsprototyp verwendete Modellformulierung basiert außerdem auf der Annahme, dass alle notwendigen Parameter zum Planungs- bzw. Entscheidungszeitpunkt bekannt sind. In einigen Anwendungsfällen sind diese Daten jedoch in der Regel nicht ex ante und exakt bestimmbar (beziehungsweise nur mit hohem finanziellem beziehungsweise zeitlichem Aufwand). Eine weitere vereinfachende Annahme der vorgestellten simulationsbasierten Untersuchung ist die identische Gewichtung der Informations- und Integrationskosten. Zudem werden bei den Simulationsexperimenten jeweils „Grüne Wiese"-Szenarien betrachtet. Sollen bereits existierende Komponenten abgebildet werden, ist dies jedoch durch das entsprechende Anpassen des

Kompatibilität von Softwareplattformen 163

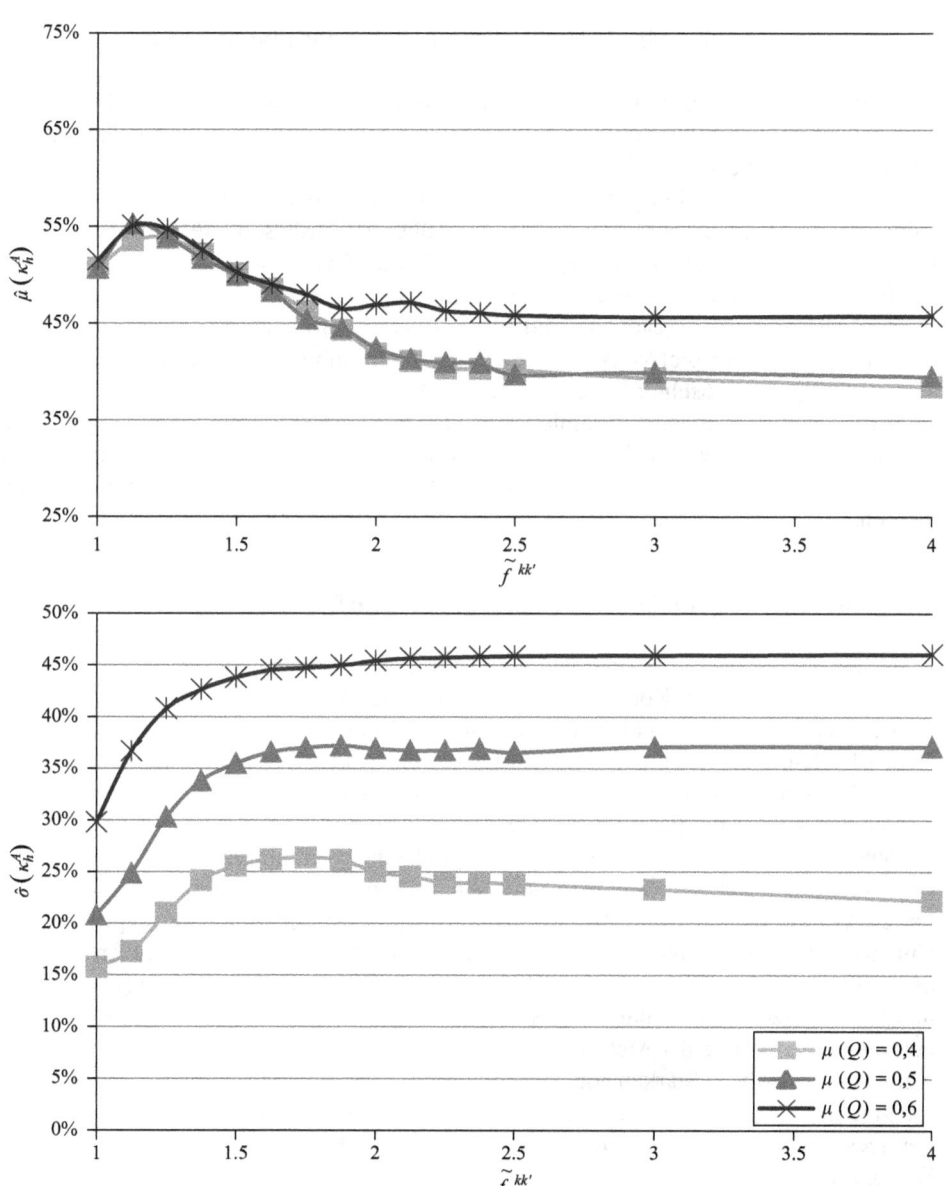

Abb. 8: Durchschnittlicher Standardisierungsgrad von Anbieter A $\hat{\mu}(\kappa_h^A)$ und dessen Varianz $\hat{\sigma}(\kappa_h^A)$ in Abhängigkeit von $\tilde{f}^{kk'}$ – Grundlage für die Ermittlung der optimalen Kompatibilität einer Plattform von Anbieter A zu den Services von Anbieter B $\tilde{f}^{kk'}$ (ZG01)

Parameters b_i^k möglich (z. B. durch die entsprechend geringe Bewertung der anfallenden Implementierungskosten).

In der simulationsbasierten Untersuchung werden ausschließlich ausgewählte Topologien des Servicegraphen berücksichtigt. Die drei betrachteten Graphengenerierungsalgorithmen (und die verwendeten Parameter) werden zwar in der Literatur im Kontext vergleichbarer Untersuchungen verwendet – Limitationen der Untersuchung ergeben sich jedoch aufgrund der beschränkten Information über die (insbesondere zukünftige) Topologie und Größe von realen Servicegraphen. Vgl. z. B. (Guimaraes et al. 2005) – dort wird der Einfluss der initialen Knotenmenge auf die Topologie von „kleinen" Graphen (100 Knoten), die nach der in (Barabási und Albert 1999) beschriebenen Idee erzeugt wurden, untersucht. So hat beispielsweise die wesentlich durch Anbieterentscheidungen beeinflusste (zukünftige) durchschnittliche Servicegranularität Auswirkungen auf die Anzahl der Informationsverbindungen und damit auf die Topologie des Servicegraphen. Aufgrund dieser Einschränkungen wurde der Simulationsprototyp modular und erweiterbar implementiert – so können weitere Graphentypen bei zukünftigen Untersuchungen berücksichtigt werden.

6 Zusammenfassung und weiterer Forschungsbedarf

In diesem Beitrag wird der optimale Kompatibilitätsgrad der Plattform eines Anbieters zu den komplementären Komponenten der Konkurrenten untersucht. Die Anwenderperspektive wird auf der Basis eines binären linearen Optimierungsproblems modelliert, um so den Trade-off zwischen der höheren funktionalen Abdeckung von heterogenen Lösungen und den geringeren Kosten homogener Lösungen abzubilden. Die Entscheidung der Anwender wird aus der Perspektive der Standardisierungsökonomie betrachtet – in realen Entscheidungssituationen ist dies jedoch lediglich einer von zahlreichen zu betrachtenden Blickwinkeln. Unter der Annahme, dass die Anwender auf der Grundlage der modellierten Aspekte die Auswahlentscheidungen treffen, wird ein Simulationsexperiment zur Untersuchung des optimalen Grads der Kompatibilität der Plattform eines Anbieters zu den komplementären Komponenten des Konkurrenten vorgestellt. Im Vergleich zu den meisten Ansätzen in der Standardisierungsökonomie ist es mit dem vorgestellten Modell und insbesondere der Methode der systematischen Instanzgenerierung möglich, sowohl unterschiedliche Stärken von (systeminternen) Netzeffekten als auch die Struktur der Integrations- und Informationsbeziehungen zwischen Services und Plattformen bzw. den Services untereinander abzubilden. Mithilfe des Simulationsmodells lassen sich folgende Ergebnisse ableiten:

- Eine Kompatibilitätserhöhung der eigenen Plattform zu den komplementären Produkten der Konkurrenten führt zu einer höheren Verbreitung der Plattform.
- Eine Kompatibilitätserhöhung der eigenen Plattform zu den komplementären Produkten der Konkurrenten reduziert den Effekt einer beim Anwender implementierten Plattform auf die Wahl der komplementären Services.

Die Simulationsexperimente zeigen, dass unter den getroffenen Annahmen eine leicht erhöhte – jedoch keine vollständige – Kompatibilität zu einer Maximierung des Standardisierungsgrades (d. h. des Verbreitungsgrades) des agierenden Anbieters führt. Diese

Kompatibilitätserhöhung lässt sich auf verschiedenen Wegen erreichen: Denkbar sind beispielsweise Änderungen im Umfang und der Qualität der Schnittstellendokumentation, die Bereitstellung von Werkzeugen zur Unterstützung der Integration von Services und Plattformen, die Vereinfachung des Zertifizierungsprozesses für Serviceanbieter sowie die Nutzung von offenen Standards. Diese Ergebnisse erlauben zudem eine Berücksichtigung der Geschäftsmodelle der Anbieter: Eine hohe Kompatibilität ist demnach für Anbieter, deren Hauptumsatzquelle die Lizenzen der Plattformen sind, empfehlenswert, während Anbieter, deren Fokus auf dem Vertrieb von Services liegt, lediglich eine leicht erhöhte Kompatibilität anstreben sollten. Ziel der vorgestellten simulationsbasierten Untersuchung sind generelle Aussagen zur Struktur der optimalen Lösungen des vorgestellten Entscheidungsproblems. Der nächste Forschungsschritt sollte sein, diese Ergebnisse in eine Simulation des Marktes für Komplementärprodukte und Plattformen zu integrieren. Dazu ist es unter anderem notwendig, die Interaktionen bzw. Antizipationsmöglichkeiten zwischen verschiedenen Akteurgruppen (also insbesondere mögliche Interaktionen zwischen Anwender-Anwender, Anwender-Anbieter und Anbieter-Anbieter) zu modellieren – vgl. hierzu insbesondere die Überlegungen aus der Theorie zu mehrseitigen Märkten (vgl. z. B. Rochet und Tirole 2003). Diese Überlegungen bieten zudem Ansatzpunkte für eine spieltheoretische Untersuchung.

In den vorgestellten Simulationsexperimenten wird der Nettonutzen für beide Anbieter aus einer identischen Verteilung generiert – durch die Nutzung unterschiedlicher Verteilungen könnten gezielt Strategien für z. B. qualitativ „unterlegene" bzw. „überlegene" Anbieter untersucht werden.

In den Simulationsexperimenten werden genau zwei Vollanbieter betrachtet. Eine Erweiterungsmöglichkeit ist die Berücksichtigung von Nischenanbietern, d. h. von Anbietern, die ausschließlich für einen Teil der IT-Funktionen Komponenten bereitstellen. Durch die Berücksichtigung von Nischenanbietern würde sich die Möglichkeit ergeben, zu untersuchen, inwieweit die für den Standardisierungsgrad des Vollanbieters optimale Kooperation mit einem Nischenanbieter auch den Standardisierungsgrad dieses Nischenanbieters maximiert. Umgekehrt ist interessant, ob der von dem Nischenanbieter als Kooperationspartner präferierte Vollanbieter gleichermaßen von der Kooperation profitieren kann (vgl. z. B. Arndt et al. 2008a, b).

Für die weitere Forschung bietet es sich zudem an, z. B. ähnlich wie in (Domschke und Wagner 2005; Kimms 2003) beschrieben, effizientere Lösungsverfahren für das beschriebene Optimierungsproblem zu entwickeln.

Anmerkungen

1 Falls ein Ökosystem für alle vom Anwender genutzten Funktionen die besten Komponente bietet, kann das Best-of-Breed-System auch gleichzeitig ein homogenes System sein. Dies ist jedoch nicht sehr wahrscheinlich, wie folgendes einfache Beispiel verdeutlicht: Für den Fall, dass zwei Ökosysteme mit je einer Komponente für jede genutzte Funktion existieren und angenommen werden kann, dass jeder Hersteller mit gleicher Wahrscheinlichkeit die beste Komponente für eine Funktion anbietet ($p = 0{,}5$), ist die Wahrscheinlichkeit, dass eines der Ökosysteme für alle Funktionen die beste Komponente anbietet, $0{,}5^{Anzahl\ der\ Funktionen}$. Bereits für zehn Funktionen liegt diese Wahrscheinlichkeit bei $\sim 0{,}098\,\%$.

2 Hinweis: Im Text werden die Elemente der Menge N zur besseren Übersichtlichkeit jeweils als F_{index} mit $index \in N$ angegeben. Die hier verwendete Relation $<$ ist folgendermaßen definiert: $F_{index_1} < F_{index_2} \Leftrightarrow index_1 < index_2$.

3 Um eine zulässige Lösung zu erhalten, muss für jede Funktion mindestens ein Service zur Verfügung stehen. Hierbei sollten nur diejenigen Servicekandidaten berücksichtigt werden, die auch die Mindestanforderungen des Entscheiders erfüllen.

4 Für ein analoges Vorgehen siehe z. B. (Domschke et al. 2002). Eine alternative Modellierungsmöglichkeit ist ein k-partiter gerichteter Graph, in dem jeder Knoten einen Service repräsentiert – vgl. z. B. (Blau et al. 2009).

5 Im Folgenden wird $|N| = 35$ angenommen. Diese Knotenanzahl ergibt sich aufgrund der für die Simulationen zur Verfügung stehenden Rechenkapazität und der Vergleichbarkeit mit ähnlichen Untersuchungen.

6 Im Folgenden wird die Zielfunktion $F(\mathbf{x}^*, \mathbf{y}^*)$ mit $F(\mathbf{x}^*)$ bezeichnet, da die Hilfsvariablen $\mathbf{y}^*$ durch $\mathbf{x}^*$ bestimmt werden.

7 Hinweis: Aufgrund der Annahmen $1 \le f^{kk'} < \infty \,|\forall k, k' \in K$ und $f^{kk} = 1\,|\forall k \in K$ gilt jeweils $\lambda \ge 0$.

8 Diese Kennzahl kann als angepasster Netzeffektfaktor aufgefasst werden. Ein ähnliches Konzept findet sich z. B. auch bei (Wiese, 1990; Buxmann, 2002).

9 So ist beispielsweise für ZG01 bei $\mu(Q) = 0,6$ die durchschnittliche Differenz der Standardisierungsgrade der beiden Anbieter, d. h. $\hat{\mu}(\kappa_{\Delta h})$, größer als 90 %.

Appendix I

Beweis von Satz 1: Der Beweis wird o. B. d. A. für Anbieter A geführt. Für den Fall, dass Anbieter A die Kompatibilität seiner Komponenten zu den Komponenten des Konkurrenten erhöht, sinken die $c_{ij}^{kk'} \in \mathbb{R} \,|\forall (i,j) \in E$ und $k \in K^i$ und $k' \in K^j$ für die Fälle, in denen entweder $k = A$ oder (exklusiv) $k' = A$. Hierbei sind zwei Fälle zu unterscheiden:

- Fall 1: Mindestens einer der $c_{ij}^{kk'} \in \mathbb{R}$ mit $(i,j) \in E$ und $k \in K^i$ und $k' \in K^j$ wird in einer optimalen Lösung $\mathbf{x}^*$, die zu dem Zielfunktionswert $F(\mathbf{x}^*)$ führt, berücksichtigt (vgl. Formel (3)). Dies kann den Zielfunktionswert für diese Konfiguration nur erhöhen. Falls eine bisher nicht optimale zulässige Lösung zu einem neuen optimalen Zielfunktionswert führt, muss dieser neue Zielfunktionswert demnach $F'(\mathbf{x}'^*)$ größer als (oder gleich) $F(\mathbf{x}^*)$ sein.

- Fall 2: Wird keiner der $c_{ij}^{kk'} \in \mathbb{R}$ mit $(i,j) \in E$ und $k \in K^i$ und $k' \in K^j$ in der Lösung $\mathbf{x}^*$ berücksichtigt, bleibt der $F(\mathbf{x}^*)$ unverändert. Falls eine andere zulässige Lösung nun zu dem neuen maximalen Zielfunktionswert führt, muss gelten, dass dieser neue Zielfunktionswert $F'(\mathbf{x}'^*)$ größer als (oder gleich) $F(\mathbf{x}^*)$ ist.

In jedem Fall gilt bei einer Kompatibilitätssteigerung $F(\mathbf{x}^*) \le F'(\mathbf{x}'^*)$. Der Beweis für eine Kompatibilitätsreduktion von Anbieter A erfolgt analog.

Q. e. d.

Appendix II

Der Extremfall, in dem der *Vorteil* (c) nicht entscheidungsrelevant ist ($\mu(Q)$) liegt nahe dem Wert 0 %), kann folgendermaßen modelliert werden: Sei k die Anzahl der IT-Funktionen, in denen o. B. d. A. Anbieter A den höheren Nettonutzen stiftet, dann ist in diesem Fall (in Abhängigkeit von k) als Wert von $\kappa_{\Delta h}$:

$$\left| \underbrace{\frac{k}{|N|}}_{\kappa_h^A} - \underbrace{\frac{|N|-k}{|N|}}_{\kappa_h^B} \right| \tag{28}$$

Bei insgesamt $|N|$ IT-Funktionen existieren

$$\binom{|N|}{k} \tag{29}$$

Kombinationen, um k IT-Funktionen (d. h. die IT-Funktionen, in denen Anbieter A überlegen ist) zu verteilen. Somit ergibt sich für den Erwartungswert von $\kappa_{\Delta h}$ in diesem Fall:

$$\frac{\sum_{k=0}^{|N|} \left(\binom{|N|}{k} \cdot \overbrace{\left| \frac{k}{|N|} - \frac{|N|-k}{|N|} \right|}^{\kappa_{\Delta h}} \right)}{\sum_{k=0}^{|N|} \binom{|N|}{k}} \tag{30}$$

Für $|N| = 35$ nimmt dieser Term den Wert $\approx 13{,}58$ % an.

Literatur

Albert R, Barabási A (2000) Topology of evolving networks: local events and universality. Phys Rev Lett 85:5234–5237

Armstrong M (2006) Competition in two-sided markets. RAND J Econ 37:668–691

Arndt J-M, Kude T, Dibbern J (2008a) The emergence of partnership networks in the enterprise application development industry – a global corporation perspective. 20th World Computer Congress (WCC). Mailand, Italien

Arndt J-M, Kude T, Dibbern J (2008b) The emergence of partnership networks in the enterprise application software industry – an SME perspective. Multikonferenz Wirtschaftsinformatik 2008 (PRIMIUM). Garching, Deutschland

Arzideh F (2008) Estimation of medical reference limits by truncated gaussian and truncated power normal distributions. Universität Bremen, Bremen

Barabási A, Albert R (1999) Emergence of scaling in random networks. Science 286:509–512

Blau B, van Dinther C, Conte T, Xu Y, Weinhardt C (2009) How to coordinate value generation in service networks? – a semantic mechanism design approach. J Bus Info Sys Eng (Wirtschaftsinformatik) 1:343–356

Boudreau K (2010) Open platform strategies and innovation: granting access vs. devolving control. Manage Sci 56:1849–1872

Buxmann P (2002) Strategien von Standardsoftware-Anbietern: Eine Analyse auf der Basis von Netzeffekten. Z betriebswirtschaftliche Forsch 54:442–457

Buxmann P, Hess T, Lehmann S (2008) Software as a service. Wirtschaftsinformatik 50:500–503

Cusumano M (2010a) Cloud computing and SaaS as new computing platforms. Commun. ACM 53:27–29

Cusumano M (2010b) Will SaaS and cloud computing become a new industry platform? In: Benlian A, Hess T, Buxmann P (Hrsg) Software-as-a-Service. Wiesbaden, Gabler, S 3–13

David PA, Greenstein S (1990) The economics of compatibility standards: an introduction to recent research. Econ Innovation New Tech 1:3–41

Domschke W, Mayer G, Wagner B (2002) Effiziente Modellierung von Entscheidungsproblemen: Das Beispiel des Standardisierungsproblems. Z betriebswirtschaftliche Forsch 72:847–863

Domschke W, Wagner B (2005) Models and methods for standardization problems. Eur J Oper Res 162:713–726

Eisenmann T, Parker G, van Alstyne M (2009) Opening platforms: how, when and why? Gawer A, (Hrsg) Platforms, markets, and innovations. Edward Elgar Publishing, UK, S 131–162

Erdös P, Rényi A (1959) On random graphs. Publ Math Debr 6:290–297

Evans DS, Hagiu A, Schmalensee R (2006) Invisible engines: how software platforms drive innovation and transform industries. MIT Press, Boston

Farrell J, Saloner G (1992) Converters, compatibility, and the control of interfaces. J Ind Econ 40:9–35

Gandal N (2002) Compatibility, standardization, and network effects: some policy implications. Oxford Rev Econ Pol 18:80–91

Gawer A, Henderson R (2007) Platform owner entry and innovation in complementary markets: evidence from intel. J Econ Manage Strategy 16:1–34

Guimaraes JR P, de Aguiar M, Bascompte J, Jordano P, dos Reis S (2005) Random initial condition in small barabasi-albert networks and deviations from the scale-free behavior. Phys Rev E 71:1–4

Hilkert D, Benlian A, Hess T (2010) Motivational drivers to develop apps for social software-platforms: the example of facebook. 16th Americas Conference on Information Systems (AMCIS 2010). Lima, Peru

Hilkert D, Benlian A, Sarstedt M, Hess T (2011) Perceived software platform openness: the scale and its impact on developer satisfaction. International Conference on Information Systems (ICIS). Shanghai

Jansen S, Brinkkemper S, Finkelstein A (2009) Business network management as a survival strategy: a tale of two software ecosystems. In: First international workshop on software ecosystems, 20. Juni 2009 Virginia. 34–48

Johnson A, Thomopoulos N (2002) Characteristics and tables of the left-truncated normal distribution. Preceedings of the Midwest Decision Sciences. San Diego, California, S 133–139

Katz ML, Shapiro C (1985) Network externalities, competition, and compatibility. Am Econ Rev 75:424–440

Katz ML, Shapiro C (1994) Systems competition and network effects. J Econ Perspect 8:93–115

Kimms A (2003) Costing communication standards in information systems using a minimum cut approach. J Oper Res Soc 54:426–431

Koski H, Kretschmer T (2004) Survey on competing in network industries: firm strategies, market outcomes, and policy implications. J Ind Compet Trade 4:5–31

Köster D (1999) Wettbewerb in Netzproduktmärkten. Gabler, Wiesbaden

Kude T, Dibbern J (2009) Tight versus loose organizational coupling within inter-firm networks in the enterprise software industry – the perspective of complementors. Americas Conference on Information Systems (AMCIS). San Francisco, USA

Leone FC, Nelson LS, Nottingham RB (1961) The folded normal distribution. Technometrics 3:543–550

Matutes C, Regibeau P (1988) „Mix and Match": product compatibility without network externalities. RAND J Econ 19:221–234

Matutes C, Regibeau P (1996) A selective review of the economics of standardization: entry deterrence, technological progress and international competition. Europ J Polit Economy 12: 183–209

Newman MEJ, Watts DJ (1999) Scaling and percolation in the small-world network model. Phys Rev E 60:7332

Rochet J-C, Tirole J (2003) Platform competition in two-sided markets. J Euro Econ Assoc 1: 990–1029

Rysman M (2009) The economics of two-sided markets. J Econ Perspect 23:125–143

Schade S, Strube J, Buxmann P (2007) Simulation of the impact of network topologies on standardization decisions. In: Fen PM, dan Hawkings R (Hrsg) Proceedings of the 5th International Conference on Standardization, Innovation and Information Technology (SIIT). Calgary, Kanada

Schlagwein D, Schoder D, Fischbach K (2010) Openness of information resources–A framework-based comparison of mobile platforms. European Conference on Information Systems (ECIS)

Watts D, Strogatz S (1998) Collective dynamics of ‚small-world' networks. Nature 393:440–442

Weitzel T (2004) Economics of standards in information networks. Physica, Heidelberg

Weitzel T, Beimborn D, König W (2006) A unified economic model of standard diffusion: the impact of standardization cost, network effects, and network topology. Manage Info Syst Q 30:489–514

Weitzel T, Wendt O, Westarp F (2000) Reconsidering network effect theory. 8th European Conference on Information Systems (ECIS). Wien, Österreich

West J (2003) How open is open enough? Melding proprietary and open source platform strategies. Res Pol 32:1259–1285

Wiese H (1990) Netzeffekte und Kompatibilität: Ein theoretischer und simulationsgeleiteter Beitrag zur Absatzpolitik für Netzeffekt-Güter. Poeschel, Stuttgart

Compatibility of software platforms

Abstract: In the software industry, as well as in numerous other technology industries, products are often offered as systems consisting of complementary components. In such systems, specific components take on the role of software platforms. This development can be observed as well in the Business-to-Consumer (e.g. Apple with the AppStore) as in the Business-to-Business context (e.g. salesforce.com with AppExchange). This article analyzes the optimal degree of compatibility of a vendor's platform with the complementary components of competitors. Based on a simulation study it is shown that an increase in compatibility of the platform implies a higher diffusion of the platform, but on the other hand, reduces the effect of an implemented platform on the user's choice regarding complementary components. In sum a slightly increased—but not complete—compatibility maximizes the degree of diffusion of the acting vendor.

Keywords: Compatibility · Network effects · Software industry · Software platform · Standardization

GRUNDSÄTZE UND ZIELE

Die Zeitschrift für Betriebswirtschaft (ZfB) ist eine der ältesten deutschen Fachzeitschriften der Betriebswirtschaftslehre. Sie wurde im Jahre 1924 von Fritz Schmidt begründet und von Wilhelm Kalveram, Erich Gutenberg und Horst Albach fortgeführt. Sie wird heute von 11 Universitätsprofessoren, die als **Department Editors** fungieren, herausgegeben. Dem **Editorial Board** gehören namhafte Persönlichkeiten aus Universität und Wirtschaftspraxis an. Die Fachvertreter stammen aus den USA, Japan und Europa.

Die ZfB verfolgt das Ziel, die **Forschung auf dem Gebiet der Betriebswirtschaftslehre** anzuregen sowie zur Verbreitung und Anwendung ihrer Ergebnisse beizutragen. Sie betont die Einheit des Faches; enger und einseitiger Spezialisierung in der Betriebswirtschaftslehre will sie entgegenwirken. Die Zeitschrift dient dem **Gedankenaustausch zwischen Wissenschaft und Unternehmenspraxis**. Sie will die betriebswirtschaftliche Forschung auf wichtige betriebswirtschaftliche Probleme in der Praxis aufmerksam machen und sie durch Anregungen aus der Unternehmenspraxis befruchten.

In der ZfB können auch englischsprachige Aufsätze veröffentlicht werden. Die Herausgeber begrüßen die Einreichung englischsprachiger Beiträge von deutschen und internationalen Wissenschaftlern. Durch die Zusammenfassungen in englischer Sprache sind die deutschsprachigen Aufsätze der ZfB auch internationalen Referatenorganen zugänglich. Im Journal of Economic Literature werden die Aufsätze der ZfB zum Beispiel laufend referiert.

Die Qualität der Aufsätze in der ZfB wird durch die Herausgeber und einen Kreis renommierter Gutachter gewährleistet. Das **Begutachtungsverfahren** ist doppelt verdeckt und wahrt damit die Anonymität von Autoren wie Gutachtern gemäß den international üblichen Standards. Jeder Beitrag wird von zwei Fachgutachtern beurteilt. Bei abweichenden Gutachten wird ein Drittgutachter bestellt. Die Department Editors entscheiden auf der Grundlage der Gutachten eigenverantwortlich über die Annahme und Ablehnung der von ihnen betreuten Manuskripte. Sie können Beiträge auch ohne Begutachtungsverfahren ablehnen, wenn diese formal oder inhaltlich von den Vorgaben der ZfB abweichen.

Die ZfB veröffentlicht im Einklang mit diesen Grundsätzen und Zielen:

- **Aufsätze** zu theoretischen und praktischen Fragen der Betriebswirtschaftslehre einschließlich von Arbeiten junger Wissenschaftler, denen sie ein Forum für die Diskussion und die Verbreitung ihrer Forschungsergebnisse eröffnet,
- **Ergebnisse der Diskussion** aktueller betriebswirtschaftlicher Themen zwischen Wissenschaftlern und Praktikern,
- **Berichte** über den Einsatz wissenschaftlicher Instrumente und Konzepte bei der Lösung von betriebswirtschaftlichen Problemen in der Praxis,
- **Schilderungen von Problemen** aus der Praxis zur Anregung der betriebswirtschaftlichen Forschung,
- **„State of the Art"-Artikel**, in denen Entwicklung und Stand der Betriebswirtschaftslehre eines Teilgebietes dargelegt werden.

Die ZfB informiert ihre Leser über **Neuerscheinungen** in der Betriebswirtschaftslehre und der Management Literatur durch ausführliche Rezensionen und Kurzbesprechungen.

IMPRESSUM/HINWEISE FÜR AUTOREN

Zeitschrift für Betriebswirtschaft
Journal of Business Economics
Springer Gabler | Springer Fachmedien Wiesbaden GmbH,
Abraham-Lincoln-Straße 46 | 65189 Wiesbaden,
http://www.springer-gabler.de, http://www.zfb-online.de
Amtsgericht Wiesbaden, HRB 9754, Ust-IdNr. DE8 11148419
Geschäftsführer: Dr. Ralf Birkelbach (Vors.) | Armin Gross | Albrecht F. Schirmacher
Verlagsbereichsleitung: Andreas Funk
Gesamtleitung Anzeigen und Märkte: Armin Gross
Gesamtleitung Marketing und Individual Sales: Rolf-Günther Hobbeling
Gesamtleitung Produktion: Christian Staral

Editor-in-Chief:
Professor Dr. Dr. h.c. Günter Fandel
FernUniversität in Hagen
Fakultät für Wirtschaftswissenschaft
58084 Hagen
Tel: 0 23 31/9 87-2625, Fax: 0 23 31/9 87-2575
E-Mail: ZfB@FernUni-Hagen.de

Administration Manuscript Central™
Sebastian Bartussek, Tel.: 0 23 31/9 87-2652,
Fax: 0 23 31/9 87-2575, E-Mail: Sebastian.Bartussek@FernUni-Hagen.de

Produktion: Dagmar Orth, Tel: 0 62 21-4 87-8902
E-Mail: dagmar.orth@springer.com

Kundenservice: Springer Customer Service Center GmbH, Service Gabler Verlag, Haberstr. 7, 69126 Heidelberg,
Telefon: +49 (0)6221/345-4303, Fax: +49 (0)6221/345-4229,
Montag bis Freitag 8.00 Uhr bis 18.00 Uhr,
E-Mail: gabler-service@springer.com

Produktmanagement: Kristiane Alesch
Tel.: 06 11/78 78-359, Fax: 06 11/78 78-359,
E-Mail: Kristiane.Alesch@springer.com

Gesamtverkaufsleitung Fachmedien: Britta Dolch
Mediaberatung: Yvonne Guderjahn, Tel.: 0611/78 78-155,
Fax: 06 11/78 78-430, E-Mail: Yvonne.Guderjahn@best-ad-media.de

Anzeigendisposition: Monika Dannenberger,
Tel.: 06 11/78 78-148, Fax: 06 11/78 78-430,
E-Mail: Monika.Dannenberger@best-ad-media.de
Anzeigenpreise: Es gelten die Mediainformationen vom 1.1.2011

Bezugsmöglichkeiten: Die Zeitschrift erscheint monatlich. Das Abonnement kann jederzeit zur nächsten erreichbaren Ausgabe schriftlich mit Nennung der Kundennummer gekündigt werden. Eine schriftliche Bestätigung erfolgt nicht. Zuviel gezahlte Beträge für nicht gelieferte Ausgaben werden zurückerstattet. Jährlich können 1 bis 6 Special Issues hinzukommen. Jedes Special Issue wird den Abonnenten mit einem Nachlass von 25% des jeweiligen Ladenpreises gegen Rechnung geliefert.

Preise Abonnement Inland/Ausland*

Studenten-**/Emeritus-Abo:	98,–Euro
ausgewählte Verbände:***	195,–Euro
Privat-Abo:	229,–Euro
Lehrstuhl-Abo:	259,–Euro
Bibliotheks-/Unternehmensabo:	449,–Euro

*Versand ins Ausland: 26,–Euro / Airmail 58,–Euro
** Studienbescheinigung, *** auf Anfrage beim Verlag
Einzelheft 44,– zzgl. Versand Inland und Ausland
©Springer Gabler | Springer Fachmedien Wiesbaden
Alle Rechte vorbehalten. Kein Teil dieser Zeitschrift darf ohne schriftliche Genehmigung des Verlages vervielfältigt oder verbreitet werden. Unter dieses Verbot fällt insbesondere die gewerbliche Vervielfältigung per Kopie, die Aufnahme in elektronische Datenbanken und die Vervielfältigung auf CD-ROM und allen anderen elektronischen Datenträgern.

Satzherstellung: Crest Premedia Solutions, Pune, Indien
Gedruckt auf säurefreiem und chlorfrei gebleichtem Papier.

ISSN: 0044-2372 (Print)
ISSN: 1861-8928 (Online)

Springer Gabler ist eine Marke von Springer DE. Springer DE ist Teil der Fachverlagsgruppe Springer Science+Business Media

Hinweise für Autoren

1. Bitte beachten Sie die „Grundsätze und Ziele" der ZfB.

2. Einreichungen werden bei der ZfB ausschließlich über ein Online-Verfahren abgewickelt. Manuskripte – in deutscher oder englischer Sprache – können vom Autor unter http://mc.manuscriptcentral.com/zfb direkt in das Manuskriptverwaltungssystem hochgeladen werden. Hierbei ist insbesondere auf die Wahrung der Anonymität der zur Begutachtung eingereichten Vorlagen zu achten. Der Autor verpflichtet sich mit der Einsendung des Manuskripts unwiderruflich, das Manuskript bis zur Entscheidung über die Annahme nicht anderweitig zu veröffentlichen oder zur Veröffentlichung anzubieten. Diese Verpflichtung erlischt nicht durch Korrekturvorschläge im Begutachtungsverfahren.

3. Um die eingereichten Manuskripte in den Begutachtungsprozess geben bzw. diese im Manuskriptlauf zügig behandeln zu können, wird um Beachtung der folgenden Punkte gebeten: Gesamtlänge des Manuskriptes darf 25 DinA4 nicht überschreiten (bei ca. 3800 Zeichen pro Seite), Schriftart „Times New Roman", Schriftgröße 12, einfacher Zeilenabstand, jeweils 2,5 cm Außenrand, Angabe von Abbildungs- und Tabellenüberschriften (Abb. 1: Text; Tab. 1: Text etc.), eingebundene Objekte (insbes. Bild-, .ppt-, .xls-Dateien etc.) auch separat in Dateiform beifügen, das Hauptdokument muss in **anonymer** Form eingereicht werden, d. h. alle Autorennamen, Autoreninformationen und evtl. Danksagungen sind für die Begutachtung restlos zu streichen. Einhaltung der Gliederungssystematik: **1 Überschriftsebene 1** (12pt, fett, 2 Zeilen Abstand davor, 1 Zeile danach), 1.1 *Überschriftsebene 2* (12pt, 1 Zeile Abstand davor, 1 Zeile danach), 1.1.1 Überschriftsebene 3 (12pt, kursiv, 1 Zeile Abstand davor, 1 Zeile danach), **Spitzmarke:** (12pt, fett mit Doppelpunkt zu Beginn des Absatzes, 1 Zeile Abstand davor). Harvard-Zitierweise, keine End- oder Fußnoten: Ein Autor: (vgl. Meier 2007) bzw. (Meier 2007, S. 30); Zwei Autoren: (vgl. Meier/Müller 2007) bzw. (Meier/Müller 2007, S. 30); Drei oder mehr Autoren: (vgl. Meier et al. 2007) bzw. (Meier et al. 2007, S. 30); Eventuelle Erläuterungen zu Textpassagen können weiterhin als Endnoten angehängt werden, sollten aber – soweit möglich – vermieden werden. Das Literaturverzeichnis muss in *Harvard Stil* bzw. *Basic Springer Reference Style* aufgebaut sein. Bei einer Wiedereinreichung eines Beitrags muss eine Stellungnahme zu den Gutachten beigelegt werden. Einreichung der Beitragsdatei als **Microsoft Word®-Datei** oder in einem Word®-kompatiblen Format; **kein (La)TeX. PDF-Dateien sind generell nicht geeignet und können auch nicht ins Onlinesystem Manuscript Central™ hochgeladen werden.** Der Beitrag muss in folgender Reihenfolge aufgebaut sein: Erste Seite: prägnanter Beitragstitel in deutscher bzw. in englischer Sprache (max. 80 Zeichen; bei Bedarf: Angabe eines Untertitels), den Beitrag vorgestellte einleitende „Zusammenfassung" bzw. einleitender „Abstract" (Fließtext, max. 15 Zeilen bzw. 1100 Zeichen), deutsche „Schlüsselworte" (max. 5 Angaben) bzw. englische Keywords (max. 5 Angaben), JEL-Klassifikation (max. 3 Angaben); Ab Seite 2: Beitragstext, falls nötig: „Anmerkungen" als Endnoten (keine Fußnoten im Text), „Literaturverzeichnis", letzte Seite (nur bei deutschsprachigen, entfällt bei englischsprachigen Beiträgen) prägnanter Beitragstitel in englischer Sprache (max. 80 Zeichen, bei Bedarf: Angabe eines Untertitels), „Abstract" in englischer Sprache (Fließtext, max. 15 Zeilen bzw. 1100 Zeichen). Zusätzlich sollten sowohl die Autorenfotos (in digitaler Form, 300dpi, mind. 640×480 Pixel) als auch die Autorenangaben (Titel, Name, Institut, Lehrstuhl, Adresse, Land, ggf. Arbeitsgebiete, E-mailadresse und URL; insgesamt pro Autor max. 4 Zeilen) in separaten Dateien eingereicht werden. **Alle Kopf- und Fußzeilen sowie Seitenzahlen sind zu entfernen!**

4. Der Autor verpflichtet sich, die Korrekturfahnen innerhalb einer Woche zu lesen und die Mehrkosten für Korrekturen, die nicht vom Verlag zu vertreten sind, sowie die Kosten für die Korrektur durch einen Korrektor bei nicht termingerechter Rücksendung der Fahnenkorrektur zu übernehmen

5. Der Autor ist damit einverstanden, dass sein Beitrag außer in der Zeitschrift auch durch Lizenzvergabe in anderen Zeitschriften (auch übersetzt), durch Nachdruck in Sammelbänden (z. B. zu Jubiläen der Zeitschrift oder Sammlungen zu einem Themenbänden), durch längere Auszüge in Büchern des Verlages auch zu Werbezwecken, durch Vervielfältigung und Verbreitung auf CD-ROM oder anderen Datenträgern, durch Speicherung in Datenbanken sowie einen Abruf von solchen Datenbanken während der Dauer des Urheberrechtsschutzes an dem Beitrag im In- und Ausland vom Verlag und seinen Lizenznehmern genutzt wird.

HERAUSGEBER/EDITORIAL BOARD

Editor-in-Chief

Prof. Dr. Dr. h.c. Günter Fandel ist Universitätsprofessor und Inhaber des Lehrstuhls für Betriebswirtschaft, insbesondere Produktions- und Investitionstheorie an der FernUniversität in Hagen. Seine Hauptarbeitsgebiete sind Industriebetriebslehre, Produktionsmanagement und Hochschulmanagement.

Department Editors

Prof. Dr. Hans-Joachim Böcking ist Universitätsprofessor und Inhaber der Professur für Betriebswirtschaftslehre, insbesondere Wirtschaftsprüfung und Corporate Governance, an der Goethe-Universität Frankfurt am Main. Seine Forschungsschwerpunkte sind Wirtschaftsprüfung, Corporate Governance, nationale und internationale Rechnungslegung sowie Unternehmensbewertung.

Prof. Dr. Wolfgang Breuer ist Universitätsprofessor und Inhaber des Lehrstuhls für Betriebswirtschaftslehre, insb. Betriebliche Finanzwirtschaft, an der Rheinisch-Westfälischen Technischen Hochschule Aachen. Seine Hauptarbeitsgebiete sind Finanzierungs- und Investitionstheorie sowie Portfolio- und Risikomanagement.

Prof. Dr. Oliver Fabel ist Universitätsprofessor und Inhaber des Lehrstuhls für Personalwirtschaft mit Internationaler Schwerpunktsetzung am Institut für Betriebswirtschaftslehre der UniversitätWien. Seine Hauptarbeitsgebiete sind Personal-, Organisations- und Bildungsökonomik.

Prof. Dr. Dr. h.c. Günter Fandel, s.o.

Prof. Dr. Armin Heinzl ist Universitätsprofessor und Inhaber des Lehrstuhls für Allgemeine Betriebswirtschaftslehre und Wirtschaftsinformatik an der Universität Mannheim. Seine Hauptarbeitsgebiete sind Wirtschaftsinformatik, Organisationslehre sowie Logistik.

Prof. Dr. Harald Hruschka ist Universitätsprofessor und Inhaber des Lehrstuhls für Betriebswirtschaftslehre mit dem Schwerpunkt Marketing an der Universität Regensburg. Sein Hauptarbeitsgebiet bezieht sich auf Marktreaktionsmodelle unter Einschluss semiparametrischer und hierarchischer Bayes'scher Ansätze.

Prof. Dr. Jochen Hundsdoerfer ist Universitätsprofessor und Inhaber der Professur für Betriebswirtschaftslehre, insb. Betriebswirtschaftliche Steuerlehre, an der Freien Universität Berlin. Seine Hauptarbeitsgebiete sind Unternehmensbesteuerung und Steuerwirkungsforschung.

Prof. Dr. Dr. h.c. Hans-Ulrich Küpper ist Universitätsprofessor und Direktor des Instituts für Produktionswirtschaft und Controlling der Universität München. Seine Hauptarbeitsgebiete sind Unternehmensrechnung, Controlling und Hochschulmanagement.

Prof. Dr. Joachim Schwalbach ist Universitätsprofessor und Inhaber des Lehrstuhls für Internationales Management an der Humboldt-Universität zu Berlin.

Prof. Dr. Stefan Winter ist Universitätsprofessor und Inhaber des Lehrstuhls für Human Resource Management an der Ruhr-Universität in Bochum. Seine Hauptarbeitsgebiete sind die Analyse von Anreizstrukturen in Unternehmen, Gestaltung von Vergütungssystemen für Führungskräfte sowie die Institutionenökonomische Analyse von Personal- und Organisationsproblemen.

Prof. Dr. Peter Witt ist Universitätsprofessor und Inhaber des Lehrstuhls für Technologie- und Innovationsmanagement an der Bergischen UniversitätWuppertal. Seine Hauptarbeitsgebiete sind Innovationsmanagement, Entrepreneurship und Familienunternehmen.

Editorial Board

Prof. (em.) Dr. Dr. h.c. mult. Horst Albach (Chairman)
Prof. Alain Burlaud
Prof. Dr. Dr. Dr. h.c. Santiago Garcia Echevarria
Prof. Dr. Lars Engwall
Dr. Dieter Heuskel
Dr. Detlef Hunsdiek
Prof. Dr. Don Jacobs
Prof. Dr. Eero Kasanen
Dr. Bernd-Albrecht v. Maltzan
Prof. Dr. Koji Okubayashi
Hans Botho von Portatius
Prof. Dr. Oleg D. Prozenko
Prof. (em.) Dr. Hermann Sabel
Prof. Dr. Adolf Stepan
Dr. med. Martin Zügel

Aus Expertenhand: Alles zur Markenführung in sozialen Medien

↗

springer-gabler.de

Matthias Schulten, Artur Mertens, Andreas Horx (Hrsg.)
Social Branding
Strategien - Praxisbeispiele - Perspektiven
2012. XXX, 472 S. mit 174 Abb. Geb. € (D) 69,95
ISBN 978-3-8349-3224-2

Rund 40 Prozent der Unternehmen sind mittlerweile in sozialen Medien aktiv, um die eigene Marke zu profilieren und stärker in den Dialog mit dem Konsumenten zu treten. Das Streben nach mehr Markenloyalität geht mit einer Veränderung der Markenkommunikation einher. Waren Unternehmen bislang nur Sender von Markenbotschaften, so empfangen sie nun auch Anregungen und Kritik aus dem Social Web. Hierdurch nehmen die Konsumenten zunehmend Einfluss auf die Marke und ihre Führung.

„Die gelungene Symbiose aus Theorie und Praxis macht das Werk zu einer Pflichtlektüre für alle, die sich mit der Markenführung in sozialen Medien beschäftigen."
Prof. Dr. Torsten Tomczak, Prorektor Forschung der Universität St. Gallen

„Das hervorragend zusammengestellte Herausgeberwerk macht deutlich:
Erfolgreiches Markenmanagement ist heute ohne Social Media kaum noch denkbar."
Maximilian Kalbfell, Leiter Markenkommunikation von MINI Deutschland

„Das ausgezeichnete Buch gibt wichtige Impulse für die Markenführung in sozialen Medien"
Thomas Voigt, Direktor Wirtschaftspolitik und Kommunikation der Otto Group

Die Herausgeber
Prof. Dr. Matthias Schulten ist Professor für Marketingkonzeption an der Fakultät Digitale Medien an der Hochschule Furtwangen. Prof. Schulten studierte Betriebswirtschaftslehre an der Westfälischen Wilhelms-Universität Münster und promovierte am Institut für Marketing und Handel an der Universität St. Gallen. Seine Forschungsschwerpunkte liegen in den Bereichen Social Branding, Customer Relationship Management und Innovation Management. Seine Expertise beruht unter anderem auf Beratungstätigkeiten für Nestlé, Procter & Gamble, real,-, Sanofi Aventis, Telekom Austria, BMW und Sony.

Artur Mertens ist Geschäftsführer der branddevelop GmbH, einem Beratungsunternehmen für ganzheitliche Markenführung. Seit 2004 unterstützt er Unternehmen bei der Entwicklung und Umsetzung von Markenstrategien. Neben der Betreuung zahlreicher mittelständischer Unternehmen sind vor allem Erfahrungen in Projekten für internationale Konzerne (AXA, Müller, Nestlé, PricewaterhouseCoopers, Tchibo etc.) für seine Markenexpertise prägend gewesen. Zuvor war der studierte Jurist einige Jahre in unterschiedlichen Positionen und Projekten in der Marketing- und Kommunikationsbranche tätig.

Dipl.-Betriebswirt (FH) Andreas Horx ist seit über 15 Jahren als Managementberater für Marketing und Kommunikation aktiv. Er verfügt über mehrjährige Geschäftsführungs-Erfahrung bei verschiedenen nationalen sowie internationalen Kommunikations- und Multimedia-Agenturen. Seine Expertise liegt in den Gebieten Markenführung und ganzheitliche Kommunikations-Strategie, verbunden mit einer ausgesprochen starken Online-Erfahrung.

Einfach bestellen: SpringerDE-service@springer.com
Telefon +49 (0)6221 / 3 45 – 4301

 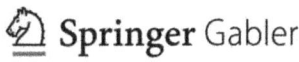

GPSR Compliance
The European Union's (EU) General Product Safety Regulation (GPSR) is a set of rules that requires consumer products to be safe and our obligations to ensure this.

If you have any concerns about our products, you can contact us on

ProductSafety@springernature.com

In case Publisher is established outside the EU, the EU authorized representative is:

Springer Nature Customer Service Center GmbH
Europaplatz 3
69115 Heidelberg, Germany

www.ingramcontent.com/pod-product-compliance
Lightning Source LLC
LaVergne TN
LVHW020331260326
834688LV00037B/979